[美] 保罗·迈尔森（Paul A. Myerson） 著
徐珏 译

供应链精益管理

技术赋能，打造低成本、高效率供应链体系

人民邮电出版社
北京

图书在版编目（CIP）数据

供应链精益管理 ：技术赋能，打造低成本、高效率供应链体系 / (美) 保罗•迈尔森 (Paul A. Myerson) 著 ; 徐珏译. -- 北京 : 人民邮电出版社, 2020.11（2024.5重印）
ISBN 978-7-115-54145-1

Ⅰ. ①供… Ⅱ. ①保… ②徐… Ⅲ. ①供应链管理 Ⅳ. ①F252.1

中国版本图书馆CIP数据核字(2020)第095534号

内 容 提 要

精益生产、六西格玛和相关技术能有效提高竞争力、降低成本和改善客户体验——前提是能够克服规划和实施的挑战。有针对性地使用技术可以大大降低风险并提高效率。

本书是第一本将精益思想与经过验证的、可负担的新兴技术相结合的完整指南，可帮助读者了解公司如何将战略、价值链联系在一起，以及如何执行计划以获得真正的竞争优势。

全书逐步介绍了如何使用六步 SCOR 模型来实现技术与关键供应链和运营流程的集成。通过阅读本书，读者将学会如何制定计划以优化供应链网络、需求预测等，如何更有效地利用当今的物料需求计划（Material Requirement Planning，MRP）、采购/ 电子采购技术，如何借助现代企业资源计划（Enterprise Resource Planning，ERP）、短期计划系统实现精益生产，如何利用先进的灾难恢复计划（Disaster Recovery Planning，DRP）、订单履行系统完成产品配送，以及如何使用先进的逆向物流系统退回产品和材料。

本书内容集系统性、理论性、可操作性于一体，为读者提供全景化的视角、洞见和解决方案，对供应链管理的从业人员来说是一份宝贵的资源。

◆ 著 ［美］保罗•迈尔森（Paul A. Myerson）
译 徐 珏
责任编辑 马 霞
责任印制 周昇亮

◆ 人民邮电出版社出版发行 北京市丰台区成寿寺路 11 号
邮编 100164 电子邮件 315@ptpress.com.cn
网址 https://www.ptpress.com.cn
固安县铭成印刷有限公司印刷

◆ 开本：700×1000 1/16
印张：22.75 2020 年 11 月第 1 版
字数：260 千字 2024 年 5 月河北第 5 次印刷

著作权合同登记号 图字：01-2019-7544 号

定价：79.80 元

读者服务热线：(010)81055296 印装质量热线：(010)81055316

反盗版热线：(010)81055315

广告经营许可证：京东市监广登字 20170147 号

“全球化将很快实现，因为有科学技术，有全球整合的供应链体系，有交通方式的巨大变革。”

——时任美国总统贝拉克·侯赛因·奥巴马与墨西哥总统恩里克·培尼亚·涅托联合新闻发布会致辞

2016 年 7 月 22 日，白宫东厅

关于作者

保罗·迈尔森是理海大学供应链管理学教授，拥有商业物流学士学位和物流硕士学位。

迈尔森教授是一位具有丰富的供应链和物流专业背景的顾问和教师。在加入理海大学之前，迈尔森教授曾推动多种规模的公司成功变革，在供应链和物流战略、系统和运营方面拥有 30 多年的经验，帮助通用电气、联合利华、丘奇和德怀特等公司实施了生产线改进。

迈尔森教授创建了一个面向 Windows 的供应链计划软件工具，并将其销售给了全球多家公司。

他著有《精益供应链与物流》（McGraw-Hill，2012）、《精益批发与零售》（McGraw-Hill，2014）、《简化供应链与物流管理》（Pearson，2015）以及《精益供应链与物流管理模拟培训游戏和培训包》（Enna，2012）。

迈尔森教授还为《入库物流》杂志撰写了《精益供应链》专栏，并为《工业周刊》杂志撰写了博客。

推荐序一

从认识与操作两个层面去创新供应链

什么是供应链？根据 2012 年《物流术语》国家标准，“供应链是生产与流通过程中，为了将产品与服务交付给最终用户，由上游与下游企业共同建立的网链状组织”；在 2017 年国务院办公厅颁布的《关于积极推进供应链创新与应用的指导意见》中，“供应链是以客户需求为导向，以提高质量和效率为目标，以整合资源为手段，实现产品设计、采购、生产、销售、服务等全过程高效协同的组织形态”。这两种定义是一致的，从网链状组织到组织形态、商业模式和治理结构，定义有了提升。国外研究者对供应链的定义更多，但大同小异。

中国供应链的发展，我认为要从认识与操作两个层面去促进。毛主席在《实践论》中有一个精辟论断：“感觉只解决现象问题，理论才解决本质问题。”他还引用别人一段话：“理论若不和革命实践联系起来，就会变成无对象的理论，同样，实践若不以革命理论为指导，就会变成盲目的实践。”理论源于实践，又反作用于实践。不解决供应链的认识问题、理论问题，就会变成盲目的供应链实践。

对供应链的认识我认为主要是三个方面：一是供应链的本质是什么；二是供应链与物流是什么关系；三是供应链对推进国民经济发展以及经济全球化起什么作用。

帕拉格·康纳（Parag Khanna）在《超级版图》一书中有句名言："供应链大战的目的不在于征服，而是要与世界上最重要的原材料、高科技和新兴市场建立起物理和经济上的联系。21 世纪，谁统治了供应链，谁就统治了世界。"2012 年，美国政府签发了《美国全球供应链国家安全战略》，把供应链上升为国家战略。2020 年，新冠肺炎疫情在全球蔓延，对世界经济发展造成巨大冲击，习总书记说："确保全球供应链开放、稳定、安全。"这些充分体现了供应链的地位与作用，这种体现企业、产业、城市、区域与国家竞争力的软实力无可替代。

如果说 2005 年美国物流管理协会（Council of Logistics Management，CLM）更名为供应链管理专业协会（Council of Supply Chain Management Professionals，CSCMP），标志着全球进入供应链管理时代，那么 2017 年国务院办公厅颁布的《关于积极推进供应链创新与应用的指导意见》，标志着中国进入了现代供应链新阶段。

2018 年，《财富》（*Fortune*）杂志公布的世界 500 强企业中，前 25 位有 5 家中国企业，前 100 位有 22 家中国企业，但由高德纳（Gartner）公司每年公布的全球供应链 25 强企业中，中国没有一家；在 100 强排名中，中国企业只有 3 家，即联想（第 26 位）、华为（第 35 位）、海尔（第 41 位）。在供应链管理领域，中国还有很大进步空间，我们刚刚起步，必须奋起直追。

追赶需要落实，需要创新，实践就要提上议事日程。从国家层面，266 家供应链试点企业、55 座试点城市以及多个产业部门进行了积极的探索，取得了阶段性成果。从市场层面，许多企业从实际出发，推进供应链的应用与创新，总结了不少典型模型。但从总体上讲，一些企业没有“上道”，过于浮躁，缺乏总体设想，片面地追求不切实际的目标。

供应链管理的理想模式是生产企业和物流企业形成长期、稳定的供应链伙伴关系，企业将物流作为生产能力的一部分。从原材料采购、生产制造、成本控制、交付到维修回收，企业采用一体化的供应链管理流程。标准的流程才可能降低总体供应链管理成本，提高投资回报率。目前国际上主流的供应链管理流程有 SCOR 模型、CSCMP 流程标准与全球供应链论坛提供的供应链流程。

CSCMP 作为全世界公认的物流和供应链领域权威的专业协会之一，提出了《供应链管理流程标准》第 1 版和第 2 版，将供应链流程划分为计划、采购、制造、交付和回收 5 个基本结构。在 5 个基本结构的基础上，增加了一个执行的流程，总共 6 个部分。每个主要流程都包括了很多次级流程。

由人民邮电出版社出版的供应链系列图书，充分体现了这个标准流程的 6 个部分。这套丛书是国际供应链专家的经验之作，代表了当代供应链理论与实操的较高水平，对提升中国企业供应链管理水平将起到很好的作用。我们要特别感谢 CSCMP 中国圆桌会协助引进这套教材，要感谢所有参与翻译、审校的各位专家，他们付出了大量的心血。

中国经济正处于转型发展阶段，而企业是国民经济的“细胞”，没有企业的转型发展，特别是制造业的转型发展，就没有国家的转型发展。打造一个开放、稳定、高效、绿色、安全的弹性供应链，关系到国家的安全。

丁俊发

中国知名流通经济学家、资深物流与供应链专家

享受国务院特殊津贴

推荐序二

时代变革与供应链管理者的使命

从电商到新零售，从贸易摩擦到抗击新冠疫情，供应链管理正在走向舞台的中央——供应链管理者角色与使命从来没有像今天这么重要。当供应链管理上升为国家战略，当供应链管理成为新的职业，供应链管理者的时代已经来临。

如何成为好的供应链管理者？如何找到最佳的知识源泉？哪一种知识体系最权威？你选择的路径决定你的出路——你不能走错路重来，否则那时候你会发现已经远远地落在了别人后面。CSCMP 参与组织引进的这套书，为你指引了方向。

过去 20 多年的时间里，我所做的一项重要工作，就是引入美国的供应链内容资源与知识体系。

几年前，我也曾在国内高校供应链课程建设研讨会上讲述美国的物流与供应链教育。

从 2000 年起，我坚持每年去美国参加全球物流年会。2005 年，美国的物流管理协会更名为供应链管理专业人员协会（简称“供应链管理专业协会”），标志着全球物流进入供应链时代。这件事大家可能已经听过很多次了。2004 年 9 月 24 日在北京举办的第五届中国国际物流高峰会上，我发表了“时代变革与物流的使命”主题演讲，在今天看来，我当年的观点仍然不过时。

2004 年发表演讲时，我已经知道 2005 年美国物流管理协会要更名。2005 年的全球物流年会在美国加州的圣迭戈举办，主题为“追赶供应链浪潮”，讨论的核心是物流全面拓展到供应链管理领域。之后的事情可能大家都知道了。2006 年，CSCMP 推出《供应链管理流程标准》，2007 年清华大学出版社出版了由我牵头翻译、校对的中文版。到撰写这份推荐序时，《供应链管理流程标准》第 2 版的中文版也即将付印出版了。这两版流程标准，成为供应链管理知识体系的核心。

中国进入供应链时代，是以 2017 年国务院办公厅颁布的《关于积极推进供应链创新与应用的指导意见》为标志的，这说明供应链已上升为国家战略。国家对供应链这一领域越来越重视，至今相继颁布了相应的文件来促进中国供应链快速发展，以达到国际水准。

任何行业的发展，都需要具有专业知识和技能的人来推动。2019 年 9 月 23 日，在美国洛杉矶安纳海姆举办的全球供应链峰会上，会长兼首席执行官瑞克·布拉斯根（Rick Blasgen）在开幕式上说，美国供应链就业人数 4,400 万人，占整个就业人口的 37%。可见供应链对整个美国经济的重要性。

在供应链上升为中国国家战略之后，供应链人才的供给已经远远跟不上需求的步伐了，供应链人才培养的问题也提上了日程。2020 年 2 月

25 日，人力资源和社会保障部、国家市场监督管理总局、国家统计局联合向社会发布了 16 个新职业，其中就包括供应链管理师这一职业。

无论你是现在准备进入供应链领域，还是已经在供应链某一垂直领域的岗位上，都需要选择一个合理的路径，采用科学的方法学习和进行职业训练，使自己能够快速地在供应链领域中成长，迅速达到国家职业标准，同时还要争取成为国际化的供应链管理者。

要成为国际化的供应链管理者，就要获得国际化的知识资源。一个人成功的速度，取决于学习的能力和速度。在知识爆炸的时代，在数字化时代，计算机这种“超级大脑”一秒钟就可以读几百万本书。但是，个人却不能快速地把需要的知识转化为自己的本领。所以，选择知识体系很重要。

今天，CSCMP 确实已经成为全球物流和供应链领域中最有影响力的组织之一。该协会是全球供应链思想领袖汇聚的平台，处于定义产业、引领方向的地位。从协会给专业人员提供的支持和服务来看，CSCMP 的宗旨说明了一切：教育和连接全世界供应链管理者。《供应链管理流程标准》给出了包括计划、采购、制造、交付、回收（退货）、执行在内的 6 个部分的标准架构，但没有涉及各个部分的深入分析。人民邮电出版社出版的这套供应链丛书，覆盖了供应链管理中计划、采购、生产、运输等核心流程模块，也包含了丰富的全球企业案例，保证了内容的全面性和专业性。这套丛书，是美国注册供应链管理师 SCPro 项目配套的教材。这套丛书的引进，为中国的供应链管理者掌握国际化的知识体系提供了权威的工具。

CSCMP 会长兼首席执行官瑞克·布拉斯根在 2005 年就曾说过：“这

是一个成为供应链管理者的伟大时代。”

当你立志成为一个供应链管理者，那剩下的事就是如何发展你的事业，绽放你的人生。

知识获取需要平台，事业的发展也需要平台。CSCMP 实际上就是我获益最多的知识获取平台和事业发展平台。CSCMP 在全球 75 个国家和地区拥有 105 个圆桌分会，由 8,500 多名物流与供应链领域专业人员构成，其最具有代表性的活动是每年举办的全球峰会。峰会每年至少有三四千名来自全球的物流与供应链领域的专家、学者以及企业高管参加，他们齐聚一堂，探讨和交流供应链前沿趋势。CSCMP 是知识源泉，也是信息源泉。CSCMP 的专业资讯平台包括供应链管理通信、供应链实时热点、物流年报、美国商业物流杂志等。我在自学的同时也会参加行业活动，包括沙龙、培训以及会议等，这样不仅可以提升我的人际交往能力和沟通能力，同时还可以拓展我的职业网络。

万丈高楼平地起，要想攀升到事业的巅峰，我们需要找到事业发展的阶梯。我希望这套丛书能给大家提供好的内容资源，且每个供应链管理者也都能利用好协会这个宝贵的资源平台。

人生路漫漫，通向成功的路不止一条。外国人说，条条大路通罗马。中国人说，条条大路通北京。成为供应链管理师的路可能不止一条。我相信知识溢出效应，在前人的基础上前行，总能加快我们学习的速度，提升我们学习的效率。

王国文 博士

中国（深圳）综合开发研究院物流与供应链管理研究所所长

CSCMP 中国首席代表

推荐语

迈尔森教授在书中成功地将SCOR模型、精益管理和信息技术有机植入供应链管理体系，以一个崭新的视角详细阐述了如何从精益的角度审视价值链和供应链，挖掘持续改善的机会，并消除非增值活动，值得从业者仔细研读并付诸于实践。

王保华

原芬兰ElcoteQ集团、原海尔集团副总裁

中国物流学会常务理事

这本书是供应链精益管理领域的经典之作。它不仅通过大量案例介绍了如何使用SCOR模型来集成技术与供应链关键流程，而且集理论、技术、实操方法于一体，为读者提供了可行的精益解决方案，是一部值得从业者学习的宝典。

唐隆基

中国数字化学会特聘终身顾问

罗戈研究院副院长

中国供应链的发展正处于从“自发”走向“自觉”的阶段，从业者急需一套与实践紧密结合的系统性理论指导体系。这本书构建了供应链精益管理的底层知识结构和方法，能够帮助从业人员有效搭建全局性供应链知识应用框架，非常值得阅读和学习。

秦　璐

北京交通大学物流工程系副主任

中物协（北京）物流工程设计院副院长

精益现已成为供应链管理的重要理念和目标。精益与供应链的有效融合，有利于增强供应链显性化、降低供应链成本、提高供应链效率。这本书是将精益思想与技术在供应链领域结合应用的指南。阅读这本书有助于从业者通过有效的技术手段，实现供应链精益管理的目标。

曾江辉

中国航空综合技术研究所研究员

21世纪，全球格局将转变为以供应链为主体的市场结构。围绕供应链的管理理论则是集成化的思想方法，所以在供应链中研究精益生产，通过资源整合实现供应链系统成本最小化，才能从根源上推动企业高效运营。

精益思想从最初的生产系统中业务实践方法论层面，逐步上升到供应链系统战略管理层面，未来供应链将趋于面向顾客提供多种产品和服务，其属性、结构也将向着所涉及的上下游多维联结立体网络结构演变。

这本书能够使更多的供应链从业者从中受益，这无疑对我国供应链创新与应用人才培养起到强力推进作用。

吴菁芃　博士

北京科技大学物流研究所研究员

中国仓储与配送协会特聘专家

目　录
CONTENTS

第一部分
简介与概述

01 精益供应链与技术完美搭配

世界毕竟很小：经济全球化要求企业交流与协作 /005
应用精益理念与技术：机会有多大 /006
　　全球供应链及相关技术应用规模不断扩大，频率持续增加 /007
　　信息系统与信息技术是精益管理的重要工具 /008
　　运用精益理念与技术的风险与收益 /009
关联竞争策略与价值链理论 /010
竞争策略、业务流程与 IT 结构 /013
运用 SCOR 模型挖掘精益管理与技术结合带来的机遇 /016

02 商业和社会中日益重要的供应链与技术

供应链与供应链管理的定义 /020

供应链管理与物流管理的起源 /022
信息技术在供应链中的作用 /024
什么是供应链信息 /024
信息交互模式 /025
信息整合共享的重要意义 /026
系统层面分析供应链信息 /027
宏观层面分析供应链管理 /028
供应链信息技术 /029
供应链技术的发展趋势 /030

03 精益理念及其在供应链中的应用

精益理念的背景 /034
增值活动与非增值活动 /035
精益理念中的浪费现象 /036
精益文化与团队协作 /043
精益供应链管理策略的组成部分 /044
精益管理基本工具 /045
精益管理高级工具 /051
识别问题与解决问题的工具 /058
精益思想、供应链与技术 /059

04 软硬件采购流程及供应链与物料管理技术的应用

采购流程 /064
识别和评估需求 /064

明确规范 /066
识别和选择供应商 /066
准确定价 /068
下发订单 /070
跟踪物流交付，确保信息无误 /072
收货与签单 /072
开具支付发票 /073
软硬件设备选择 /073
阶段 1——准备规划和预算 /073
阶段 2——需求分析 /074
阶段 3——供应商调研 /074
阶段 4——技术演示 /075
阶段 5——最终决策 /075
阶段 6——合同磋商 /075
选择实施方与增值型经销商 /075
自行开发或购买第三方服务 /076
供应链管理系统的成本管控和选择 /077
“完美无缺”与单一集成解决方案 /078
咨询顾问 /078
项目管理 /079
供应链软件市场 /080
供应链规划系统 /081
供应链执行系统 /082
其他供应链技术 /083
供应链技术的发展现状与未来趋势 /084

供应链技术的短期发展趋势 /084
新兴供应链技术发展趋势 /084

第二部分 计　划

05 供应链网络体系优化

供应链策略规划 /094
供应链管理决策规划 /094
供应链执行性规划 /095
供应链网络体系设计的重要意义 /096
选址决策及其对价值的影响 /097
供应链网络体系优化技术推动精益管理的方式及作用 /099
供应链网络体系优化技术 /100
供应链网络体系优化技术的案例研究 /102
案例 1：某工业制造企业的分销网络体系优化 /102
案例 2：半导体制造企业的全球供应链网络体系再设计 104

06 需求预测系统

精益预测方案 /109
常用的需求预测流程 /109
精益需求预测流程 /111

预测技术的种类与要求 /114
运用精益需求预测技术的案例研究 /116
案例 1：驯鹿咖啡利用需求预测系统实现市场需求预测流程自动化 /117
案例 2：Butterball 公司利用 JDA 软件优化需求预测过程 /118
案例 3：金佰利公司整合销售点信息以优化零售商再供应流程 /119

07 主生产计划

主生产计划的定义 /124
精益生产计划 /125
主生产计划技术的种类与要求 /127
精益管理与资源管理间微妙的平衡 /127
精益生产计划与技术的案例研究 /128
案例 1：能量棒公司升级生产规划技术 /129
案例 2：国际制造企业整合主生产计划流程以减少浪费 /130
案例 3：雀巢巴基斯坦分公司创新性地改变奶制品的生产计划方式 /130
案例 4：普士普林门窗设备公司实现主生产计划中精益与资源管理的有效平衡 /133

08 销售与运营计划

销售与运营计划的定义 /138

销售与运营与精益管理 /140

销售与运营 / 整体规划技术 /142

精益销售与运营计划与技术的案例研究 /144

案例 1：英飞凌科技股份有限公司利用销售与运营协议提升规划能力 /144

案例 2：兰斯公司推动企业销售与运营的协作 /146

案例 3：大陆磨坊公司应用销售与运营程序提高生产效率 /147

案例 4：瑞德士在外包策略造成企业危机后着力改善销售与运营程序，大力推广相关工具以提升运作效率 /149

第三部分 采购

09 物料需求计划

采购与订购的定义 /156

订购流程 /157

业务采购类型 /158

物料需求计划的定义 /159

精益理念与物料需求计划 /162

物料需求计划技术 /165
精益物料需求计划与技术的案例研究 /167
案例 1：加布勒机械公司上线“真正的”物料管理系统 /167
案例 2：雷神公司利用易事达公司开发的供应链管理平台精简物料需求规划程序，实现操作自动化 /169

10 采购与电子采购系统

采购流程 /174
精益管理与采购 /175
采购技术 /178
精益采购与技术的案例研究 /181
案例 1：东芝半导体公司启用在线供应商协作系统 /181
案例 2：科莱恩公司——提高跨公司生产效率，增加 SAP 软件投资效益 /183
案例 3：亚德公司利用新型消费支付系统实现流程智能化 /184

第四部分 生 产

11 企业资源计划系统

精益供应链与企业资源计划系统 /191
企业资源计划技术 /193

精益供应链与企业资源计划系统的案例研究 /196

案例 1：雷德福来尔公司与阿尔特咨询公司合作选取 ERP 系统，改善业务流程并推进系统实施管理 /197

案例 2：福莱希皮普有限公司运用 IFS 应用软件提高流程灵活度 /198

案例 3：美国尼森·卡密泰克汽车零部件供应商运用综合质量管理体系 ERP 系统推进精益管理 /199

12 生产执行系统

生产执行系统在竞争激烈的市场中所起的作用 /205

精益管理与生产执行系统 /206

精益供应链与生产执行系统的案例研究 /209

案例 1：满帆酒厂通过推进制造流程智能化来改良酿酒工艺 /209

案例 2：默克公司推行生产执行系统 /210

案例 3：高功率激光器制造公司运用 EZ-MES 系统推进生产流程追踪自动化 /211

13 短期生产排程

短期生产排程的流程 /217

连续型生产与离散型生产的短期生产排程 /218

服务行业短期生产排程 /220

精益短期生产排程 /221

高级生产计划与排程系统 /221

有限产能排程系统 /222
高级生产计划与排程系统技术 /223
高级生产计划与排程系统的案例研究 /224
案例 1：汽车零部件制造商选用 Asprova 系统改善用户操作界面，有效降低规划变动占用的人力资源 /224
案例 2：穆勒炉灶制造商运用先行者系统减少生产线停工次数 /226

第五部分 交　付

14 分销需求计划

精益与分销需求计划 /236
分销需求计划系统 /237
分销需求计划应用案例研究 /239
案例 1：飞速提升福特公司配件物流响应速度 /239
案例 2：艾华朗用新产线打造王牌公司 /241
案例 3：加拿大轮胎公司运行门店补给计划 /242

15 运输管理系统

精益与运输管理系统 /247
应用运输管理系统可节约的成本与可优化的环节 /248
运输管理系统技术 /249

运输管理系统应用案例研究 /250
案例 1：棒约翰比萨应用曼哈顿的供应链流程平台，秉承其“至优尊享”服务理念 /250
案例 2：某大型奶制品企业利用软件优化运送流程，将成本降低 18%/251
案例 3：英国米勒公司运用 Transwide TMS 软件，管理日益增长的货物运输需求 /253

16 订单履行系统

仓库管理系统 /256
订单管理系统 /257
客户关系管理系统 /258
精益与订单履行 /259
订单提交 /260
订单处理 /260
货物准备与装载 /261
订单交付 /261
提升订单履行效率 /262
订单履行系统应用案例研究 /263
案例 1：区域药品经销商要求次日达服务 /263
案例 2：惠而浦公司在曼哈顿公司的帮助下实现供应链管理优化 /264
案例 3：塔格物流整合卡当斯 WMS 系统与 ADSI Ship-IT 系统，实现供应链实时管理 /266

第六部分

订单退货

17 逆向物流系统

精益退货物流 /275

实现精益退货物流流程的关键步骤 /275

精益逆向物流技术案例研究 /280

案例 1：飞利浦新西兰分公司应用 RTL™ 系统提升消费者退货满意度 /281

案例 2：诺基亚部署全球服务战略 /282

案例 3：某家装服务零售商对退货中心体系重组，极大地提高了生产效率和响应速度 /283

第七部分

赋　　能

18 度量、指标与分析方法

度量与分析过程 /290

度量指标与环节：SCOR 模型质量与管控 /291

供应链分析方法 /293

供应链决策支持与分析技术 /295

精益与供应链分析技术的案例研究 /297

案例 1：安娜纺织公司通过数据分析构建供应链商业智能中心，以提升制定决策的效率 /297
案例 2：钢铁制造商提高生产效率与营业利润率 /298
案例 3：药品批发商 H.D.Smith 运用新型技术助力企业构建顶级供应链架构 /299

第八部分 未来发展方向

19 供应链协同系统

80/20 法则 /307
精益供应链协同式管理 /308
客户协同 /308
供应商协同 /310
精益供应链集成与协同技术 /311
精益与协同技术的案例研究 /312
案例 1：安捷伦技术公司实现跨企业供应链流程全面可视化 /313
案例 2：阿罗电子自动化公司运用一网公司的实时价值网络系统，实现原料补给自动化 /315

20 新兴技术及其对精益供应链发展的潜在影响

供应链整体发展趋势 /320

供应链软件与连接技术的发展趋势 /322
供应链硬件技术的发展趋势 /326
未来供应链技术的投入方向 /330
未来展望 /331

| 第一部分 |

简介与概述

本部分包括以下 4 章。

“精益供应链与技术完美搭配”关注技术在流程优化方面的作用及影响。技术可以为供应链流程优化赋能，并大幅降低风险。

“商业和社会中日益重要的供应链与技术”关注信息技术在供应链中的作用，分析技术创新对未来的供应链发展的巨大影响。

“精益理念及其在供应链中的应用”关注精益理念及精益供应链管理。供应链规模的扩大需要有精益技术做支撑，精益供应链从根本上改变了企业的运作。

“软硬件采购流程及供应链与物料管理技术的应用”关注如何将供应链流程、精益理念与技术相结合并运用于商业实践。

01

精益供应链与技术完美搭配

传统的精益理念往往被理解为简单地识别和消除生产过程中的浪费现象。虽然有大量的图书探讨了精益工具与技巧在生产、管理及供应链（相对较少）方面的应用，但是对有关技术在流程优化方面的作用及影响的讨论却寥寥无几。

基于技术是实现精益化供应链管理的关键要素这一事实，本书将精益理念与企业可以应用并负担得起的系统与技术进行关联探讨，以最大限度地发挥流程优化的作用。

具体而言，本书详细描述了广义的精益理念与既有新兴系统和技术的结合，及其在多种供应链、物流及生产运作管理领域中的应用。这些系统和技术包括互联网、电子商务、企业资源计划（Enterprise Resource Planning，ERP）系统、3D打印机、条形码扫描仪、射频识别（Radio Freguency Identification，RFID）标签等。随着供应链在全球范围内的不断扩展，精益理念与技术的结合可以使各个模块都更加高效、准确、综合、协调，能够大幅提升生产运作效率。

本书通过各种工具、方法论、优秀实践典范、示例与案例展现精益理念与技术相结合的方式、契机与场景，使企业的供应链效率呈现“螺旋式增长”，从而显著增强其竞争力。

世界毕竟很小：经济全球化要求企业交流与协作

当今社会发展迅猛，科技日新月异，令人激情澎湃。生产活动日益丰富；关键技术不断突破；经济贸易与供应链呈现全球化趋势；互联网与电子商务势头强劲；全渠道营销与分销日益健全；企业、专用软件解决方案，以及用于信息收集、分析和传播的硬件技术如雨后春笋般涌现。随着经济全球化的发展，国际环境日益复杂，运输成本持续上涨，基础设施资源匮乏且不断损耗，自然灾害等问题不断加剧，这个新世界同样也面临着诸多风险和挑战。若企业能够做好协调与管控，就具备竞争优势；反之，就可能倒闭。

以上论述也解释了精益生产、六西格玛以及精益六西格玛等流程优化的方法论与有助于管理生产流程的技术备受人们关注的原因。但是，由于资源有限，企业必须做到流程优化和技术选取应用“两手抓”。

与精益供应链管理的其他要素一样，技术可以为流程优化赋能，也有利于维系和吸引客户。因而，与供应链合作伙伴协作使用技术能大幅降低风险。Ariba（采购系统软件技术服务商）在《通过加强协作与流程可视化，减少供应链风险，实现订单完美交付》中对此有清晰的诠释。

“没有任何一家企业在当今的全球化经济体系中可以实现完全独立地运作。错综复杂的供应链网络决定了企业必须要与全球各地的很多外包服务商、合作伙伴、供应商及客户交流与协作。这也使创新型企业不断接纳并采用新的协作与自动化技术来提高效率、优化手工生产流程。通过实现无边际协作，企业领导者可以使原料运输与生产流程的可视化程度越来越高，让企业能够向客户交付一份完美无误的订单。”

上述文件中援引了对供应链管理人士的一项调研，调研发现降低风险是企业普遍面临的最大挑战，也是企业开展贸易合作时考虑的核心因素之一。该调研也表明几乎所有的调查对象都已意识到协同合作的价值所在，各企业的首席采购官也将其作为开展业务的首要考虑因素。协同合作可以通过多种形式开展，如信息共享、流程自动化、在线商业网络或实体商业枢纽构建。大多数调查对象认为与人工处理流程相关的问题亟待解决（也造成巨大的资源浪费），而且他们还意识到迫切需要新型技术来实现自动化流程、增强协作，以降低供应链风险。

大部分采用可视化和协作技术工具的企业都取得了显著的成果：订单准确率和时效性有所提升，业务实现自动循环运作。这些都是供应链更加精简和高效的表现。

应用精益理念与技术：机会有多大

大量研究及笔者个人的经验都证实，约有 50% ～ 95% 的精益化管理项目的实施效果不尽人意。究其原因，一方面是企业未能充分贯彻和落实精益理念；另一方面是企业原有的或最终应用的技术并不能很好地匹配现有及未来项目进度管理的需求，结果导致大量的时间、预算及人力等资源的浪费。

还有研究表明，应用精益理念能够显著优化项目周期、库存、产能，提高质量管理效率。尽管上述改进得益于精益理念，但是现代技术的强大作用同样不可忽略。作为供应链整体运作的“润滑剂”，技术能促进各个环节的优化，既能使这些改进制度化，又能使改进超越预期并取得更大的成果。

企业投入技术研发的程度各不相同，技术研发投入占总营收的1% ～ 7%（制造企业及零售商投入幅度较小，金融与医疗服务企业投入幅度较大）。通过研发和应用新技术，企业希望能够获得以下益处：扩大潜在用户群，为新用户和现有用户提供更优质的服务；巩固企业与现有及潜在客户、供应商和其他重要合作伙伴之间的关系；改善或简化操作流程，减少成本与浪费，提高效率，增加利润。

也正是由于企业能从技术投入方面受益，据统计，企业在信息处理设备与软件方面的投入金额占企业总投资的比例从 1987 年的 18.2% 上升至 2000 年的 46.7%。当然，这一增长趋势仍然在延续。多伦多道明银行在 2015 年针对企业首席财务官们展开的调研中发现，这些企业的技术投入占企业 2016 年预算规划的 58%，其次是现有设备维护费用和数据安全维护费用。

2015 年，全球在信息技术方面（包括硬件、软件、IT 设备与电信市场）的投入总计高达 3.8 万亿美元（2020 年 6 月为 7.1 人民币兑换 1 美元），其中软件投入 3,350 亿美元，硬件设备（台式计算机、笔记本电脑、手机、平板电脑、打印机等）投入 7,320 亿美元，数据处理系统（服务器、内存、网络设备）投入 1,430 亿美元，IT 服务投入 9,810 亿美元，电信服务投入 16,380 亿美元。

全球供应链及相关技术应用规模不断扩大，频率持续增加

企业规模越大，合作伙伴越多，产品交货周期越长，跨企业协作就会越复杂，因而更加需要实现协作的可视化、无缝对接与及时反馈。许

多企业都面临着产品交付周期长、库存压力大、预算超标、供给与需求长期不平衡等问题，而自动化与可视化的不足更是束缚了企业的业务发展。阿伯丁全球基准统计报告显示，3/4 的调查对象表示企业目前尚未搭建起完备的国际供应链自动化处理流程。平均来看，大型企业的国际供应链自动化水平仅达到美国国内的一半。79% 的大型企业表示供应链流程可视化程度低是其业务发展过程中需要解决的最大问题，90% 的企业表示其国际供应链技术尚且不足以为公司财政预算及现金流的规划和管理提供及时的信息反馈。因此，企业更青睐封装式应用系统，而非内部开发。

阿伯丁集团近期的一项调查发现，“模范”企业大多都掌控着其供应链体系的核心，试图让供应商围绕着企业运转，将企业作为信息共享、流程跟踪与追溯以及数据交换的枢纽并制定统一的编码标准。这样的方式可能会使得信息更加多元化，对协作技术的要求也更高。

完成生产和运输全流程及贸易相关财务成本和记录可视化的挑战既会带来问题，又会创造机遇。不过，随着这一过程的不断优化，流程适配性和协作度（精益管理的特性）会大大提高，大型企业的生产成本、服务质量与竞争优势都将得以改善。当然，可进步的空间还很大，63% 的调查对象表示提高供应链流程可视化是实现其业务增长的至关重要的一环。

信息系统与信息技术是精益管理的重要工具

信息系统与信息技术一般是可以通用的。传统而言，信息系统一般指的是用于创建、更改、存储及分发信息的手工及计算机处理系统，组成该系统的要素包括人、计算机程序、设备与信息技术；信息技术通常指的是信息系统中的技术部分，如硬件、服务器、操作系统、软件等。信息系统与信息技术均是实现企业精益化管理的重要工具。

运用精益理念与技术的风险与收益

企业会出于多种考虑而应用某个系统或某项技术，如提高产能、加速库存周转、改善顾客体验等。本书始终强调的一个观点是：收益与风险并存。例如，全景咨询系统公司的一项针对 ERP 系统应用成功率的调查表明，大部分 ERP 项目都处于预算超标状态，而且客户并没有看到预期成效的出现。部分调查对象认为 ERP 项目的运作是失败的。该调查还给出了以下数据。

（1）50% 以上的项目预算超标。

（2）60% 以上的项目进度延迟。

（3）60% 的调查对象表示应用 ERP 系统的效果不足预期的一半。

综上所述，虽然精益理念、信息系统和信息技术以及它们的结合对企业发展都有巨大的良好影响，但是若无法做好管控，就会浪费大量资源，效果也不能令人满意。笔者相信技术是实现精益化管理的载体，因此，作为持续优化供应链策略的工具之一，精益理念须与技术融为一体。前提当然是两者的融合是合理且有效的，这样才能保证有限的资源（资金与人力）得到有效利用。本书的宗旨之一就是共同探讨精益理念与技术，以挖掘并展现两者之间的协同效应，并提供方法论来判断何种技术与工具能够促进企业发展。

关联竞争策略与价值链理论

以往，供应链和运营管理均被视为成本中心的重要组成部分。近些年来，人们逐渐意识到，这两大模块同样可以增加利润，帮助企业扩大竞争优势。企业创造竞争优先权时必须考虑供应链，才能更好地服务内部和外部客户。供应链搭建完成之后，企业应针对供应链和运营管理流程分别制造竞争优先权。

克拉尼夫斯基等人认为，企业的竞争优先权维度应划分为成本、时效、质量与柔性（见图 1-1）。

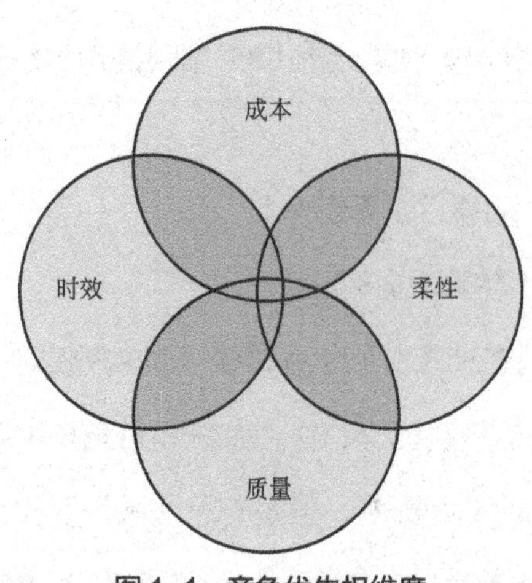

图 1-1　竞争优先权维度

（1）成本策略——在不影响产品和服务质量的前提下，尽可能以最低的成本将订单交付给目标客户。沃尔玛正是通过运行高效的供应链管理体系，成为秉持长期低价的价值主张的零售商。

（2）时效策略——着重强调提供产品或服务的速度、客户需求响应时间、连贯性，甚至着力压缩产品开发周期。戴尔在需求响应时间方面表现卓越的原因是其产品组装、测试及运输流程具有高时效性。联邦快递也因小型包裹物流运输的快速且及时而闻名。

（3）质量策略——质量高、性能稳定的产品或服务依赖可靠、安全的供应链体系。假设索尼的供应链漏洞百出，就算再高端的产品也无法赢得消费者的青睐。

（4）柔性策略——着重强调满足客户不同的产量、种类和定制化需求。如今许多电商企业能够根据客户需求提供多样化服务。

大多数企业会采用上述策略中的一个或几个，即使那些坚持贯彻某一个策略的企业，在其他维度也有较好的表现（可能不是行业最佳）。

当代供应链体系要实现的目标是通过协作的方式达到整合，实现下游流程（客户）与上游流程（供应商）的可视化。在某种程度上，现在众多企业已运用“信息替代库存”模式来提高生产效率。过去流程工业中存在的“自动化信息孤岛”现象已经消失，以牺牲客户或供应商利益为代价来提高企业供应链效率而搭建的企业内部系统也不复存在。

精益理念包括在恰当技术的支持下进行团队合作，培养批判性思维，促使组织内部高效运转，且保持与外部供应链模块的良好关系，包括客户、供应商及合作伙伴等。这样能够有效提高生产效率，充分发挥供应链的优势，为客户提供增值服务而非局限于内部成本核算，从而增强企业竞争力。

迈克尔·波特提出的价值链模型如图 1-2 所示，展示了企业的价值创造环节（现在看来该模型更像是“价值网络”，因为各企业之间贸易关系彼此交错），价值创造高度依赖供应链。

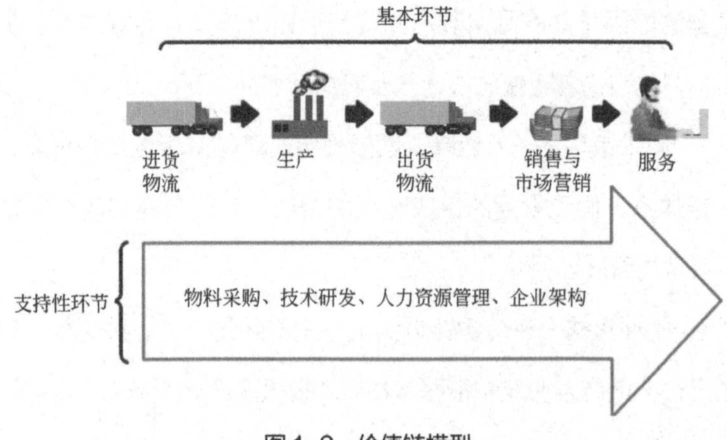

图1-2　价值链模型

下文所列的是价值链中企业内部的各个基本环节，通过将输入的原料转化为输出的产品，最终产品或服务的价值在这些环节中得到不断提升。

（1）进货物流——包括收货、仓储及物料的库存管理。

（2）生产——将原料转化为终端产品或服务的操作过程。

（3）出货物流——将产品交付给客户的流程，包括仓库发货及订单完成。

（4）销售与市场营销——客户购买产品的相关环节，包括广告、定价、分销商的选择等。

（5）服务——延续及改善产品价值的环节，包括购买支持、维修、保修服务等。

波特同样指出了为企业增加价值的支持性环节，这些环节如下。

（1）物料采购——购买原材料及其他生产所需物料。

（2）技术研发——技术研究与开发、流程自动化及其他类似环节。

（3）人力资源管理——人员招聘、培训、培养及补偿。

（4）企业架构——财务部门、法务部门、质量控制部门等。

波特认为价值链分析法同样适用于探究有效提高企业竞争力的潜在优势的环节。图 1-3 所示为某一制造企业的流程、联动及信息流，供应链可在多个环节为产品增加价值，因此值得重点关注。

价值链模型也描述了各个环节之间的联系。例如，销量预测可推动生产，而生产又决定着原材料和器材的需求。从理论上看，企业生产运作的各个环节之间的关联越密切，库存量及成本就越少。因此，这一理论既催生了全面业务系统的诞生、支持企业跨部门协作，又推动了业务流程重组，使人们再次意识到仅实现流程自动化可能远远不够（尽管现在的流程自动化程度还没有达到最佳水平）。实际上，企业价值活动之间的联动应该包含更多新的流程。

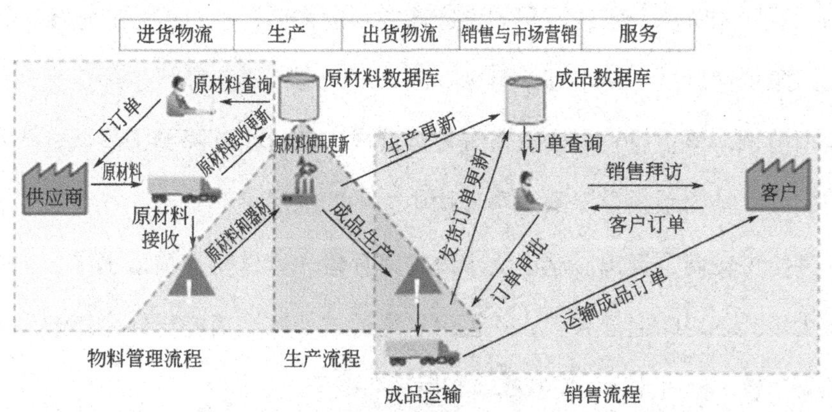

图 1-3　制造企业的流程、联动及信息流

竞争策略、业务流程与 IT 结构

企业在制定竞争策略的同时会确定业务流程，明确生产增值模块

及各模块间的联动方式。业务流程的自身框架决定了企业对信息技术（Information Techology，IT）的需求。因此，确保信息技术结构与经营目标协调统一至关重要，需要采取以下步骤实现。

（1）明确企业的目标与愿景。

（2）将策略目标细分为增值活动与流程步骤。

（3）明确企业经营成果的判定标准。

（4）明确信息技术应当发挥的作用。

（5）权衡信息系统的实际表现与企业目标之间的差异。

图 1-3 中制造企业的 IT 需求取决于其竞争策略，以及企业认为可以最大限度实现增值的环节。例如，若该制造企业为低成本型企业，就需要信息系统来寻找和购买低成本的原材料和器材，在采购方面更侧重于利用互联网资源来定位匹配的供应商并与之协商，还可能会应用条形码技术来加速成品仓库中订单与库存的处理流程。零售商沃尔玛正是一个典型范例，该企业利用信息系统将运营成本和价格都降到了最低。沃尔玛的库存补给系统会识别消费者购买之后的商品库存状态，并在需要时立刻给供应商下订单。这让沃尔玛的库存量一直保持在最低水平，有效减少了沃尔玛的运营成本，并且沃尔玛通过与制造商的充分协作做到了预测销量、极速补货、削减成本和提高准确率。

而对于策略更灵活、业务响应速度更快的企业而言，重要的并非是库存，而是可分配存货量、制造周期和客户服务水平。这类企业需要信息系统和技术来迅速更新生产设备，需要自动分配管理系统来及时完成订单处理，以及需要通过与关键客户系统的紧密集成来决定产品和服务的更新迭代方向。应用这类竞争策略的企业，如戴尔公司，会利用信息系统来为消费者提供定制化和个性化的产品。消费者可以在戴尔的电商网站上选择喜欢的计算机款式并提交计算机的定制化参数，且在很短的时间内就可以收到货。戴尔的订货组装系统使得该企业具有极强的竞争优势。

其他策略包括以下几点。

（1）聚焦市场定位——利用信息系统可以让企业比竞争对手更好地瞄准和服务细分市场。这一策略的具体环节包括分析用户购买习惯和消费偏好，针对细分程度日益加深的市场精准投放广告。

（2）巩固企业与客户、供应商的关系——企业与客户、供应商的关系不断加深的同时，客户和供应商的转换成本和忠诚度会不断增加。汽车制造商通过与供应商实现信息系统集成来直接获取生产周期的相关信息，从而改进销售预测和产品计划。众多电子商务网站都会持续追踪消费者购买偏好并给出购买建议。

竞争策略可以使企业在多个维度提升竞争优势。例如，戴尔的策略是提供平价、快速的定制化服务，该策略取得了巨大成功，其年均库存周转次数达 90 次，顾客的定制化产品交付仅需 4 天左右。

此外，互联网对商业竞争影响深远，可以说互联网大大改变了许多行业的竞争态势。随着互联网技术的运用，全球生产成本大幅降低，小型企业同样可进入国际市场并与大型企业同台竞技，新型产品与服务可以在更短的时间内上市。互联网还有助于信息的透明化和全方位呈现，实现便捷沟通，有助于增强消费者和供应商的议价能力。

企业通过应用信息系统来获得竞争优势，需要的是人力、流程和技术的集成，这也正是本书所讨论的内容（见图 1-4）。拉马克里希曼和特

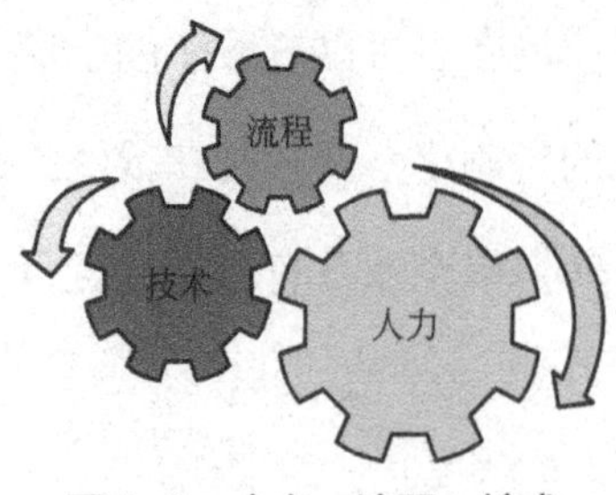

图1-4　人力、流程、技术

斯塔尼指出："企业转型往往关注的是流程优化策略及业务流程再造，却忽视了人力的重要作用。然而，这类转型未能达到预想的效果。研究表明近1/3的业务流程再造计划无法达到预期目标，也没能实现长期执行。常见的原因之一是缺乏对企业文化的关注。企业通过合理统筹人力、流程和技术，以企业文化转型及业务流程优化为宗旨，能够塑造强大的竞争优势，实现长期有效运行。"

运用 SCOR 模型挖掘精益管理与技术结合带来的机遇

本书将讨论供应链与生产流程的结合，以及技术的巨大推动作用。笔者认为供应链运作参考（SCOR）模型是行之有效的，如图1-5所示。这一模型最初由国际供应链协会（后与美国运营管理协会合并）提出，将供应链管理流程划分为6个模块。

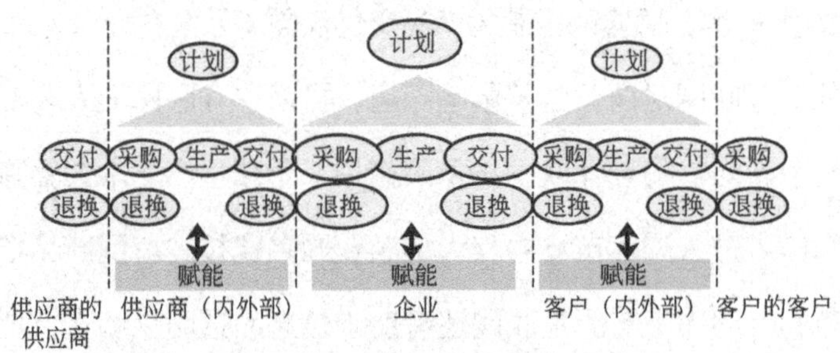

图1-5　SCOR 模型

（1）计划——如何实现供需平衡，本书将在第二部分详细讨论。各部分的计划需要在供应链中保持同步。

（2）采购——如何采购原料以满足生产需求，包括原料的鉴定、选择、性能参数测量、交付与接收。

（3）生产——生产流程，将原材料加工为终端产品。

（4）交付——供应链模块中从供应商、生产制造到顾客的流程中物料转移相关的流程，包括订单管理、库存管理与运输管理。

（5）退换——处理退换货的产品或物料的逆向物流流程，包括维修、保养和翻修。

（6）赋能（2012 年 SCOR 模型第 11 版新增）——上述五大模块的支撑环节。

介绍精益工具与技术在各个流程中的运用之前，有必要让大家先了解供应链在企业中日益重要的原因和发展过程，熟悉精益理念和工具，以及了解常规采购流程包含的内容。

参考文献

[1] "Capital Expenditures on Technology Driving 2016 Financial Plans, CFOs Report in TD Bank Survey", TD Bank News Release.

[2] Gartner, "Gartner Says Worldwide IT Spending on Pace to Grow 2.4 Percent in 2015", Press Release,January 12, 2015.

[3] Aberdeen Group, "Global Supply Chain Benchmark Report", June 2006.

[4] Heaney, Bob, "Supply Chain Visibility", Aberdeen Group, 2013.

[5] Krajewski, Lee J., Larry P. Ritzman, and Manoj K. Malhotra, *Operations Management: Processes and Supply Chains*, 10th ed., Pearson, 2013.

[6] Krigsman, Michael, "Compelling Advice for the CFO" , February 22, 2013.

[7] Ariba, "Mitigate Supply Chain Risk with Collaboration and Visibility to Achieve the Perfect Order" , November 3, 2014.

[8] Pisello, Thomas, Return on *Investment—For Information Technology Providers*, Information Economics Press, 2001, p.1.

[9] Porter, Michael, *Competitive Advantage: Creating and Sustaining Superior Performance*, The Free Press, 1985.

[10] Porter,Michael,Competitive *Strategy: Techniques for Analyzing Industries and Competitors*,The Free Press, 1998.

[11] Ramakrishman,Sreekanth,and Michael Testani, "People,Process,Technology—The Three Elements for a Successful Organizational Transformation" , IBM SEMS Webinar,March 2, 2011.

[12] "SCOR Model" , from the official website of APICS.

02

商业和社会中日益重要的供应链与技术

供应链与供应链管理的定义

供应链和供应链管理（Supply Chain Management，SCM）应该分别给出定义，因为有时两者可以互换使用，有时又不能。

供应链是集成了组织、人力、活动、信息和资源的系统（结构更像网络状而非链条状），其涉及从供应商到客户的产品或服务的计划、运输与存储。自然资源、原材料和部件通过供应链的各个环节之后被转化为终端产品，送到消费者手中。

供应链管理，根据美国供应链管理专业协会的定义，是指“供货渠道、物料采购、物料流转及物流管理等环节的计划和管理。同时包括与供应商、中间商、第三方服务提供商和客户等渠道合作伙伴的协同合作流程。”供应链管理集成了企业内部和外部的供需管理，特别是“囊括所有上述环节涉及的物流管理、生产运作管理，并旨在促进市场营销、产品销售、产品设计、企业财务和信息技术各模块自身和之间的流程一体化”。

有人认为供应链是比较狭隘的，因为它更偏向于供应侧（如采购）而忽视物流侧（如实施计划、落地执行，保证货物的合理存储、服务的良好传递与产品是否满足消费者需求等信息的及时反馈）。也有人认为物流管理属于供应链的一部分，但是没有明确阐述理由。还有人支持上述两种观点，却忽略了供应链中的计划部分。笔者认为应当对供应链和物流管理做详细的分析，以便归类。

事实上，佩里·特罗尼克在2011年发表的名为《持续教育——做出正确选择》一文中曾指出："学术界仍然在激烈讨论供应链管理所包含的内容及其在管理学理论中的地位。自然，商业界对此的讨论也尚未停止。"该文章还指出物流和供应链两个术语经常被混用，然而很多人认为物流的概念应该另行区分。

不同功能模块之间存在着相似性和差异性，如物流包括运输与配送，供应链管理是更广义的概念，通常是跨职能和跨企业的。深入理解两者之间的异同对制定决策、调整架构、雇佣员工和研发技术都至关重要。

供应链和物流企业包含以下功能。

（1）采购——从外部渠道获取货物或服务。

（2）需求预测——预测客户会购买的产品或服务的数量。

（3）客户服务和订单管理——与处理货物订单和客户服务订单相关的任务。

（4）库存——计划与管理。

（5）运输——租用运输工具和使用私有运输工具。

（6）仓储——公共仓储和私有仓储。

（7）物料处理与包装——转移、保护、存储物料，以及对人工、半自动、全自动设备处理的物料和产品进行管理。

（8）设备网络——企业供应链网络中的选址决策。

（9）信息管理（包括收集和共享来自客户与供应商的信息反馈、销量预测信息、库存信息及生产制造信息）——确保生产与需求匹配的所有相关信息。

供应链管理也与生产运作管理相关联，包括将输入的原材料转化为商品或服务的各个环节。因此，供应链与生产运作管理（见第四部分）在有些情况下也会被用于描述支持生产流程的各项活动。

供应链管理与物流管理的起源

供应链管理由来已久，但这一术语直到 20 世纪 80 年代初才得到准确的定义。供应链管理从最初用于最小化成本出发，已发展为覆盖全球互联网络的复杂体系。供应链管理的效率高低直接决定企业的生死存亡。

弗雷德里克·泰勒创造性地提出了科学管理准则，这一准则也被应用于第二次世界大战的军事物资运输实践当中。战后，企业家们逐渐认识到物流中各环节错综复杂的关系与需要权衡的因素，如库存成本与运输成本的关系和平衡，物流也由此逐渐得到商业界的重视。

20 世纪 60 年代初期，物资调用是管理学理论和工业实践中的重要概念，包括运输、库存管理、仓储和设施选址等内容。物资调用过程需要协调产品上市供应所涉及的众多环节（即侧重于生产制造环节的“外沿”）。

20 世纪 60 年代中期，物资调用的概念得到延展，将供应侧环节纳入其中，包括进货运输与仓储，并被引申为商业后勤物流这一概念。而多数情况下材料采购仍然归于物料管理或采购模块。

20 世纪 80 年代初期，美国制造企业与海外竞争者展开 10 多年的商业大战。美国企业热衷于将材料制作、劳动力和生产制造环节外包给其他国家和地区的企业。供应链管理这一术语也正是在这个时候正式成为通用的商业词汇。供应链管理不仅定义了人类生存和贸易的新型全球化环境，也定义了包含原料寻源、采购、转化和物流管理等环节的全流程的综合集成及其重要性。供应链管理包括与供应商、中间商、第三方服务提供商及客户等渠道合作伙伴保持良好的合作。

以往，物资调用、物流、采购等模块是分散的、碎片化的。现在，许多企业已采用集成化的供应链管理部门组织结构，在多数情况下由一位高级主管领导（见图 2-1）。

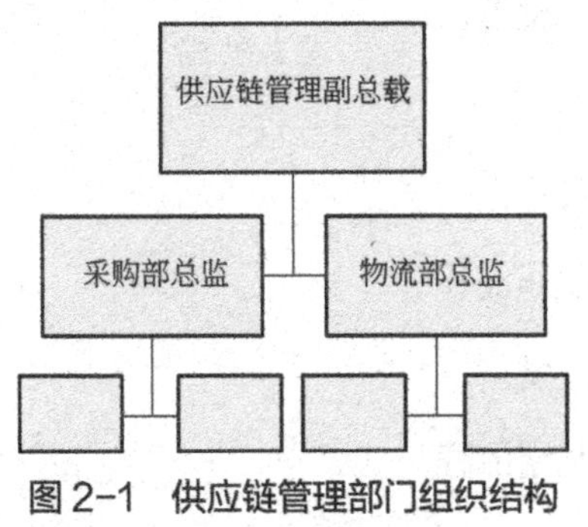

图 2-1　供应链管理部门组织结构

技术的不断发展也极大地促进了集成化供应链管理概念的形成。例如，20 世纪 80 年代应用的电子数据交换（Electronic Data Interchange，EDI）系统被视为实现企业之间数据电子化传输的标准模式。“非专业性”的企业资源计划软件主要用于基于通用数据库的核心业务流程的集成。迈入 21 世纪以来，基于互联网的企业协同系统日益普及。

20 世纪 60 年代中期以来，企业都在切分其供应链，不断寻找低廉、实惠的外包服务。20 世纪 80 年代出现了由“生产者驱动型”供应链转向“购买者驱动型”供应链的趋势。如今，全球供应链涵盖了制造业和服务业的产成品、零部件和子装配。如今，美国 28% 以上的 GDP 来源于贸易，全世界半成品出口额超过成品和资本货物的出口总额。美国年均物流成本超过 100 亿美元，其中有 50% 为运输成本，33% 为存货持有成本。

供应链网络错综复杂，需要与世界各地的很多外包服务商、合作商、供应商和客户联通。善于创新的企业家们积极应用自动化协作技术，以解决低效、易错、手工流程存在的问题。

在多种技术的支持下，此次供应链革新促进了企业之间的整合与协作，提升了运行价值，有效削减了成本。供应链技术带来的益处如下。

（1）提升竞争优势。

（2）增加可视化程度。

（3）提高效率。

（4）优化客户关系。

（5）改善生产运作流程。

（6）加快响应速度。

（7）优化决策制定流程。

（8）优化供应链管理流程。

信息技术在供应链中的作用

现代供应链和物流的各个环节都与信息技术紧密相关。由于信息技术和互联网的飞速发展，大中小型企业都可以实现内部流程的自动化与集成化，并轻松地与客户和供应商保持交流。

什么是供应链信息

信息是供应链流程运转和管理层做决策的基础。供应链上的硬件、软件与人力资源信息都可被收集、分析和应用。需要确保信息准确、及时、分类明确、可以共享。工厂需要信息来做决策、规划生产、管理库存、安排运输、组织采购，甚至做定价管理与收益管理（受供应链结构和效率影响较大，属于销售和市场部的职责）。

信息交互模式

数据与信息略有差异。信息是在数据中提取的，是制定决策的依据。支离破碎的数据往往是无用的。数据需要在一定的条件下才可转化为信息，而这正是信息系统的作用所在。

西马图旁和斯里德哈兰提出了以下观点：

信息交互模式可以定义人们解决问题和制定决策所需要的信息量。基于信息处理的目的，有人利用数据解答问题，有人从同一批数据中提取解决问题所需的信息。同样，信息交互模式可用于从现有数据中追溯知识的源头，或基于专业的判断获取特定的数据用作参考。

信息系统所发挥的作用是收集、处理与传递信息，以便决策制定者在需要的时候参考，做出合理判断。以往，信息系统通过电子信息交换平台或者互联网等常用媒介处理可传递的数据。而信息技术的突破使得数据共享平台更为多样化，如视频会议软件和线上决策支持系统等，都有利于管理者将隐性知识转化为显性知识并及时分享给企业员工。

图 2–2 展示了西马图旁和斯里德哈兰提出的信息交互模式。

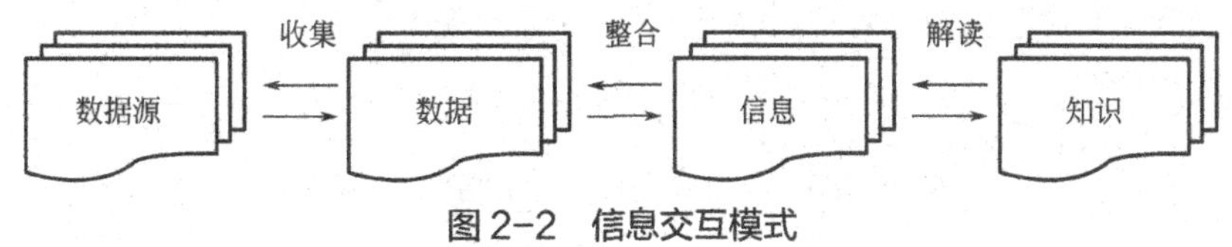

图 2–2　信息交互模式

总体而言，企业中的信息应该具备的特点有：获取途径简便、业务相关性强、准确度高、时效性强。因此，企业应用的信息技术对业绩表现有直接影响，不论是企业部门之间的配合还是与外部客户间的往来，都会因信息技术而增强彼此的合作，内部与外部的供应链信息流动如图 2-3 所示。

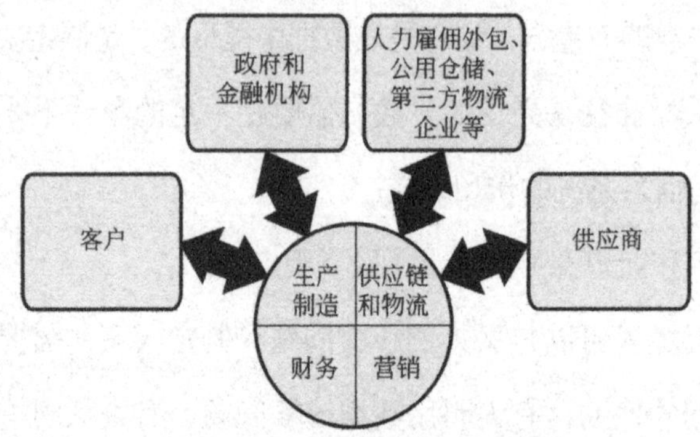

图 2-3　内部与外部的供应链信息流动

信息整合共享的重要意义

随着需求变动的不断增加，需求信息在供应链上传递时产生扭曲而逐级放大，消费者需求的微小变化足以引起上游订单环节的显著浮动，从而出现牛鞭效应（见图 2-4）。

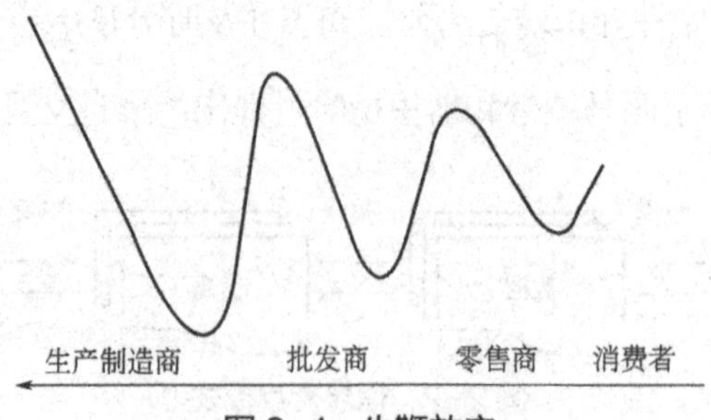

图 2-4　牛鞭效应

造成牛鞭效应的原因主要是企业没有在供应链中有效地应用信息管理系统，导致库存水平不断上升。企业可通过提升供应链的全流程可视化程度来减少库存量。至少从理论上看，企业通过有效地应用信息系统可以及时共享信息，避免库存浪费的情况发生。

福西特和马尼安定义了供应链整合的 4 个层面。

（1）内部跨职能整合。

（2）与一线供应商的逆向整合。

（3）与一线客户的正向整合。

（4）全流程整合（从供应商的上游到客户的下游）。

将传统、碎片化的供应链改良为更加综合、内外一体化的供应链，需要改变搭建和管理与客户和供应商之间关系的方式。为使供应链的效率与价值最大化，企业必须在整体服务和成本目标的基础上，整合和管理全流程（不论内外）的物料、资金和信息流动。信息技术在这方面无疑至关重要。

系统层面分析供应链信息

如今，供应链在全球范围内得到广泛应用。因此，需要从策略、方法、过程与执行的视角分析信息需求。

（1）策略——可衍生出长期决策，有助于推动企业实现其价值使命，并制订实现这一目的的策略性计划，如研制新产品、开拓新市场、计划产能。

（2）方法——通过规划协调供应链关键环节、客户与供应商在同一时间的具体动作。这类规划侧重于战术决策，如库存水平和劳动力水平，从规划上给出指导但不会应用到实际业务中。

（3）过程——支持基于规则的决策制定过程，通常用于短期项目中，用户对准确率与及时性要求较高的情况下。

（4）执行——通常是基于事务处理的维度，用于记录、追踪事务处理数据与管理物料和费用信息的流动。相关系统的事务处理时间周期很短、高度自动化、业务流程标准规范。

宏观层面分析供应链管理

理解供应链及其功能性技术需求的一种方式是从宏观层面将其分解为以下模块。

（1）供应商管理——确保供应商提供合理的报价与合约条款。供应商管理所涉及的范围可宽可窄，大到战略收购，小到复杂项目的物资购买谈判。

（2）内部供应链管理——企业所经营产品的原料采购、生产制造，以及发货运输等环节中的各项活动。

（3）客户关系管理——企业管理和分析客户生命周期过程中的用户交互与数据时用到的方法、策略及技术，其目的是改善企业客户关系，维系现有客户，促进销量增长。

（4）分销渠道管理——层次复杂的分销体系中的各个环节。分销渠道管理取决于行业属性及产品的种类，运输、分销及第三方物流公司等也是影响因素。

（5）事务性管理——日常生产业务中各种基本数据的处理，如订单和库存信息的管理。

图 2-5 所示为供应链相关事务数据的访问和存储流程。高级系统通过分析事务数据提高供应链运作效率，企业资源管理系统往往是搭建供应链信息系统的基础。

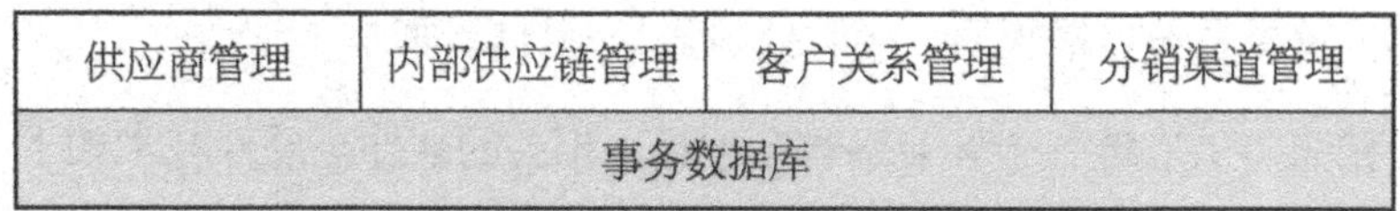

图 2-5 供应链相关事务数据的访问和存储流程

供应链信息技术

从实际应用方面看，供应链管理系统可从供应链计划（Supply Chain Planning，SCP）与供应链执行（Supply Chain Execution，SCE）等流程相关的技术角度考虑。

（1）供应链计划——应用相关算法预测未来的需求、调节供需平衡、调用需求管理系统、供应管理系统与销售运营系统以确保供应与需求匹配。

（2）供应链执行——管控货物的运输位置及状态，管理供应链上各方的物料及款项。供应链执行可包括仓库管理系统（Warehouse Management System，WMS）、运输管理系统（Transportation Management System，TMS）以及 ERP 等企业资源管理系统。

其他相关信息技术如下。

（1）供应链事件管理——用于管理企业与供应链合作伙伴相关的事

件。其目标是使供应链相关方，不论是原料供应商、买方、仓库管理方还是货物运输方都能了解到实时的情况。这类系统通常负责事件监控、通知、模仿、控制与进度度量。

（2）商业智能供应链分析——可帮助分析将数据转化为可应用的信息以优化企业决策与提高生产效率的应用程序、基础设施、工具和实践案例。这类系统包括报表、实时仪表盘与标杆管理。

信息将供应链各个环节串联在一起，相关的软件与硬件技术如下。

（1）互联网——使得企业有能力与其供应商、客户、物流公司和其他合作方随时保持信息同步。

（2）电子商务——正在逐渐取代实体商业。电商分为两类：企业对企业（Business to Business，B2B）和企业对客户（Business to Consumer，B2C）。

（3）电子数据交换——是实现计算机之间标准化资料交换的平台。当今 EDI 多借助互联网实现。

（4）商品条码与销售点数据——可用于实时记录销售数据。

（5）射频识别技术——可将 RFID 芯片中的产品数据通过射频电波传递给需求方。

供应链技术的发展趋势

科学技术对当前供应链流程的影响极其深远，其日新月异之态势又可能引发供应链体系的大变革。凯捷咨询对供应链管理的一项研究表明，技术创新将对未来的供应链发展产生巨大影响，以下为几个要点。

（1）新兴技术——支持全球供应链信息交互与流通的技术正在不断发展，特别是集成了芯片与内容信息的机器间交互。这将提高生产效率、增加流程透明度、提供足够的信息供企业制定运营与管理方面的决策。

（2）分析和仿真——未来的供应链决策将依据实时信息，而非假设与推断。

（3）供应链分隔——与以往“一刀切”的观念不同，不同的客户与多种渠道和多种产品的关系日益复杂，企业间供应链流程、策略与运营模式也各不相同。本质上，供应链管理的最终目标是找到最佳的供应链运作模式和方式，为各客户提供及时的定制化服务，同时保证客户服务与企业盈利最大化。仿真技术可用于模拟供应链各个环节最理想的运作状态。事务处理技术可用于识别供应链相关事务，并对出现的干扰进行及时处理，以保证高速运转的业务流程下各方都能有较高的效率。

（4）服务导向——服务导向与供应链分隔策略相关，其目标是确保各个环节的服务水平达到预期。全球供应链事件信息应该从中心集成，确保供应链监管职能团队与人员迅速了解供应链各环节的实时情况并做出合理决策。

（5）优化——用于供应链网络体系优化的软件工具已得到应用，随着版本的不断升级，这些软件的响应速度将会更快，操作会更方便，步骤会更简单。以信息技术为支撑的供应链管理实践中发展较先进、较成熟的领域为运筹学实践方法论。

（6）可持续性——实现可持续有利于降低成本。构建更高效的回收及再循环流程、减少能源消耗、改善流程避免浪费均可大幅削减成本。规划与优化技术有助于实现高效可持续体系，以帮助供应链规划方制定高效可持续的供应链流程，有效降低成本和能源损耗。

迄今为止，技术的发展使得全球供应链体系的规模不断扩张，供应链体系也越来越受到商业界的重视和关注，但技术仍然有很大的发展空间，环境也日益复杂。第 3 章所讲述的“精益理念及其在供应链中的应用”是应对这一挑战的有效要领。

参考文献

[1] Bozarth, Cecil, and Robert Handfield, *Introduction* to *Operations and Supply Chain Management*, 2nd ed., Pearson, 2008.

[2] Capgemini Consulting, “How Will Digital Impact SCM: Supply Chain Trends”, September 9, 2014.

[3] Council of Supply Chain Management Professionals (CSCMP), “CSCMP Supply Chain Management Definitions and Glossary”.

[4] Fawcett,S.E., and G.M. Magnan, “The Rhetoric and Reality of Supply Chain Integration”, *International Journal of Physical Distribution & Logistics Management*, Vol.32, No.5, 2002, 339 - 361.

[5] Simatupang, Togar M., and R.Sridharan, “A Characterization of Information Sharing in Supply Chains”, Massey University, October 2001.

[6] Trunick,Perry A., “Continuing Education—Making the Right Selection”, *Inbound Logistics*, February 2011.

[7] U.S.Chamber of Commerce, “Global Supply Chain, Customs and Trade Facilitation”.

03

精益理念及其在供应链中的应用

精益理念的背景

精益理念由来已久，定义不一，其起源是日本丰田汽车公司的一种管理哲学，如今被称为丰田生产模式。该理念之所以重要，是因为其将单一设备应用整合为产品制造全流程规划。

丰田生产模式的核心是为批量生产准备合适的制造设备与具备自监控能力的器械以保证质量和工艺流程正确。丰田公司也创新性地提出了加速安装设备的方法，以改善小批量产品生产流程，以及将每道下游工序所需物料情况传递到上游工序的看板管理法。丰田生产模式使得丰田公司在保证低成本与多品类生产的同时可以确保产品质量、增加产线吞吐量、迅速响应客户需求，是一种拉动式的生产制造理念。拉动式生产与推动式生产存在本质差异，后者基于规模经济效益理念，适用于产品的大批量生产，可将固定成本有效分摊，以降低单价。

20 世纪 90 年代以来，汽车行业以外的许多企业都开始引入这一生产理念，这一理念也被定义为精益理念。沃麦克和琼斯成功地普及精益一词并提炼出以下要点。

（1）详细说明客户需要的产品价值。

（2）识别各产品价值流中创造价值的环节，对其中产生资源浪费的环节提出质疑。

（3）确保产品制造工序的其他增值环节顺畅运行。

（4）在工序可连续的情况下引进拉动式生产模式。

（5）精益求精，致力于持续优化服务客户所需要的工序、时间和信息。

本质上看，精益理念通过对客户需求的不懈探索来识别和消除非增值活动或浪费情况，以不断实现全面优化。近年来，随着源于汽车及批量制造业的精益理念越来越易理解，易操作的工具不断被推广到其他制造业，并被引入服务业。

增值活动与非增值活动

要理解精益理念在浪费方面的应用，就要先理解增值活动与非增值活动的定义。

每道工序都包含多项活动，合并起来即为循环周期或生产周期。产品生产周期指生产启动到完成的时间，包括产线等候时间与生产处理时间。

生产处理时间为将投入资源（如原材料）转化为产出（如终端产品）的活动或工序环节所需要的时间。整体而言，流程工序会从顾客的角度实现增值。生产处理时间是员工从始至终完成一整套工作内容所需的时间。

以制作木质托盘为例，其中的增值活动为将木质原材料转化为成品托盘。这一过程中清洗、修整、切割等环节均为整体流程的一部分，也就是说，尽管将原材料做成成品只需要一个小时，但跑完全部流程可能需要一周的时间。

在精益理念中，非增值活动所消耗的时间往往比生产周期要长。非增值活动包括现有物料（如原材料、在制品、成品）库存处理。商家能计算出构建特定“价值流”（单一产品/服务或产品/服务组合）所需的时间，得出供应天数。因此，非增值活动占用的时间便延长为数周（或数月）。

许多工序（或价值流）中的增值活动通常仅占5%～10%（见图3-1）。非增值活动同样也是必要的，如监管、法务和客户要求的核查等活动，其不能直接为客户创造价值，却必不可少，应当尽可能提高运转效率以减少时间和资源的浪费。

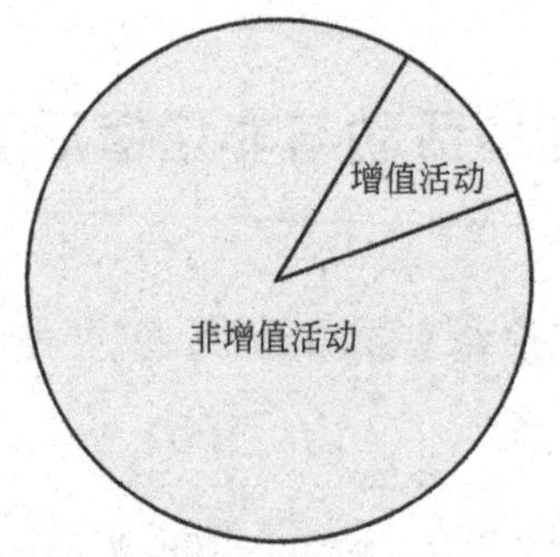

图3-1　增值活动与非增值活动

通常管理者会着力加快生产流程速度，特别是增值活动的运转速度，如冲床的冲压速度。在精益理念的指导下，管理者应将着力点转变为加快非增值活动的运转速度。某些情况下，这样的操作可能会延缓整体生产流程以实现平衡、去除瓶颈、提高流动速度。

精益理念中的浪费现象

精益理念将非增值活动视为浪费。当产品或信息出现停滞、被检测、延迟、排队或失效的情况时，这类情况不能为客户创造价值，是纯粹的浪费。不论是制造、行政管理、供应链与物流还是企业的其他部门，都可能存在这样的资源和时间浪费现象。

有 8 种典型的浪费现象，其英文首字母组合起来为“蒂姆·伍兹（Tim Woods）”（见图 3–2）。

（1）运输（Transportation）——人员、货物和信息的反复流动，包括规划外路线暂停、回程载货超额，以及仓库中货物的来回移动，这可能会导致物料搬运距离增加。

（2）库存（Inventory）——提前囤积原料或开具证明文件。库存过量通常是由于高报废率或返工率、设备安装时间过长、配送延迟、设备停机或质量问题导致各个环节存在协调差异造成的，包括配送过早、订单量大于实际需求量和原料仓储位置有误等情况。

（3）动作（Motion）——厂房间或产线内不必要的运送、传递、转弯、升降转移等动作，往往是仓储管理不善或厂区设计不合理导致的。

（4）等待时间（Waiting）——等待备件、信息、上游指示或设备所浪费的时间，如卡车到厂前的等待时间、拖车装载时间和从收到客户订单信息到开始拣货之间的时间延误。

（5）过度生产（Overproduction）——产能超过需求数量，可能导致库存超额或不必要的文书工作，进而引发其他浪费现象。

（6）过量加工（Over processing）——流程审核过于严苛或要求原料的等级高于需求的等级都是不必要的。例如，供应链中处理订单的时间越长，货物运输和货款支付的周期就越长。为了弥补这些失误，将会导致更高的库存成本。

（7）瑕疵（Defects）——返工、报废或文件错误，如产品质量问题或供应链中的数据错误导致运输延迟和成本增加。

（8）技能（Skills）——未充分挖掘员工能力，下达工作任务前未对员工进行充分培训可能是最大的浪费现象，因为员工是企业宝贵的资源，也是创造力之源。

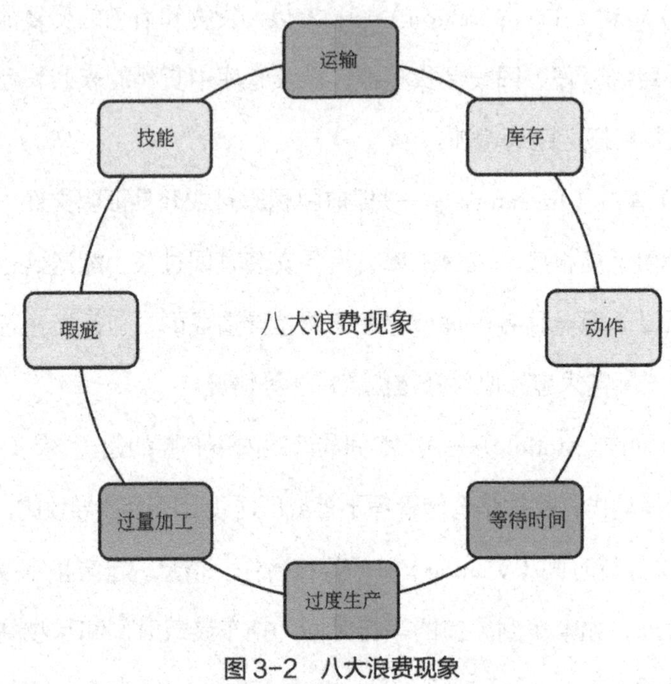

图 3-2　八大浪费现象

罗伯特·特伦特在《端到端精益管理：完善供应链的指南》中提到，除上述八大浪费现象之外，供应链与物流模块中还有其他浪费现象存在。

（1）数据过于繁杂——电子化时代使得纸质文件大幅减少（至少理论上是如此），但是技术的发展也使冗余数据大幅增加。企业应学会区分冗余数据和有效信息，否则会将大量宝贵的时间浪费在处理无用的邮件、报表和分析报告上。

（2）创造力挖掘不足——人们通常会选择阻力最小的方式来解决问题，但这种方式往往不是理想的途径。培养创造能力需要时间，但企业可以通过构建基于精益理念的企业文化体系来加强员工培训、提供技能支持和优化激励/制度。

（3）衡量标准不清——无法衡量就难以改善。根据精益管理原则，企业的供应链体系应有能力支持企业整体战略（从提高响应速度到降低业务成本），每一策略都应该有匹配的业绩衡量标准。目前，在条形码扫描技术与无线射频技术的支持下，用于业绩考核的数据比以往更加容易获得，然而重要的是用准确的标准来做衡量和对比分析。供应链效益考核指标的一大来源是SCOR模型（见第1章）。

（4）超额开销——供应链效率低下会直接影响上下游的支出预算。供应链效率低下可能是因为囤积过量库存以掩盖工序中存在的问题，或设备利用不够充分，如铲车、私人船队和配送中心未能高效利用。

（5）过度设计——过度设计会导致过度加工的浪费现象。推行精益协作化的产品生命周期管理可以监管产品定义到成品处理的全流程，从而使过度设计最小化。这一策略涉及人员、数据、流程和商业系统。

（6）重复劳动——不同工厂或办公地点的员工可能会因为沟通不畅而重复劳动，并混淆彼此的工作流程。价值流分析是解决该问题的方法之一，通过价值流分析企业可以将出现重复劳动的环节以可视化的形式呈现出来，继而得出解决方案，推动部门之间的协调配合。

（7）规划不足——许多企业都存在对需求反应过度但是规划不足的问题。一线部门若具备全面且可靠的销售与运营规划流程，管理层就可以做到运筹帷幄，并能有效监控精益绩效管理指标。

本着为客户创造价值的宗旨，企业可以大幅调整财务基线，但须对此保持密切关注，不可掉以轻心。归根结底，在当今异常激烈的全球竞争环境下，识别和消除浪费现象将是各企业都不得不打的一场持久战。为识别供应链中的八大浪费现象，可以参考马钦科提出的 7 个原则。

（1）让供应链相关方都能了解客户的订单情况——供应链运转的源头是客户需求。将客户需求的具体细节共享给供应链相关方有助于大家了解真实情况，各司其职，推动整体流程高效运转。

（2）缩短交付周期——缩短进货物流与出货物流周期可使企业更贴近客户需求，有助于缓解整体流程对预测的依赖、增强灵活度、减少过度生产造成的浪费。

（3）实现平级移动——物料与信息在供应链中的平级移动可有效降低各个节点的浪费现象。

（4）启用拉式系统——在计算机软件应用程序，如物料需求计划（Material Requirement Planning，MRP）中，运用拉式系统能够降低生产规划与过度生产的流程复杂度，避免浪费，同样也能实现供应链物流的可视化管理。

（5）提高周转速度，减少流程差异——实行少量多次的产品配送策略来满足客户需求，有助于提高库存周转速度、减少库存和缩短交付周期，更灵活简便地匹配客户的实际需求。

（6）协调配合，遵守进程规程——在供应链相关方都清楚地知晓其进展是否满足生产节拍（如市场需求率）与客户需求的前提下，做到问题快速识别、原因精准定位与措施合理有效就会相对容易些。

（7）关注成本总量——用尽可能低的总成本提供符合客户预期的产

品和服务是企业的根本要义。从大局来讲，成本发生在供应链的哪个环节并非是最关键的，这启发我们要避免做出只对局部有益而对整体有害的战略决策。当生产运营的财务收益惠及供应链各参与方，并能有效消除浪费现象的时候，需要考虑这一层面的应对措施。

此外，汤姆逊、迈若特与威特斯克通过调查供应链精益管理的实践案例得出了精益供应链管理的六大要素（见图 3–3）。

（1）改善需求管理——精益理念要求企业应尽可能贴近拉动式生产模式，即只有在明确终端客户的需求时才输出产品或服务（生产启动、服务提供、产品配送等）。为尽可能减少第 2 章中提到的牛鞭效应，精益供应链要求企业了解各销售点的实时情况、判断客户需求、规划产品生产。

（2）减少成本与浪费——精益供应链管理中，各方既应协作配合，也应独立运作，以减少浪费现象，消耗多余库存。整体而言，减少浪费有利于降低供应链成本。应用价值链地图有助于识别供应链全程的非增值活动。

（3）流程和产品标准化——实现标准化有助于供应链上的物料、产品和信息持续不断地流动。随着企业间协作配合不断增强，标准化流程有助于各方识别重复操作、了解上下游关联情况，并做出针对性改进。产品标准化有助于减少产品备件的种类和供应商数量，降低产成品库存量，也有助于供应商实现自身产品的标准化。如今，企业之间可以共享知识产权、绩效指标与优秀案例，也可使用统一的绩效指标反过来推进产品与流程标准化。

（4）行业标准制定——精益供应链管理需要贸易伙伴之间的信息以标准格式传递，以实现更加高效的交流与协作。工业产品与流程的标准化有利于降低成本，却会削弱商品的所有权特性，使得供应链在企业竞争中的作用越来越重要。

（5）企业文化转变——成功推行精益理念可能会使原有企业文化发生转变。企业领导人会十分重视精益理念与全面质量管理，并将其作为新入职员工培训的核心内容之一。

（6）跨企业协作——团队协作是推动跨企业协作的载体。精益供应链中的团队并非以功能为导向，也不面向企业内部，而是从更宏观的维度进行管理和运作。

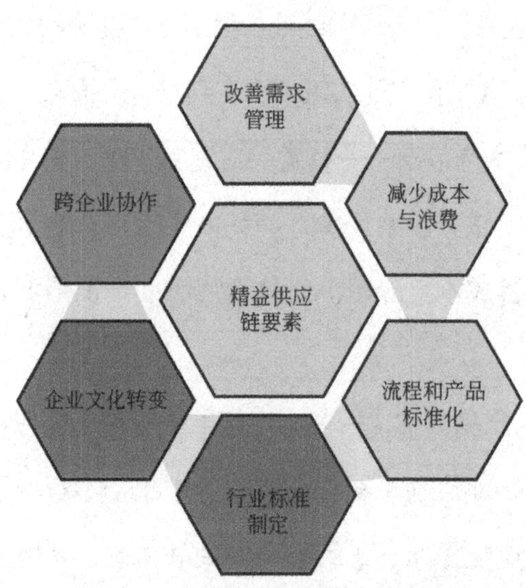

图 3-3　精益供应链管理的六大要素

汤姆逊等人通过调研发现：应用精益供应链管理的企业反馈其部门协作程度加深，生产流程与物料标准化程度加强，库存单位（Stock Keeping Unit，SKU）数量减少且库存水平降低，与未应用精益管理的企业相比，其销售成本有所降低。由此可见，精益供应链从根本上改变了企业的运作。

精益文化与团队协作

精益管理会运用多种工具与方法论，贯穿其中的正是精益文化（见图 3-4）。为成功推进精益管理流程，必须由管理层自上而下进行推动，并搭建支持（奖励）体系来鼓励由下而上的应用。精益管理是不断优化流程和活动的持续过程，需要团队所有成员齐心协力，共同推动高效生产。企业需要构建有力的管理层，提供必要的工具与培训，并对参与人员进行适当激励。

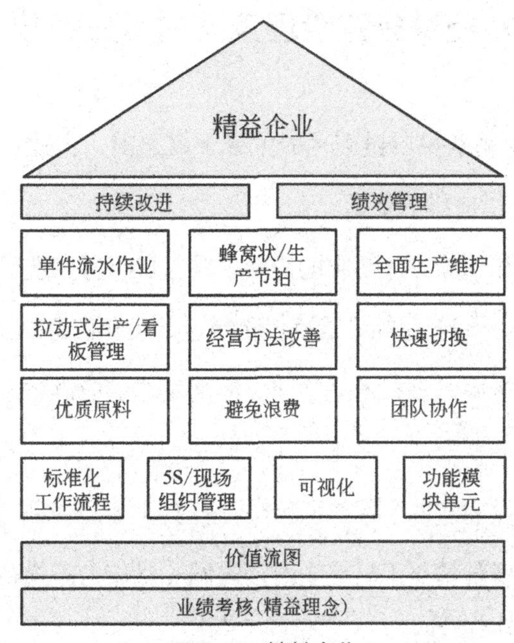

图 3-4　精益文化

许多精益实践并没有完全奏效，因此，理解以下关键成功要素很有意义。

（1）开展全公司范围内的培训，确保人人理解精益理念。

（2）确保高级管理层能给予积极的推进与大力支持。

（3）全体成员齐心协力推进精益流程的实现。

（4）让经验丰富、表现优异的变革推动者成为榜样。

（5）确立持续改善经营方法的方案，与各方充分沟通，着力落实。

（6）识别增值活动与非增值活动，尽快制定优化方案，构建价值链地图，实现流程可视化。

（7）集成支持性功能，构建与客户和外部供应商的良好关系。

精益供应链管理策略的组成部分

在详细探讨精益供应链应用的主要工具之前，企业首先要从宏观层面分析构建精益供应链的要素。

（1）识别和消除供应链中的浪费现象，仅保留创造价值的环节，应用协作、多功能、跨企业的方式确保物料、产品和信息的平稳流通。

（2）考虑使用先进技术来搭建灵活高效的供应链体系（这是本书中一直强调的）。

（3）推动供应链各个环节了解客户需求以削弱牛鞭效应。

（4）使用多种精益工具减少对接时间（可作为衡量精益程度的参考指标），缩短交付周期。

（5）保证供应链上的物料能够快速灵活地转移。将推动式生产模式中侧重批量生产以获取规模经济效益的方式转变为拉式模式中基于需求的小规模生产方式，尽可能让供应链上游各方了解客户需求。

下文将讨论多种供应链工具，以确保供应链中的关键环节能够顺利运行。精益工具库囊括了各种新思想和旧知识，如标准化作业流程、现场可视化和布局等基本的通用概念，准时生产（Just-in-time，JIT）、看板管理法、工作单元等较为复杂的概念。本书将讨论几款重要的工具及其在供应链中的应用。

精益管理基本工具

下文将介绍精益管理使用的基本工具。

1. 标准化作业流程

标准化作业流程指业务的实际执行规范，其核心是规范操作流程，形成重复可遵循的标准，以确保高产能，减少终端产品差异，同时消除差异导致的资源浪费。

为确保执行标准化作业流程，企业必须以规范的形式收集和记录数据。这些规范文件可用于流程设计，可帮助运营人员提高自身工作效率。操作表可用于记录人员移动次数，活动表可用于记录、研究和提升运营人员的工作效率，流程图（见图 3-5）可记录人员与物料的转移，以识别和消除非增值活动。

2. 现场可视化

现场可视化，亦称为工厂可视化，强调企业中重要的信息可以随时获取。与先前简略提到过的现场组织管理、全局生产维护、快速切换和看板管理法（拉动式生产模式）等精益工具一样，可视化系统和设备在标准化作业流程中必不可少。

使用方法 □ 建议方法 □		流程图		
绘制对象			日期 绘制人 编号 表号	
部门				
移动距离/米	移动时间/分	符号	流程描述	
		○ ⇨ □ D ▽		
		○ ⇨ □ D ▽		
		○ ⇨ □ D ▽		
		○ ⇨ □ D ▽		
		○ ⇨ □ D ▽		
		○ ⇨ □ D ▽		
		○ ⇨ □ D ▽		
		○ ⇨ □ D ▽		
		○ ⇨ □ D ▽		
		○ ⇨ □ D ▽		
		○ ⇨ □ D ▽		
		○ ⇨ □ D ▽		
		○ ⇨ □ D ▽		
		○ ⇨ □ D ▽		
		○ ⇨ □ D ▽		
		○ ⇨ □ D ▽		
			总共	
○ ■生产运营	⇨ ■货物运输	□ ■检查监督	D ■延期	▽ ■库存

图 3-5 流程图

以下是现场可视化所涉及的几个方面。

（1）秩序（或组织）可视化——所有物品都在规范的位置，井然有序，错落有致。在工具、备件、物料、产品和器械的位置增加标识符。秩序可视化有利于降低库存水平、高效利用空间、增强生产能力、减少工序差异。

（2）标准可视化——常见于标准化作业流程、快速切换与防故障程序（防止运营人员犯错的机制）中。可视化标准是生产运营过程中出现的提示程序与技术信息，用于确保每位员工都能始终如一地按照最高要求工作，同样也用于设备安装、运营、检查与维护等方面（可视化工具示例见图 3-6）。标准可视化有利于缩短循环周期、提升工作质量、强化安全意识、简化培训和人员调度流程。

（3）设备可视化——常见于全面生产维护系统（用于解决设备利用率不足的问题）、标准化作业流程与快速切换。可视化设备有助于加快设备的安装速度，确保设备得到正确使用，也有利于检测运行异常等情况。应用实例包括操作员控制标签、测量仪表、检验与服务标签和危险警告标签等。设备可视化有利于实现设备快速切换、减少操作失误、简化操作人员自主维护流程、减少产品瑕疵。

（4）产品与库存控制（相关技术支持）可视化——常见于看板管理法（需求拉动生产）与准时生产战略。可视化产品与库存控制指供应链上下游的物料转移要清晰可见，以确保产品生产数量、生产地址与生产时间准确无误。可视化产品与库存控制也用于识别系统备件与工厂内的产品转移路径。应用实例有看板卡片（根据下游需求拉动生产，显示何时需要补充多少的可视化信号）、库存 / 条形码标签、无线射频标签（用于自动识别和追踪库存水平的电子标签）与手提电脑。产品与库存控制可视化有利于缩短交付周期、降低库存水平、提升及时交付能力、快速定位并解决问题。

（5）指标 / 显示盘可视化——用于传达经营方法持续改善的理念、供应链管理要点与度量指标，让员工及时了解企业的整体战略、追踪目标实现情况，认可员工的努力和成就。应用实例有可视化仪表盘、计分器、标语、图片广告与优化记录公告等。指标 / 显示盘可视化有利于更好地达成企业目标、完善企业问责制、实时掌握企业效益、增加员工参与感。

		接收单#001
	接收-标签验证和取水时无堵塞	
	批准人： 修订人：	版本日期：09/03/10

阶段	步骤	备注	可视化标识
1.一级电子可视化验证码	检查页面标签与纸箱标签 按重置键	编号必须匹配 若不匹配，取出集装箱，找监管员核实	 
2.二级电子可视化指标(清空)	清空 按重置键		

图 3-6　可视化工具示例

（6）操作安全可视化——通过视觉信号准确识别危险情况，培养员工安全操作规范。应用实例有设备危险标识、化学物质标识、危险警告标识与事故预防标识。操作安全可视化有利于减少工伤补偿成本、提高员工士气、强化规范意识、减少停产次数。

3. 布局

工艺流程与布局是精益理念的核心。流程示意图按照自然流动规律安排工序的步骤，建立紧密的工序连接，以实现循环周期和运输里程最小化，消除运输堵塞现象，通过依次排列内部客户与外部供应商的先后位置来模拟供应链流程。图 3-7 为分销中心现存物料流通的示例。

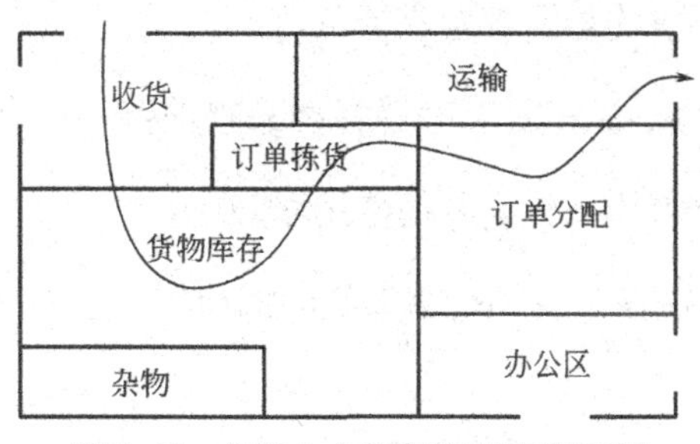

图 3-7 分销中心现存物料流通示例

工厂布局与技术和物料同样重要，对企业绩效影响很大。企业应不断优化和评估工厂布局情况，以消除或减少因工厂布局不佳导致的资源浪费现象。

企业现有的生产设备布局可能不是最佳状态，造成这种情况的原因有很多。例如，现有的工厂需要经过大规模重建才能够满足优化布局的需求，或者现有的布局可能未曾考虑到未来业务扩张或产品结构变化的需求。改善布局有利于高效利用空间、设备与人力，改善信息、物料或人员流动，提高员工士气，优化与客户的对接方式，提高流程灵活度。

4. 现场组织管理（5S）

现场组织管理是最受欢迎的精益工具之一，也被称为 5S。5S 利用前文提及的工具（如标准化作业流程、现场可视化、布局等）为企业创造安全、整洁、高效的工作环境。5S 也是企业推行精益管理的良好开端，其整合了标准化流程与制度，并非简单的内务管理，还融合了安全保障、组织架构以及精益文化的建立等方面。

5S 包括下列内容。

（1）分类（Sort）——挑选并区分特定区域所需要的工具，其宗旨是“凡是让你犹豫不决的东西都要扔掉”。

（2）整顿（Set in order）——将物品整理得井然有序，在需要时可以立刻找到；为所有物品分类以便使用和归还。

（3）清洁（Shine）——定期清洁工作环境和设备，以满足生产标准，识别设备问题。

（4）标准化（Standardize）——使用标准化流程规范前 3 个“S”。包括定期检查特定区域，移除不需要的材料和设备（Sort）；轮班之后检查物料位置是否正确，检查库存水平（Set in Order）；在可行的情况下每次轮岗结束之前进行 10 分钟的清理工作，使用清单来检查待办事项和责任人（Shine）。

（5）保持（Sustain）——保持是难度最大的环节，要求各个模块都遵守规范，维持标准，并以天为单位持续改进。这一环节涵盖面极广，包括绩效考核、财务审计、员工激励、企业培训及其他支持性事务，也是成功推行精益企业文化的关键所在。

5S 能够为精益管理提供扎实基础。一般而言，各行业、各领域企业，以及各个层级的员工都愿意接受并推行 5S，因为运用 5S 有助于提高团队协作能力，提升工作效率，保障生产安全。

精益管理高级工具

下文将讨论精益管理流程中应用较为广泛的几类高级工具。这些工具的应用对员工培训、管理层参与及文件指导的要求较高，按照规范正确推广后可以极为有效地改善企业业务流程。

1. 价值流分析

价值流分析是用于分析终端产品或服务交付所涉及的物料与信息流的精益工具。价值流分析通常是企业推广精益管理计划初期会用到的工具之一（与5S工具相同，5S有助于在更宏观的维度上推广精益文化）。某些情况下，先进行精益机会分析来判断落地精益管理措施的最佳环节，再进行价值流分析是合情合理的。

创建价值流可视化图可以让相关人员充分理解价值是如何产生的，以及浪费发生在哪里。它通常包括以下步骤。

（1）识别目标产品、产品系列或服务，确定生产节拍（如需求时间）。通常是根据生产每单位产品所需要的时间来划分整体工期（如每10秒生产并传递一个单位的产品）。这一步骤决定了价值流的运转节奏、限制产能的瓶颈和存在浪费的环节。

（2）绘制当前价值流状态图，标明当前的生产步骤、延迟情况以及输出目标产品或服务所需要的信息流（见图3–8），形式可能是生产流程图（从原料到交付给客户的终端产品）或设计流程图（概念层面）。可以轻松地在互联网上查到许多代表供应链对象的标准符号。

（3）从减少浪费的角度评估当前价值流状态。

（4）绘制希望的价值流状态图（见图3–9）。

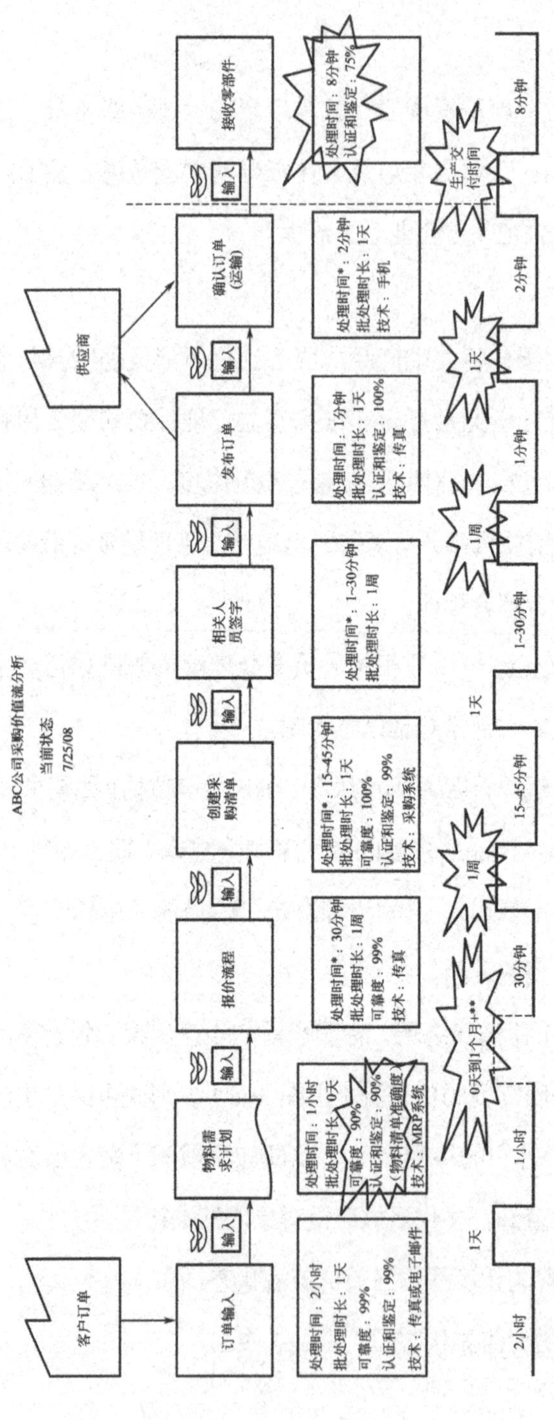
ABC公司采购价值流分析
当前状态
7/25/08
客户订单
供应商
订单输入
输入
物料需求计划
输入
报价流程
输入
创建采购清单
输入
相关人员签字
输入
发布订单
输入
确认订单（运输）
输入
接收零部件
处理时间：2小时
批处理时长：1天
可靠度：99%
认证和鉴定：99%
技术：传真或电子邮件
处理时间：1小时
批处理时长：0天
可靠度：90%
认证和鉴定：90%
（物料清单准确度）
技术：MRP系统
处理时间*：30分钟
批处理时长：1周
可靠度：99%
技术：传真
处理时间*：15~45分钟
批处理时长：1天
可靠度：100%
认证和鉴定：99%
技术：采购系统
处理时间*：1~30分钟
批处理时长：1周
处理时间：1分钟
批处理时长：1天
认证和鉴定：100%
技术：传真
处理时间*：2分钟
批处理时长：1天
技术：手机
处理时间：8分钟
认证和鉴定：75%
1天
0天到1个月+**
1周
1天
1周
1天
生产交付时间
2小时
1小时
30分钟
15~45分钟
1~30分钟
1分钟
2分钟
8分钟
*取决于价值
**零件部、电子元器件等。MRP需求不一致
（原因：数量过少，需要延期，交付时间错误、
工程师告知新品问题、合规性问题）
总交付时间：17.5天+
总处理时间：4小时

图 3-8　当前价值流状态

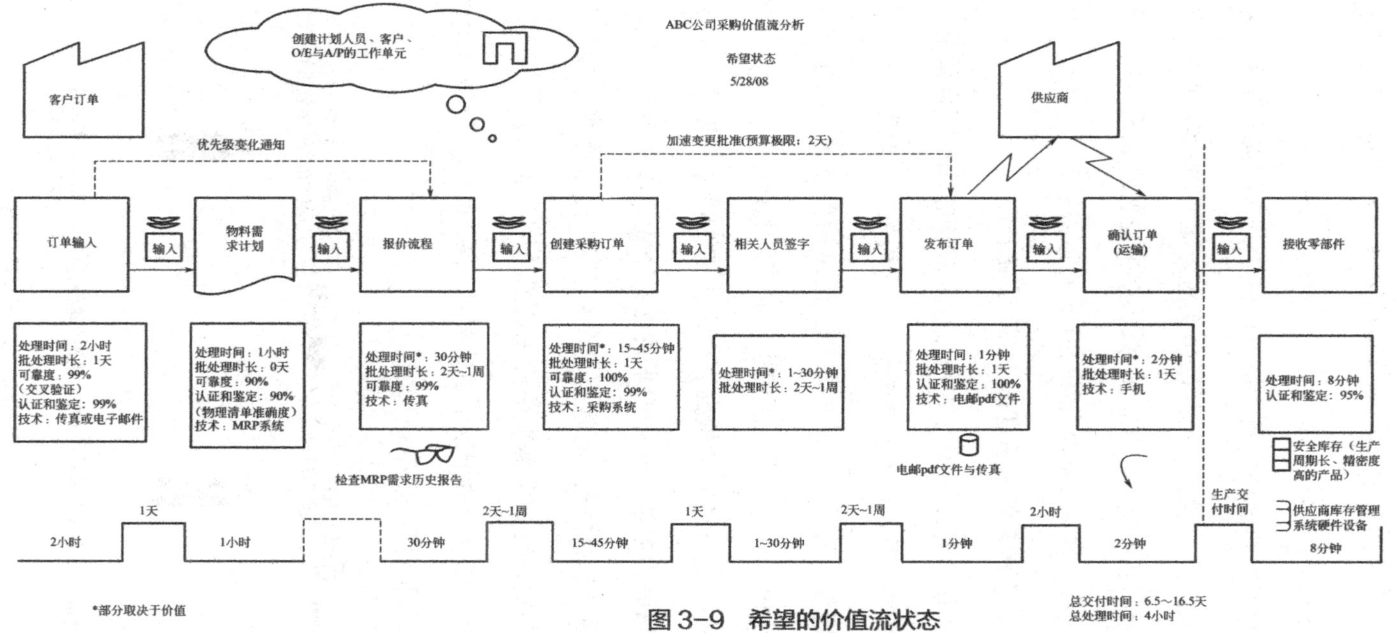

图 3-9 希望的价值流状态

（5）按规划执行任务。使用价值流分析方法的一大益处在于可帮助企业对价值流有全面的认识和深入的理解，而非“只见树木不见森林”，并引导企业识别内部部门及外部供应链中存在的浪费现象。相关执行团队可构建价值流的理想状态并给出实施方案。成功实现价值流分析对优化精益管理有直接作用。一旦识别了存在资源浪费的工序，企业可综合使用多种工具和技术（如下文所述）进行应对。

2. 拉式系统与看板管理法（JIT 系统）

准时化是企业用于提升效率与减少浪费的库存管理策略，指企业仅在有需求的情况下才接收物料或信息。看板是用于触发事件的视觉信号，其形式可能是卡片或墙上的一条线。通常情况下触发的事件是下游方对物料或信息的需求，在价值流中也称为拉式系统。

整体而言，下游方会根据看板指示的数量减少备货，上游方也会通过看板将精确的数量及顺序要求传递给下游。没有看板的指示，各方无权增加产量或转移物料，看板信息通常需包括上下游所需要的全部信息。不合格品与错误的数量需求不可传递给下游，运营人员应当仔细监管看板中各项目数量以准确识别下游的需求、存在的问题，以及可改善的环节。图 3-10 为看板管理流程的示意图。

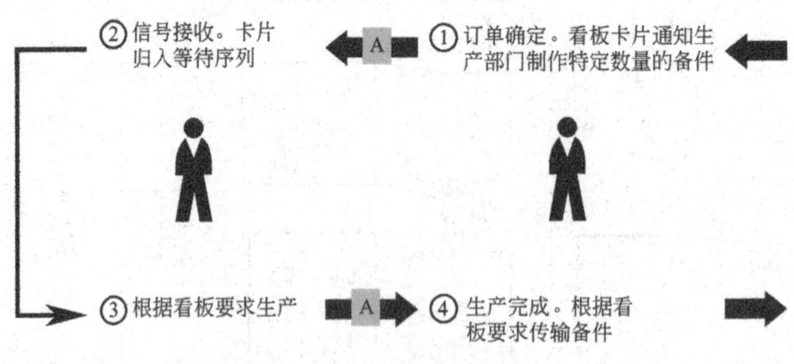

图 3-10　看板流程示意图

3. 缩小批量生产规模，具备快速切换能力

缩小批量生产规模（理想状态下是一个整体）是众多精益策略的重要环节。批量生产规模对库存和生产规划有直接影响，对其他方面的影响不是很明显。但同样重要，如能缩短产出时间和降低因质量问题造成的负面影响。小批量生产能够减小系统差异，确保生产顺畅无阻，提升产品质量，简化生产调度流程，降低库存水平，强化看板管理，并能持续优化流程。图 3-11 展现了小规模、快速切换的准时生产流程的优点（如降低库存水平、缩短交付周期）。

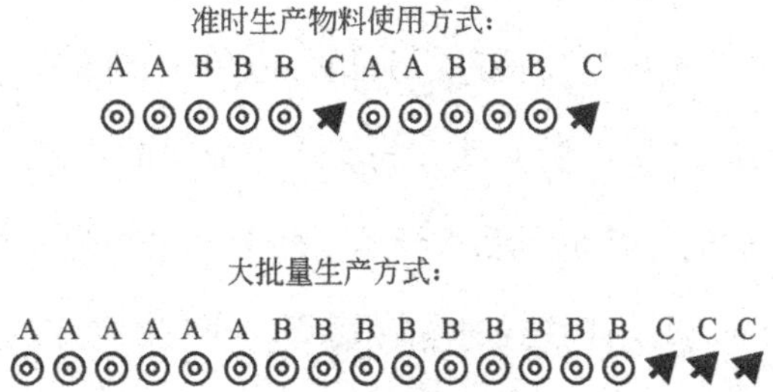

准时生产物料使用方式：

A A B B B C A A B B B C

大批量生产方式：

A A A A A A B B B B B B B B B C C C

图 3-11　小规模、快速切换的准时生产流程的优点

小批量生产模式对于订货型生产与备货型生产的影响略有差异，但都至关重要。

工序切换过程会造成浪费，因为该时间段没有任何产出。整体而言，切换时间（即生产完上一个产品之后到生产完下一个产品之间的全部时间，而不仅仅是设备的设置时间）与生产规模之间存在一定的关联。也就是说，切换得越快、越简便，生产规模就可以越小。这有助于企业从推动式生产模式转向拉动式生产模式。这一原理不仅适用于制造车间，也适用于办公室、仓库及供应链的上下游，因为处处都存在不同的活动设置。例如，大量订单在等待处理，但是员工却忙于其他事务。

输入订单信息需要完成设备的设置，包括收集相关信息和物料、调试软件等。由此可推断出订单批量滞留会延长产出时间与产品最终交付给仓库或商店的时间，进而使产品运输和订单结算延迟。

许多精益工具，如布局和标准化作业流程的应用都可以缩短切换时间。运用持续改善流程的理念来精简流程大有益处，可以通过拍摄或文字总结的方式记录可改善之处。

4. 工作单元

工作单元是指商业中通过对资源进行安排与分配，以优化作业流程、提高生产效率、减少资源浪费。工作单元通常存在于制造车间与办公区。

工作单元法将人员与设备进行分组，以单个产品或产品系列为划分标准。工作单元与占用大量劳动力的流水作业线的不同之处在于前者通常呈“U”形，输出的特定产品（产品系列）或服务的设备可以在各单元之间自由移动；其员工往往经过综合培训，有更强的自主权和灵活度，能确保物料与信息的顺畅流通。图 3-12 为流水作业线与工作单元布局示意图。

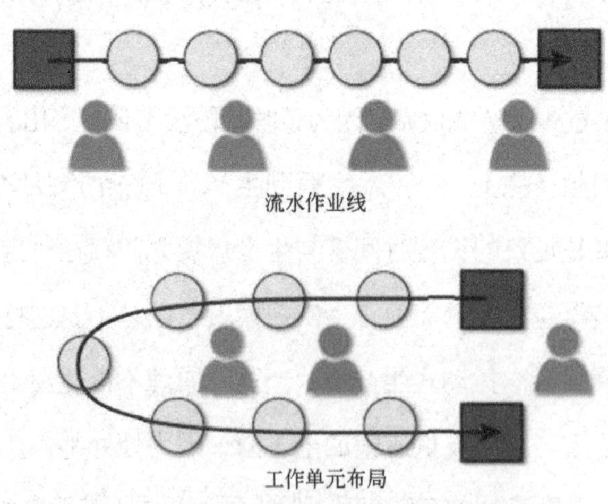

图 3-12　流水作业线与工作单元布局示意

工作单元布局有利于减少原材料、半成品与产成品的积压，充分利用机器与设备，减少货物占地面积、直接人力成本，增加员工参与度。

5. 全面生产维护

设备浪费对产量、效率和质量都有直接影响。然而，令人震惊的是，许多企业仍然依赖“故障维护”模式，而不愿做预防性维护。

全面生产维护（Total Productive Maintenance，TPM）并不只是预防性维护程序，其核心是应对设备资源浪费，包含一系列确保生产流程中各部件和器材都能按要求运转的方法，以保证生产制造的顺利进行。全面生产维护是综合性、持续性的团队协作活动，用于强化日常设备维修，敦促每位员工都秉承“保持生产设备正常、按规划运作，尽可能避免意外停工状况”的宗旨。

全面生产维护要求设备可靠性强、易操作、易维修，关注购买设备的总成本（包括服务和维修费用）；也要求制订预防性设备维护计划，以充分发挥员工和维修部的作用；还要求提前培训员工，允许其在必要时自行维修设备（亦称为“自主维修”）。

推行全面生产维护大有裨益。推行全面生产维护能改善设备性能和可用性，提高首批合格产品的质量，减少由于意外情况导致的停工，强化员工的技能与自主解决问题的能力，提升员工工作满意度，改善安全状况。

全面生产维护适用于任何需要设备的地方，而不仅仅是工作车间。分销中心的正常运转需要铲车及传送带等设备，卡车的正常运行需要适当的维护，办公区的正常运转需要复印机、打印机和计算机等。

识别问题与解决问题的工具

识别浪费现象并得出解决方案之后的关键步骤是要找出导致浪费和差异的原因，这一过程包括用于定位问题根源的信息的收集、汇总与分析。

1. 5个为什么

5个为什么的提问方式简单却有效，有助于挖掘问题的根源。5个为什么分析法的提出者丰田佐吉是推动日本工业革命的重要人物之一，他提出过“亲自去看”的经营理念。5个为什么分析法是对一个问题点至少以5个“为什么”来询问相关人员，以追究引发问题的根本原因的方法。例如，若出现客户收到的货物与订单不符的情况，可以按照以下思路提问。

（1）为什么从库存中选取的产品是有问题的？

（2）为什么从库存中选取的产品分类不准确？

（3）为什么供应商在将产品运输到仓库之前的分类不准确？

（4）为什么供应商的员工没有正确完成对产品的分类？

（5）为什么不同订单的分类标签都提前被打印了出来，但贴错了？

本例中，供应商是问题的根源。解决这一问题的方法有许多，如供应商可以有序打印产品的分类标签，企业自身可以通过随机抽样来检查。

2. 质量管理的七大工具

质量管理的七大工具是用于定位与质量相关的问题的原因的统计学方法，其形式各不相同，可用于流程优化和问题根源查询（不论是质量问题还是其他问题）。对统计学方法了解不多的人也可以很轻松地使用，从而解决与质量相关的大多数问题。下面是这七大工具的具体内容。

（1）因果分析图（又名鱼骨图）——用于识别导致某种现象与问题

的原因，并分类整理解决方案。

（2）查核表——用于数据收集和分析，用途广泛。

（3）控制图——基于特定参数和指标研究流程变动问题。

（4）柱状图——用于显示频率分布情况或每组数据中不同值的差异。

（5）帕累托图——以条形图的形式整理和呈现数据，将不同类型的数据按照出现频率排列，体现"微不足道的大多数"与"至关重要的极少数"的区别。帕累托图是80/20法则的体现，即80%的问题是由20%的原因造成的。

（6）散点图——用于展现数值型数据，横轴与纵轴各有一个变量，可用于判断两变量之间是否存在某种关联（如高旷工率与低生产率的关联）。

（7）流程图——用于展示流程中的步骤（如将输入转变为输出的环节）。流程图有助于展开流程分析，前提是流程图的绘制基于实际的情况，而非基于绘制者的想象或希望呈现的状态。实际情况与理想状态的差异可以为企业改善流程提供大量参考依据。

精益思想、供应链与技术

《精益生产对技术的需求有多大？》中提到，人们对技术在精益生产中起到多大作用存在很多争论。多数"纯粹主义者"认为技术对精益生产毫无帮助，他们将技术视为简单可见的工具。然而，随着全球供应链的日益复杂化，许多人认为供应链规模的不断扩大需要有相应的技术做支撑。

以下是精益生产需要技术的几大理由。

（1）实践证明，单纯依赖人员及其精益管理经验的企业，大多数业绩不佳，且未能长期推行精益管理（或是回归到原来的状态）。应用技术推进精益管理流程与信息流动有助于工厂和供应链建立精益管理流程。

（2）随着产品结构与生产流程的不断复杂化，技术含量过低难以跟上时代步伐。

（3）前文提到的传统看板补充方法需要重新优化，以适应更加多变、复杂的生产实践。

（4）物料采购和元器件生产外包越来越常见，这使得使用看板管理法和可视化流程来协调外部备件补充的过程难上加难。因此，当今企业需要具备更强大、更尖端的供应链网络通信与协作能力。

（5）实时数据采集系统对成功实现精益管理至关重要，因为精益管理需要获取实时、准确的信息。电子数据交换程序、条形码扫描技术与无线射频技术都有助于实现内部与外部供应链的信息透明化与信息准确传递。

事实上，阿伯丁集团发表了题为《精益生产：减少供应链浪费现象的五大方法》的报告，该报告指出，应用精益生产技术的企业均发现其响应速度、效率和利润都得到了显著的提升。该研究还发现，推进精益管理的技术已不局限于电子看板，而是将供应商精益补货技术延展到了跨企业供应链上，并集成了数据建模、流程仿真、价值流分析等方法，以记录生产流程与增值活动，总结经验用于日常生产实践。

阿伯丁的调查发现应用精益自动化技术的一流企业，会根据需求的不确定性规划库存水平，实现订单管理系统与生产可视化系统的集成，在接收订单时往往较为保守。这些企业多数采用了需求规划与预测系统来实现精益生产，根据客户、地点等信息做库存预测和进行生产、资源部署的规划调度。

为在精益生产环境下合理利用技术，首先需要了解企业实际需求，确保应用的技术与需求能够合理匹配、可靠性强、经过测试和验证，这也是第 4 章的主题。

参考文献

[1] Butcher, David, "Technology's Role in Lean Today" , Thomasnet Industry News, November 10, 2009.

[2] Martichenko, Robert, "The Lean Supply Chain: A Field of Opportunity" , *Inbound Logistics*, January 2013.

[3] Myerson, Paul, "How to Cut Seven Non-Traditional Wastes" , *Inbound Logistics*, June 2015.

[4] "How Much Technology Is Needed for Lean Manufacturing?" *Supply Chain Digest*, March 9, 2011.

[5] Thompson, Richard, Karl Mankrodt, and Kate Vitasek, "Lean Practices in the Supply Chain" , Jones Lang LaSalle, 2008.

[6] Trent,Robert J., *End-to-End Lean Management: A Guide to Complete Supply Chain Improvement* J.Ross Publishing, 2008.

[7] Womack,James P.,and Daniel T.Jones,*Lean Thinking: Banish Waste and Create Wealth in Your Corporation*,2nd ed.,Productivity Press,June 1,2003.

04

软硬件采购流程及供应链与物料管理技术的应用

在探讨供应链流程、精益理念与技术相结合并应用到商业实践中之前，首先应当了解如何识别需求，以及随后的技术选择和实施过程。如果对这一过程不能进行详细、深刻地探讨，将会导致严重的后果，不仅无法达到预期效果，还有可能增加运营成本、导致工期延迟。

采购流程

许多情况下，软件与硬件的决策过程与其他产品和服务的采购决策如出一辙。图 4-1 为通用的采购流程，流程长短取决于所采购的产品和服务以及相关的工业技术和企业类型。接下来讨论的是采购流程包含的几大步骤。

识别和评估需求 → 明确规范 → 识别和选择供应商 → 准确定价 → 下发订单 → 跟踪物流交付，确保信息无误 → 收货与签单 → 开具支付发票

图 4-1　采购流程

识别和评估需求

与需求相关的采购活动通常被分为两大类：直接采购与间接采购（见图 4-2）。两者的区别在于需要采购的产品或服务的用途。

直接采购与生产相关，间接采购则与生产无关。

直接采购通常只出现于生产制造环节，采购的项目（如原料、元器件和零部件）用于制造终端产品。直接采购是供应链管理的重要内容，对制造商的生产流程有举足轻重的作用。直接采购也常见于零售业，“直接消费”指购买再出售商品。

		类型		
		直接采购	间接采购	
		原材料与产品制造	设备保养、维修与生产供给品	资本货物与服务
特征	数量	多	少	少
	频率	高	较高	低
	价值	行业特有	低	高
	定位	运营层面	方法层面	策略层面
	示例	塑料行业用的树脂	润滑油，备用零件	树脂与塑料产品的储存设备

图 4-2　直接采购与间接采购

相对而言，间接采购主要是购买公司正常运营所需要的资源（如设备保养、维修、库存维护，以及工厂、设备和技术需要的资金投入）。间接采购覆盖的产品和服务范围很广泛，如办公用品、机器润滑油等常规低值用品，以及重型设备、操作软件、计算机硬件及咨询服务等复杂、昂贵的产品和服务。

采购需求可能源于产品规划部门通过 MRP 系统提交的需求，也可能源于企业其他部门（采购或材料需求由企业各部门提交给采购部，需明确采购种类、数量及交付的时间点）。这一过程还涉及采购文件的审核与批复、材料规格的检查、数量的核验、单件信息的记录、交付日期及地点和新增信息的审核等。

明确规范

为明确规范，企业必须确定数量、定价与功能型需求。

（1）数量——小规模生产需要遵循标准流程，大规模生产需要按照规模经济的理念设计生产流程以减少成本，确保产品能够满足功能型需求。

（2）定价——取决于产品的用途及终端产品的售价。

（3）功能型需求——从根本上理解用户对产品的需求至关重要，包括操作性能与设计美学需求（如罐头开启的过程是否顺畅、外观设计是否符合人体工程力学）。

一般产品的性能描述会基于品牌分类和规格说明书。当采购的产品需求量较小、属于专利产品或根据客户要求进行专项采购时，通常可使用品牌分类进行说明。当产品描述需要体现详细的物理或化学成分、材料及性能参数时需要参考规格说明书。

制定的规范可基于买方需求及各自的标准。由买方设定规范所需的时间长、成本高，需要准备部件、成品、精度及材料的详细信息，最后可能因为成本过高而无法落地推广。政府与非政府机构设定的规范更为明确并且普遍为大众所熟知和接受，其宗旨在于以尽可能低的成本满足客户的多样化需求。

识别和选择供应商

采购流程的第三步是识别和选择供应商，首先要列出所有满足需求的供应商的清单，然后从上到下进行筛选，最终选择合适的供应商。

供应商可从多种途径进行选择，如互联网、商业分类表、销售人员、贸易杂志与工商名录等。明确符合要求的供应商之后可以与对方建立联系，简单介绍企业概况、采购需求以及对供应商的要求。缩小选商范围（5～10家）并不难，不过企业最好组织包含各个部门代表的团队来讨论并确认最终的供应商。

确认入选清单之后，企业可向候选供应商发出报价邀请函或投标邀请书，邀请供应商对产品或服务做竞标或报价，给出产品或服务的详细信息。供应商应在规定期限内完成竞标并预留审核时间。企业会对供应商提供的竞标方案做讨论和评估，判断供应商的技术能力并记录竞标方案存在的问题。首轮竞标结果不一定代表最终结果，因为可能存在多轮竞标。

图4-3所展示的是供应商评估中常用且有效的因素评分法。该方法会罗列出选择供应商的产品或服务时需要考虑的标准，并根据标准的相对重要性分配权重。之后，企业可以对供应商的各项表现打分，结合权重与分值得出最终分数。不过，尽管这种方式能够将供应商的表现量化，有助于企业做出决策，但是企业也不能完全依赖这种方式，因为还有许多隐性因素影响选商，如管理层的个人意见、供应商的投标经验等。

除价格之外，企业在选择供应商时还需要考虑以下因素（往往不是出价最低的供应商中标）。

（1）技术能力——企业应当考虑到，供应商的产品将成为自身产品的一部分，那么供应商是否有助于开发和改良企业的产品性能。

（2）制造能力——供应商是否能够满足企业既定的生产标准与规范。

考核标准	权重	得分1~5	权重×得分
技术与研发能力	0.10	4.00	0.40
生产流程水平（灵活度或敏捷性）	0.15	5.00	0.75
运输能力	0.10	3.50	0.35
质量与效率	0.20	3.00	0.60
位置	0.05	1.00	0.05
财务与管理能力（稳定性与成本结构）	0.15	5.00	0.75
信息系统能力（电子采购，ERP系统）	0.10	2.00	0.20
企业信誉（可持续性或社会公德意识）	0.15	5.00	0.75
总计	1.00		3.85

图 4-3　用于供应商评估的因素评分法

（3）可靠性——供应商的企业信誉与财务状态是否稳定。

（4）售后服务——供应商是否具备有力的售后团队，该团队能否为企业提供技术支持。

（5）位置——供应商与企业的距离是否合适，能否长期及时完成货物运输与售后支持。

准确定价

如前文所言，价格尽管并非是选择供应商需要考虑的唯一因素，但仍然起着关键的作用，因为供应商的报价占企业销售成本的 50%。以下 3 个基本模型可用于准确定价。

（1）基于成本报价——供应商向买方公开生产运营成本。

（2）基于市场报价——根据已公开的、拍卖的价格或按比例推算的价格报价。

（3）竞争性报价——常见于非常规物品采购流程，这种定价不利于构建长期合作关系。

买方在协商价格之前需要做好充分准备。从个人角度来看，买房或买车之前越深入地研究市场，就越了解哪些产品能与自身消费能力匹配。互联网的推广使得买家可以通过多种渠道了解产品信息和近期的价格浮动情况。商业谈判同样如此，买方应适当了解卖方的成本与经营情况。

多数情况下，谈判以产品类型为基础。

（1）日用品——价格通常由市场决定。

（2）标准产品——价格由工商目录决定，价格浮动空间较小（仅基于数量会有所调整）。

（3）小额产品——企业应尽量减少订购成本，或增加批次采购数量。

（4）定制产品——产品报价来源广泛，价格协商空间较大。

常见谈判类型有分配式谈判与整合式谈判。

分配式谈判是在零和条件下进行的谈判，谈判一方的利益与其他方的利益处于对立面，双方争取的资源固定且有限，谈判目的是使各自利益最大化，是非输即赢的谈判。

卖方需要设定目标价格与保留价格“底线”，与买方协商确定最终让双方都满意的价格。买卖双方定价之前需要充分调查，仔细判断。卖方会给出阶梯报价或先开价，买方则需提交初始报价或还价。这类谈判需要有足够公信力的一方拍板定价。规模较大、产品线较为丰富、厂址较多的企业需求量较大，会相对有更强的话语权。

笔者曾经就职于通用电气公司采购部，通过统计 100 种通用电气设备的货物运输量，将其作为与供应商谈判的参考数据，每年节约的交通运输费用高达10亿美元。这不仅是收集和分析年均收入的结果，也是通过减少企业的运输公司数量，仅保留适用于企业全体业务的核心运输公司，以尽可能将谈判能力最大化而实现的。

整合式谈判是为了取得双赢结果的谈判，要求谈判双方沟通顺畅，共享信息，互相理解对方的诉求与目的，强调双方的共同利益，寻求能够满足双方共同目标的解决方案，将差异最小化。

下发订单

这一环节更贴近供应商的日常工作——调度资源和跟踪进度，也是实际采购活动的一部分。该环节包括执行总进度表、制订物料需求计划、确保资源有效利用、降低在产品数量、提供满足客户要求的服务，通常需要负责主生产计划的买方或生产计划员负责跟进。买方或生产计划员负责管控生产活动和车间生产工序，以及采购、物料需求计划、供应商关系管理、产品生命周期管理与服务内容设计等，还需要协调来自供应商的货物。

采购订单（Purchase Order，PO）用于记录买方与卖方之间的货物交换，其包含价格、货物规格、产品或服务的协议以及任何一方的额外义务。采购订单必须以传真、快件、当面交付、电子邮件或其他电子形式传达。

采购订单有许多种类，分别如下。

（1）分散采购订单——这类PO用于与供应商的单笔交易，不考虑日后存在交易的可能性。

（2）经协商的一揽子采购订单——采用这类PO时，供应商可以在一个时间段内有多个交付时间，价格提前确定，由于订购量较大且成本往往较低、合约周期较长（往往是集中采购的形式或合并多个供应商的形式），所以这类订单通常适用于长期供货需求。

（3）经协商、由供应商管理库存的采购订单——采用这类PO时，供应商负责存储客户工厂的库存，由客户支付存货补充费用（或存货消耗费用）。这类订单通常适用于紧固件与电子部件等用于设备保养、维护及生产供给的标准化、小批量产品。

（4）招标拍卖（“电子化采购”）——通过线上招标、竞标与拍卖的方式签订采购订单，有利于加快采购速度、减少成本，并实现供应链整合。许多电子商务网站都提供工业设备和设备维护用品的拍卖服务，有的使用在线目录，有的提供拍卖平台。网站可以针对特定的行业产品，也可以是标准的普适类型。

（5）企业采购卡——企业使用信用卡采购产品与服务，无须走传统支付流程的PO。但企业采购卡往往会受到一定限制，如单笔限额或月度消费限额。企业应该对持卡人进行定期审核。

为进一步提升交易的效率和准确率，许多企业都上线了电子数据交换平台，实现与合作伙伴之间的业务文件在线传递规范化。以往的电子数据交换要么基于B2B平台（常见于大型企业之间），要么基于第三方的增值网络。现在，大多数电子数据交换都通过互联网实现。

电子资金转账是电子数据交换的重要应用之一，指通过计算机系统实现金融机构内部或跨机构的电子交易或转账。电子资金转账需要在线支付系统，并支持线上交易。随着网上购物和网上银行的广泛应用，在线支付正变得越来越流行。

跟踪物流交付，确保信息无误

制造资源规划系统是ERP系统的组件之一，其前提是假设所有规划都能如期实现。然而，企业需要对实际执行情况进行监督和管理，以尽早识别可能出现延迟的环节。某些情况下，延迟往往难以避免，因此要求企业提前做预案便于发生延迟后进行应对和补救。

企业也需要了解供应商的生产流程、产能及局限性以更好地展开合作、解决问题。

偶尔催单也是有必要的，但要在流程已出现明显延误的情况下催单。企业应持续跟进供应商的进度。若某个供应商需要不断催单，则企业需要采取一定措施来处理。

许多企业的采购部都会与内部运输部或供应商运输部（取决于采购订单中的运输协议）密切合作。

收货与签单

货物签收时的关键任务是确保货物状态正常、数量正确、具备相关文件，且符合质量标准，这要求企业的采购部、收货组、质量控制部和财务部通力合作。

从客户角度来看，收货属于非增值活动，需要确保前期各项工作正常运转。其目的是保证货物质量如一，尽量减少不必要的抽查。许多情况下，条形码扫描仪与手提电脑可用于自动化检测。供应商通过多项检测与认证可以让企业减少或免去抽检环节。

开具支付发票

采购流程的最后一个环节是根据采购订单的合约与协议开具支付发票（见图 4-4）。通常，采购订单的数据与装箱单和发票的数据是一致的。

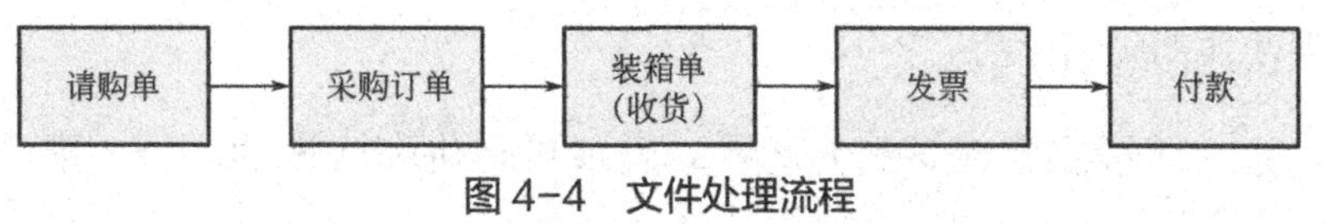

图 4-4　文件处理流程

若出现数据差异，应在付款前告知供应商。某些情况下，误差较小时可以忽略（如 3% 或 20 美元的误差）。尽早付款可以享受折扣，但在经济萧条时期，许多客户都会因为现金流不足而尽可能延迟付款。

软硬件设备选择

企业应该制定针对性的流程来选取和施行技术，与上文提到的采购流程略有区别。不过，单一的方法不会奏效，企业主要应该考虑以下 6 个方面。

阶段 1——准备规划和预算

技术选择过程的第一步是准备内部规划和预算。企业需要成立项目组，筹备项目资源与部门预算。企业为项目组配置咨询顾问、指导团队（或督导委员会）会很有帮助，这样可以从项目规划或项目路径开始监管项目的整体进度。督导委员会应包含至少一位高层执行管理人员，也应包含具备不同软硬件产品和系统应用经验和背景知识的咨询顾问。

阶段 2——需求分析

接下来，企业需要整理需求文档，确保文档内容对需求做了明确阐述（提供关键的区分标准），以便聚焦企业的核心需求，并能够对供应商做快速彻底的评估。

这一阶段企业应该做好记录，发现可优化和改进的环节，推广应用精益生产技术或其他技术。在随后的评估阶段，企业应仔细审核业务流程的各个环节，确保每个环节都能为内部和外部客户创造价值。这样一轮评估有利于在应用新型软件或实现技术升级之前就实现业务流程的优化。

企业应对业务需求优先级进行排序，判断其希望实现的和实际业务需要的功能，列出详细的功能需求清单。

企业还应与终端用户保持充分沟通，以了解如何才能改善工作流程和产品性能，最终确定减少成本、缩短时间周期、提升用户满意度的方法。

因为企业需求的功能有很多，所以应该按实际需求对这些功能进行排序（按照必须项、可选项、加分项排序）。

阶段 3——供应商调研

这一阶段需要对供应商做评估，企业需要考虑如何从候选清单中做合理选择，确认 3 ～ 4 个供应商。

一般，企业会对符合要求的供应商发出邀请信息。如果候选供应商数量不多，则会直接发出报价邀请函或投标邀请书；若数量较多，则会稍后发出。

企业可以访问供应商的网站获取其经营特色与业务优势的相关信息，通过前期调研完成海选。

阶段 4——技术演示

企业缩小供应商选择范围之后可邀请其进行技术演示。供应商应该依据脚本模板进行演示，以便企业判断其实现核心需求的技术能力，并做横向比较。同时企业要联系已应用相关技术的同行企业，了解其使用情况，在做决策之前尽可能全面地考量各种因素。

阶段 5——最终决策

确定 1 ～ 2 家供应商后，企业就需要根据经验做出判断，确定最终的供应商。

阶段 6——合同磋商

许多情况下，软硬件设备的购买合同都由供应商撰写。企业应在磋商时尽可能维护自身利益，节约成本。

选择实施方与增值型经销商

许多企业都忽视了要挑选合格的实施方与增值型经销商这一环节。在某些情况下，选择实施方与增值型经销商应当与供应商评估同步进行。

通常可以在确定软件供应商之后选择实施方，这会直接影响软硬件是否能成功落地。

自行开发或购买第三方服务

软硬件设备流程涉及的第一个决策是企业打算自行开发还是购买第三方服务（至少从策略上来看），需要从内部开发和外部采购两者中做选择。

盈亏平衡分析可以用于快速计算开发或购买的成本，如下文例子所示。

若企业购买自身使用的设备需要花费 500,000 美元，每个部件的生产成本为 20 美元（假设该设备仅适用于生产这一种部件）；若从外部采购，每个部件的生产成本为 30 美元（加上运费）。那么企业应该自主生产（应用新设备）还是从外部购买（或外包生产）呢？

为做出准确的决策，企业可以按照以下步骤计算盈亏平衡点（Q 代表数量）：

$$500{,}000+20Q=30Q$$

$$500{,}000=30Q-20Q$$

$$500{,}000=10Q$$

$$Q=50{,}000$$

计算得出，盈亏平衡点为 50,000 件。若企业需求低于 50,000 件，从外部购买会更节约成本；反之，企业自行生产需要的设备会更合适。

现在的软件设备与以往大有不同。几十年前，企业可用的软件包寥寥无几，大多数公司都会自主开发和运维，甚至将计算机硬件设备外包给其他公司。近年来，由于个人计算机的发明与软件包的应用，技术和电子革新不断涌现。2000 年的“千年危机”（Y2K）引发了人们对企业自行开发的旧式软件无法实现跨世纪日期处理运算而导致系统功能紊乱或崩溃的担忧。此外，多款 ERP 平台和软件包系统已经上线。企业自主开发全部系统的需求由此大幅减少，多数企业都将业务迁移到了客户端 / 服务器环境（之后迁移到支持 Web 或基于 Web 的平台）。

供应链管理系统的成本管控和选择

供应链管理系统最终的成本可能是软件授权费用的 3 ～ 5 倍，因为系统的应用涉及规划、实施、培训、用户定制化、接口调试、硬件适配与软件配置。软件供应商通常每年收取 15% ～ 20% 的费用用于设备维护和技术支持。

除了安装软件，企业现在也可通过其他方式（如软件即服务、需求定制化软件或云端供应链管理系统）获得相应的服务。

云端供应链管理系统基于网络的应用提供订购支付服务，允许用户根据使用周期和功能支付费用，这种方式有利于减少或消除前期的软件获取成本。此模式下，客户无需支付安装和维护成本。

多数潜在用户所顾虑的是信息安全问题，这可能会成为风险，也可能不会。虽然如此，云服务软件仍然成为企业软件工具市场的潜力股，某些软件供应商将供应链管理系统拓展到云平台上。

高德纳咨询公司调研发现：软件即服务类供应链管理系统供应商的

市场份额有所上升（2012年增长13%），然而软件永久授权速度降低3.5%，因为企业都希望快速安装系统并降低前期获取成本。

“完美无缺”与单一集成解决方案

专业的供应链应用程序（如网络体系优化和预测等）通常会选择功能完整、性能一流的解决方案。这是因为提供单一集成解决方案的供应商只有思爱普（SAP）与甲骨文（Oracle）等几家大型供应商。许多情况下，企业可能会分别为供应链规划和供应链执行选择供应商。

一流软件的授权费用相对较高，因为其系统需要与多个外部供应商实现接口集成。一款名为企业应用集成的系统可用于降低集成成本。

单一集成解决方案的益处有很多，如对接简便、用户界面通用、IT架构通用等。

咨询顾问

技术选择与落地执行过程需要3类供应链行业咨询顾问。

（1）供应链管理专家或顾问——可协助供应链规划与建模。

（2）软件供应商咨询顾问——软件供应商聘用的顾问都是软件安装与问题解决专家。

（3）IT咨询顾问——精通系统基础架构、接口交互与自定义编程。

供应链管理系统需要的咨询顾问人员及类型取决于系统的规模和应用范围。

项目管理

技术类项目相对较复杂，涉及的部门较多，因此更需要按照规范的项目管理准则与要求实施项目管理。

一般来说，项目管理需要具备以下 5 个特征。

（1）单一单元。

（2）众多相关操作。

（3）产品规划与库存管理难度较大。

（4）需要通用设备。

（5）员工技能要求较高。

实施良好的项目管理有助于确保准时交付、合理规划预算、达成项目目标、让阶段性要求清晰可衡量、实现资源整合、及时识别和应对风险等。企业推行合理的项目管理方法能创建可重复使用的结构化路径图，通过收集信息、整理数据和记录项目可优化的环节来管理和完成项目。

杰伊·海泽和巴瑞·伦德尔提出的项目管理的 3 个阶段如下。

（1）项目规划——设定目标，定义项目内容，组织团队。

（2）项目进度安排——调度项目的特定环节及相关环节所需要的人力、资金及物品。

（3）项目管控——监控项目消耗的资源、成本、预算，了解项目状态；调整计划与资源以满足项目的时间和成本要求。

这 3 个阶段对于项目成功必不可少，特别是技术类项目。许多研究表明技术类项目失败率相对较高。例如，调研结果显示，对项目成果满意或相当满意的客户占 70%，对项目落地的及时性表示满意的客户占

48%，对项目消耗成本满意的客户占 46%。针对用户的其他调研结果表明，用户对项目的质量和成果满意度都比较低。

供应链软件市场

目前，大部分企业都用到了供应链管理系统的部分组件，如库存管理系统和需求预测系统。能够运用完整的供应链管理系统的企业受益更大。

供应链管理系统的分支如下。

（1）供应商关系管理（Supplier Relationship Management，SRM）系统——SRM 系统是 SCM 系统的子系统，用于将产品和服务从采购到支付的环节自动化、简易化，并提高运作效率。

（2）客户关系管理（Customer Relationship Management，CRM）系统——CRM 系统之前是独立运作的，用于销售自动化、市场营销与客户服务，目前其与 ERP 等供应链系统的集成度更高。

（3）产品生命周期管理（Product Lifecycle Managenment，PLM）系统——PLM 系统有助于企业各部门协作，有效管理产品全生命周期与成本，其内容包括产品构思、产品设计、产品生产、产品使用和废品处理。该系统通常会用到计算机辅助设计软件、计算机辅助制造软件、计算机辅助工程软件以及产品数据管理软件。

高德纳咨询公司调研发现，2012 年 SCM 系统软件的市场价值为 83 亿美元，较前一年增加 7.1%。这一细分市场层次分明，前 20% 的供应商占据市场份额的一半以上，规模最大的两家为 SAP 和 Oracle，占据 38%

的市场份额，但供应商总计有几百家。促使供应商投入巨资开发 SCM 系统软件的动力是在竞争激烈的全球市场环境下，每个企业都需要增强竞争力、降低经营风险、满足各国和行业的标准。

SCM 系统可以从供应链计划（SCP）系统和供应链执行（SCE）系统两方面分析。总体而言，SCP 系统通过算法预测用户的未来需求情况，用于保持供需平衡。SCE 系统用于监控货物的实时位置与状态，管理供应链上下游的物料和预算。

供应链规划系统

SCP 系统软件供应商致力于解决长短期规划问题，关注需求与供应的情况，维护企业供需平衡。SCP 系统常用于销售与运营部门。以下是更详细的讨论。

（1）需求管理——需求管理有三大功能模块，分别是需求预测、通过假设分析制订销售计划、通过假设分析确定需求。预测周期为 24 ～ 36 个月。随着现代供应链系统逐渐向拉动式系统转变，需求管理已经不只做单纯的需求预测，也会起到优化和塑造需求的作用。

（2）供应管理——供应管理要求使用最低的成本、最少的资源满足用户需求。相关功能模块包括供应链网络体系规划或优化、生产规划（有时被称为高级计划与排程系统）、分销需求计划（Distribution Requirement Planning，DRP）、库存补给与物料采购。

（3）销售与运营计划（Sales and Operations Planning，S&OP）——销售与运营计划通过月度管理层计划会议来制订销售、运营与预算计划，布置相关工作任务确保供应与需求相匹配，以实现成本最小化。该计划是基于用户需求、产能与预算计划得出的完整、全面的销售与运营计划。

供应链执行系统

SCE 系统主要包括仓库管理系统、运输管理系统、功能规划、安排、优化、追踪与性能监控。

（1）仓库管理系统——用于管控仓库货物流动以及与物料处理设备进行信息交互，也用于入货物流与出货物流运输及仓储的自动化、电子数据交换流程处理、运输规划、资源管理和性能监控等。

（2）运输管理系统——用于管理全球运输需求，包括空运、海运、陆运等。运输管理系统可解决运输调度规划、进度安排等问题，并充分利用运输批次。运输管理系统同样能够追踪运输设备，处理异常情况，分析制约因素，实现与合作伙伴的协同，并监控运输质量。系统的管理功能包括成本分配、货物质量计算、支付及合同管理。

（3）企业资源计划系统——尽管 ERP 系统有时不被纳入 SCM 系统的分支工具范围之内，但是 ERP 系统的很多功能与供应链和物流相关。ERP 系统是 MRP 系统的拓展，与企业内部流程、外部客户和供应商都有着千丝万缕的联系。ERP 系统能够实现财务、审计、人力资源、销售与订单录入、原料、库存、采购、生产规划、运输、资源与生产计划及客户关系管理的自动化与集成。ERP 系统基于通用数据库搭建，实时汇总一线业务情况与生产信息，将从供应商评估到开具支付发票的流程集成到一起。

电子商务企业需要追踪和处理大量信息，且已经充分意识到 ERP 系统数据库可以汇总业务运转所需的大部分信息（如多处仓库的库存水平、备件成本、计划发货时间等）。因此，电子商务企业需要安排部分团队专门负责实现业务与 ERP 系统的集成。运用 ERP 系统有助于降低交易成本，提升信息传递速度与准确率，但购买系统的成本较高，也需要一定的时间进行适配和安装。

其他供应链技术

供应链中也会用到其他类型的软件，如下所述。

（1）供应链事件管理——这类软件可帮助企业实时追踪供应链上下游的订单，让管理层能够清晰地观察供应链的运转情况。这类系统提供的信息使得企业可以及时了解预期外的情况，做出响应，并制订供应链运营计划。通过传递供应链流程特定环节的事件信息，供应链事件管理系统可跟进物料转移状态、交易商持仓报告、物流运输点之间的运输情况以及产品入库进度。

（2）商业智能——商业智能由多种应用程序、基础系统架构、工具以及优秀的实践案例汇总而成，通过分析信息可帮助企业优化业务决策、提升生产效益。商业智能工具集成了 SCM 技术，可以实现海量数据分析。

此外，供应链协作、数据同步、电子表格和数据库等相关工具也得以运用。事实上，现在许多小型企业仍然使用电子表格来做业务规划，通过 QuickBooks 和 Peachtree 等财务管理软件做账，没有投入资源去使用已经足够成熟和完善的 ERP 系统。

供应链技术的发展现状与未来趋势

供应链技术的短期发展趋势

2010 年，高德纳咨询公司的一项关于供应链的研究分析了供应链的应用领域和企业应用供应链管理的出发点。

（1）应用最多的类型（不包括 ERP 系统）是库存管理系统，但仅有 39% 的企业完成了全面部署。之后依次为供应链计划系统（32%）、销售与运营计划系统（29%）、运输管理系统（28%）。

（2）阻碍企业推广供应链管理的三大问题分别是预测准确度不足或需求差异化程度大（59%）、供应链体系过于庞杂（42%）、内部跨职能协作与流程可视化不足（39%）。

（3）研究还表明，企业推行供应链技术的需求主要源自改善业务规划流程（20%）、匹配企业与供应链策略（11%）与提升供应链可视化程度（11%）。

有意思的是，高德纳咨询公司 2013 年的研究报告发现，由于经济萧条，企业将运用供应链作为推动业绩增长的首要措施，改善客户服务则位列第二。阻碍企业实施供应链管理的原因与 2010 年的调查结果相近。

新兴供应链技术发展趋势

目前市场上存在的供应链软件不会有太大的革新，但是数据收集、程序应用和共享方面的技术却日新月异。下面讨论近期技术革新的几大领域。

（1）云计算——如前文所述，云计算也被称为软件即服务，其通过浏览器为成千上万个用户提供服务，无需授权费用、安装程序及维护成本，允许第三方负责技术部分，帮助企业集中资源处理核心业务。云计算也常用于人力资源管理与ERP系统。

（2）移动计算机处理技术——供应链执行与事件管理系统正逐渐向移动端迁移，用户可在智能手机和其他移动设备上看到供应链的基本情况，实现进度追踪。

（3）第三方物流提供技术——降低成本是核心推动力，第三方物流可满足规模经济效益，特别适用于中小型企业。

（4）无线射频技术——使用芯片和微带缝隙天线的电子标签来实现自动化识别的技术。芯片和微带缝隙天线结合的形式有很多（如做成标签、嵌入包装箱的硬纸板夹层中，或嵌入产品包装中）。

2010年，高德纳咨询公司的调研报告显示，51%的受访企业都未用到无线射频技术。无线射频技术的成本需要进一步降低才会更加普及，以便适用于更多企业。此外，设备自身存在的问题（如可读性、敏感度和耐用性）需要进一步改进。作为国际大型半导体制造商，英特尔公司利用无线射频技术来定位产品位置。英特尔公司与敦豪速递公司联合，利用传感器监控集装箱在全球各地运输的实时状态。英特尔公司在哥斯达黎加开展的另一个项目利用无线射频技术来替代入货与出库时的手持扫描仪，节约了18%的人力资源，提高了处理效率，简化了操作流程。

此外，新兴供应链技术正在不断发展，对未来行业的发展将产生重大影响，主要有以下 4 个方面。

（1）跨企业可视化系统——实现价值链上的流程、解决方案与度量标准的全方位实时更新。推行供应商库存管理系统、外包流程、准时化生产的同时也有必要准备必要的基础设备和流程来管理外部供应链的库存。这种新式解决方案可以让企业全方位了解供应链上发生的事件。

（2）员工技能强化软件——培养员工分析数据、查找信息、使用工具和团队协作的能力，使工作效率和流程达到最优状态。使用 ERP 系统与其他企业软件可以实现业务流程自动化，但是仅限于将问题提示给系统使用者，却不能帮助他们解决问题。技术公司正着力研发生产力工具，帮助人们整合非结构化信息和 ERP 系统提供的结构化信息。员工通过这类技术平台可以使用移动设备及时联系客户、制造商和分销商，将信息反馈给供应商。

（3）执行驱动规划的解决方案——这类工具从现有执行流程中获取数据，推动未来的规划和需求预测。近年来，许多企业都发现规划与执行存在较大差异。通过分析现有业务的状态和数据，可以预测未来的需求，有助于做下一步规划。应用数据发掘算法的机器学习技术可以挖掘数据趋势，帮助用户汇总和高效利用海量数据。企业也可因此具备更强的解决问题的能力，并更快速地抓住商业机会。

（4）人力资源供应链技术——这类解决方案将供应链技术应用到人力资源管理领域（如劳动力供应链），推动企业实现招聘信息规范化，计算人力资本投入及劳动转化率，改善员工招聘流程。

到目前为止，读者应该对供应链和物流的功能作用，以及相关技术类型有了比较充分的认识。

在第二部分中，笔者将更详细地描述具体的软件与技术细节，以及SCOR 模型如何在技术的支持下推动企业实现精益供应链管理。

参考文献

[1] Bozarth, Cecil, and Robert Handfield, *Introduction to Operations and Supply Chain Management*, 2nd ed., Pearson, 2008.

[2] Feldman, Jonathan, "Research: 2012 Enterprise Project Management", *InformationWeek*, January 2012.

[3] Gartner, "Gartner Says Worldwide Supply Chain Management Software Market Grew 7.1 Percent to Reach $8.3 Billion in 2012" (Press Release).

[4] Gilmore, Dan, "Insight from the 2010 Gartner Supply Chain Study", *Supply Chain Digest*, June 8, 2010.

[5] Gilmore, Dan, "Insight from the 2013 Gartner Supply Chain Study", *Supply Chain Digest*, June 28, 2013.

[6] Harrington, L.(2007). "Defining Technology Trends", *Inbound Logistics*, April 2007.

[7] Heizer, Jay, and Barry Render, *Operations Management*, 11th ed., Pearson, 2013.

[8] McDonnell, R., E.Sweeney, and J. Kenny, "The Role of Information Technology in the Supply Chain", *Logistics Solutions*, Vol.7, No.1, 2004, 13–16.

[9] Simatupang, Togar M., and R.Sridharan, "A Characterization of Information Sharing in Supply Chains", Massey University, October 2001.

[10] Erpsearch, "Supply Chain Management Software White Paper".

| 第二部分 |

计　　划

本部分包括以下 4 章。

“供应链网络体系优化”关注业务规划的相关内容，介绍供应链网络体系优化会用到的战略性工具。

“需求预测系统”关注运用精益需求预测技术消除浪费，提升预测准确性。

“主生产计划”关注运用精益技术消除生产计划流程中的浪费现象，提升生产效率。

“销售与运营计划”关注运用精益技术消除浪费，提升销售与运营计划的运作效率。

05

供应链网络体系优化

探讨供应链计划所使用的工具之前，我们需要充分认识各类工具的本质差异，其中有的偏重于策略维度，有的则偏重于管理和执行维度。本章先介绍业务规划相关的内容，再介绍供应链网络体系优化会用到的战略性工具。

供应链策略规划

整体而言，策略描述了供应链的完整上下游路径。供应链策略的正确与否通常是决定供应链流程是否完善的第一步。供应链策略应当与企业愿景及经营战略保持一致，特别是在成本、业务响应速度、服务差异化与产品质量方面。

策略规划主要包括下列内容。

（1）选择厂址，明确设施的用途。

（2）选择可靠的供应商、运输公司与处理物流业务的合作伙伴。

（3）完成长期业务改善与技术创新规划，以满足客户需求。

（4）完成库存与产品生命周期管理。

（5）完成信息技术程序与系统的落地，以提升业务流程的效率。

供应链管理决策规划

供应链管理决策规划层面主要进行企业短期规划。在管理决策规划层面，供应链的整体框架已经清晰。管理决策对控制成本、规避风险、聚焦客户需求与最大化客户价值有举足轻重的作用。

应急计划用于应对日常运营中不可预知的变化导致的风险，既可以在策略规划层面制订，也可以在管理决策规划层面制订，以适应供应链的全球化与物流业务的复杂性。除了供需差异、产能有限和产品质量等常规问题，企业还要面对众多其他挑战，包括客户对产品和服务的预期不断提升，国际竞争日趋激烈，供应链流程错综复杂，产品品类增多、生命周期缩短，生产安全问题等。因而，全球的企业的供应链管理人员应意识到潜在风险，并制订应急计划。

管理决策规划包括以下内容。

（1）需求物料和服务的采购合约。

（2）确保产品质量、生产安全与数量标准的生产规划与指导。

（3）运输与仓储方案，包括外包与第三方物流服务。

（4）仓储物流，包括货物存储与产成品分销。

（5）将项目与竞品做分析对比。

供应链执行性规划

执行性规划层面是供应链管理的关键，包括日常流程处理、决策制定与短期规划。忽视策略规划层面与管理决策规划层面的问题，直接解决执行性规划层面的问题是不可取的。执行性规划层面的问题能够得到有效解决依赖于强有力的战略与管理决策规划。

执行性规划主要包括以下内容。

（1）按日、周做预测，满足客户需求。

（2）实施生产运营，包括生产规划与工序管理。

（3）按照合约与订单要求监控物流进度。

（4）解决供应商、销售商与客户因为货物损坏或遗失导致的纠纷问题。

（5）管理当前与日后的物料、货物及现有库存。

本章讨论战略决策层面应用的技术种类，后面的章会对管理决策层面的技术应用做阐述。用于需求预测等方面的技术适用于供应链规划的各个维度。

供应链网络体系设计的重要意义

选址属于长期策略性规划决策之一，短期内不会轻易变动，选址关系到原料采购、生产制造、货物分销与零售等方面。为在全球范围内保持竞争力，企业需着力保障货物从原料采集地转移到加工厂、制造车间、分销商、零售商和顾客的过程能够顺畅且高效地进行。与货物运输和库存问题的决策不同，选址决策比较难以更改，因为涉及许多短期固定成本项目。

战略上讲，制造类企业选址的核心出发点在于尽可能降低成本，零售企业则着眼于尽可能最大化收益。供应商、制造商和分销点选址的决策失误会大幅增加产品成本，造成长期的不良影响，特别是货物运输成本。过往经验表明，货物运输成本占销售成本的均值为 3% ～ 5%，而仓储成本平均占比为 1% ～ 2%。

由此可以得出，供应链网络体系设计的宗旨是为供应链上下游各方做出最佳选址决策，同时这将决定各方的生产能力、物料需求的转移流程，以及运输模式，确保企业以最低的成本满足客户需求。

选址决策及其对价值的影响

与其他供应链环节类似，选址决策也需要进行权衡和取舍。供应链网络体系的设计过程中需要权衡的核心问题是成本与服务水平（对库存管理、货物运输、货物分销等方面的资源投入与企业提供给终端用户的服务水平之间需要保持怎样的平衡）。

从用户角度出发，服务质量体现在以下几个方面。

（1）交付时间——用户购买后收到订单的时间周期。

（2）产品种类——同一分销体系下不同产品的数量。

（3）产品供应水平——用户下订单后调用库存货物的可行性与响应速度。

（4）用户体验——多重维度，如用户提交并确认订单的操作流程是否简便，个性化服务的程度等。

（5）新品上市时间——新产品研发与上市的时间周期。

（6）订单可视化程度——用户提交订单之后，追踪发货进度的便捷程度。

（7）退货速度——用户退货的便捷程度与系统处理的响应速度。

整体而言，若用户能够接受较长的订单响应周期，则企业只需选择少数离用户较远的位置建立仓库即可满足要求。企业通常更关注的是如何增加各个仓库的产能。若用户要求订单响应迅速，甚至有自主提货的需求，企业就需要就近选址。这种情况下，企业一般会设置多个仓库，每个仓库的产能相对较低。总结来看，用户要求的需求响应时间越短，供应链网络体系中的仓库数量越多；反之，仓库数量越少。如图 5-1 所示。

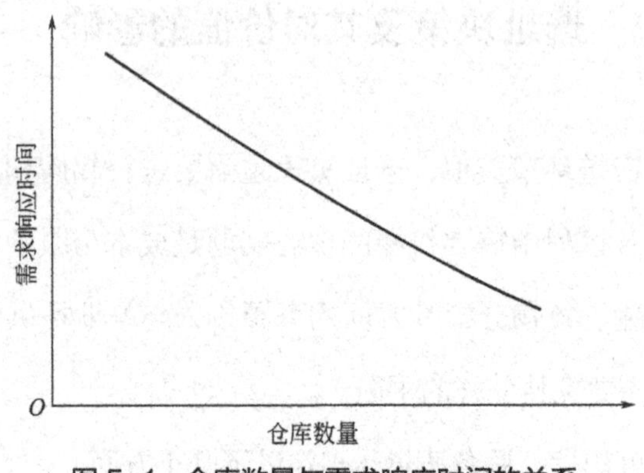

图 5-1　仓库数量与需求响应时间的关系

分销网络体系的变动可能会影响供应链其他方面的成本，仓库数量与其对成本的影响如图 5-2 所示。

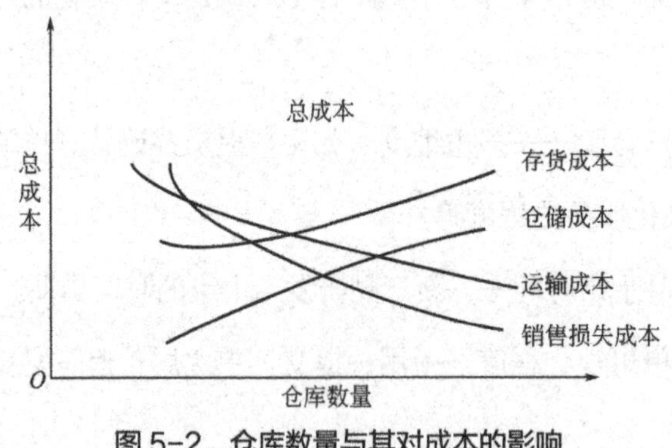

图 5-2　仓库数量与其对成本的影响

（1）库存水平——仓库数量越多，需求提报越分散，需求预测准确度也越低，这会导致生产目标碎片化，会增加实现难度。因此，企业对保证安全库存水平的需求几乎呈指数增长（“平方根”原则，即认为平均库存增量应与库存数量的平方根成正比）。

（2）货物运输——理想状态仍然是“多进少出”，尽量减少入货物流的运输成本（满载与非满载），但要考虑收益递增点，因为“多进少出”会增加库存数量与仓储成本。

（3）设施与维护（仓库运作）——将仓库数量控制在一定范围内可以通过需求合并实现规模经济效益（不论是企业自主生产还是外包给第三方生产）。生产设备较少时可以降低单位处理与仓储成本，但是如何确定效益点则需要经过深入分析。企业也可利用当地公共分销中心，与其他企业的货物共同运输，以节约运输成本。

此外，随着分销设备数量的不断增加，企业需要处理的信息量也在增多。集成信息技术系统可以有效缓解信息处理压力。

供应链网络体系优化技术
推动精益管理的方式及作用

当今商业社会的驱动力量主要源自客户需求，销售渠道全方位打开，随着客户需求不断复杂化，供应链网络体系优化方面的研究可以为企业成功实现物流与订单交付打下必要的理论基础。因此，企业需要按照精益理念中持续优化的原则，定期评估其供应链网络体系以改善供应链运转效率，在日新月异的市场竞争中实现企业战略价值，确保营业收益稳固增长。

从精益与敏捷供应链的角度出发，设计最合理的供应链网络体系对提升收益、增加市场份额、改善消费者体验和减少运营成本都大有裨益。

优化供应链网络体系可以让企业维持较低的物料库存费用、保留适量的产成品、选择合适的货物运输方式和仓储策略、充分利用资源创造更多价值、减少浪费现象。

效率低下的供应链网络体系会阻碍企业实施精益管理策略。假设企业支持小批量订货，业务规模在西南部不断扩大，而成品分销中心却在中西部和东北部，则需要考虑在西南部地区创办新的分销中心以满足业务需求。企业不仅可以通过此类分析确定业务规模、合理选址、完成目标市场的定位，也可以通过进一步的假设法分析多种业务场景下的问题，从而提升服务水平、节约运营成本。

由于供应链网络体系优化方面的研究运用的技术复杂，且专业软件与专家咨询服务费可高达 100,000 美元，所以许多中小型企业难以负担如此巨额的费用，不得不暂时搁置供应链网络体系的优化，或者仅凭人力进行粗略的推演。这会导致中小型企业无法将资源价值最大化，其内部与外部供应链会存在多种浪费现象。

供应链网络体系优化技术

供应链网络体系优化软件可对供应链网络体系中的生产制造商、仓储服务商、分销中心、分销商和终端用户进行评估。用于供应链网络体系设计的软件多数基于定量建模与优化程序，根据设定的参数从候选项中筛选出最佳的结果。

构建模型能够将体系中各个模块关联起来，能够更方便地整理模块间错综复杂的关系，帮助企业做权衡和取舍。定量分析工具可以将商业实践案例与执行性策略更直观地关联起来。

供应链网络体系设计中使用的模型工具有数据表格、回归与统计分析、模拟仿真、线性编程、混合整数线性规划和专家计划 / 启发性方法等。一般而言，不同的方法之间的差异主要体现在处理速度、复杂度以及使用目的（只需“足够好”还是需要达到最佳水平）等方面，企业需要对此做权衡。常见的供应链网络体系优化解决方案关注长期需求预测、供应链设备与性能、交付周期、固定成本与可变成本等，以使企业供应链运营的成本效益最优化。

优化程序的可交付成果包括厂址选择、工厂规模、货物运输模式和长期采购决策等。供应链网络体系优化工具还用于优化供应链架构的整体性能。

这类工具可集成到高级生产计划与排程（Advanced Planning and Scheduling，APS）系统中，也可以作为分析供应链设计决策的独立应用程序。一般而言，进行大规模分析的次数要求相对较少（每 3 ～ 5 年一次），但是需要有行业专家进行指导。企业也可以雇佣自主开发过相关程序的咨询顾问。

综合分析系统有独特优势，可以根据企业供应链的实际规划流程建模。因此综合模型往往更贴近实际，便于员工理解和使用。

然而，由于综合分析系统需要实现多个部门的集成，得出分析结果需要的时间相对手工录入数据的专用分析系统更长。

供应链网络体系优化工具基于供应链全局建模，前期需要输入大量信息，包括预测数据、产品与设备信息、生产信息、库存与分销比例、产能、各类成本，以及库存周转率、用户服务水平等业务衡量标准。本书后续讨论的其他规划工具常用于以 SKU 或厂址为基准制定供应链模型，但供应链网络体系优化模型的构建原理却并非如此。用于评估战略决策的模型通常会利用整合类数据，使用整合类数据分析可以降低新增工厂、分销中心或需求可能带来的业务风险，还可以精简模型结构、缩短运行时间、使场景假设模型更加清晰明了和易于评估。

供应链网络体系优化解决方案种类繁多，既可以是专用型系统，也可以是供应链系统的子系统；可以安装到企业计算机网络中，也可以按照需求购买云服务系统。

供应链解决方案提供商 JDA、JD Edwards（Oracle）、SAP 与 Logility 开发的网络体系优化组件都实现了与自家供应链规划与执行系统的集成。其他系统，如 IBM 公司开发的 ILOG LogicNet Plus XE 与 Logistix 系统属于专用型（后者是基于客户需求开发的），不会与其他供应链规划与执行系统实现集成，因此前期开发成本较低，但可以更集中地处理数据。

供应链网络体系优化技术的案例研究

下文将给出运用供应链网络体系优化技术的企业的实践案例，分析这些企业如何通过应用技术来消除浪费现象、提升供应链运行效率。

案例 1：某工业制造企业的分销网络体系优化

1. 业务挑战

此案例的问题并不常见，某工业制造企业的生产体系极为复杂且在北部地区有多个分销中心，然而却不能有效地完成商业决策和判断，总部汇总的厂址数据与定位均存在偏差，直接影响了企业制定完善的战略决策。尽管能够与该企业匹敌的竞争对手不多，但是管理层希望制作供应链模型，展开业务场景分析，以评估用户群体及其消费行为与产品供需状态之间的关系。

2. 解决方案

该企业聘请 Spinnaker 供应链咨询公司设计和实现用于建模和场景假设分析的供应链设计分析工具，用于加载 Oracle 研发的“企业战略网络体系优化（SNO）”供应链系统组件。该系统的数据来源于客户生产系统，并载入其他系统创建和维护的信息用于场景假设分析。

供应链体系设计模型可作为分析企业供应链与市场环境变化情况的工具，如仓库与产品设备数量增加或减少、现有工厂车间的产能出现浮动、对生产线或位置的要求发生变化、成本变动、现有的与潜在的竞争对手及其产能等问题。

3. 应用效果

新系统上线之前，企业需要花费数周的时间进行供应链体系分析，整个过程是人工完成的，因为流程复杂、工作量过大，该工作往往被搁置。本项目完成之后，企业能够对 50 多种业务假设场景进行分析，其管理层由此对供应链体系做了大刀阔斧的改进，关闭了盈利较少的工厂，开设了新工厂。该分析模型帮助企业减少了供应链成本，企业的投资回报率增长了 20 倍，客户服务质量也得到提升。

案例 2：半导体制造企业的全球供应链网络体系再设计

1. 业务挑战

Establish 供应链管理咨询公司曾服务于一家全球性的半导体制造企业，该企业在亚太地区设有两个大型仓库，负责全球的货物分销。企业的部分工厂生产空间有限，内部某些业务模式与经营模式影响了货物的物流。

2. 解决方案

评估该企业供应链网络体系的第一步是分析现有体系是否为最佳结构，如果不是，则优化该体系的结构。

Establish 公司充分利用了其在全球建模方面的经验，利用 CAST 软件（Barloworld Optimus 公司开发的全球供应链建模软件）来进行优化和设计。

该企业的产品种类多达上万种，产品配送时间要求为 48 ～ 72 小时，用户分布范围极广，遍布北美、欧洲、亚洲等。这就要求分析模型兼具灵活性与准确性，能够得出最佳的供应链体系模型。

Establish 团队收集该企业在全球各地的业务数据，并记录供应链的流动环节与成本，开发出了能够准确反映企业现有供应链体系的基准模型。模型中的基准线可作为与其他模型进行对比分析的参照对象。

3. 应用效果

根据分销中心的数量与位置、货物运输模式、配送需求、潜在用户群体变化，以及产品性能差异，该模型进行了多次分析。

终于，成本低、配送快、服务水平高的供应链体系模型成型了，该模型对现有工厂的位置进行了调整与合并，以达到优化体系的目的。企业完成优化之后预计能够节约 20% 的供应链成本。

即便企业完成了供应链网络体系的优化，仍然需要利用技术搭建完善的需求预测系统才能充分发挥其作用，减少资源浪费，这也是第 6 章的主要内容。

参考文献

[1] Po, Vincent, “Understanding the 3 Levels of Supply Chain Management”, *The Procurement Bulletin*, December 12, 2012.

[2] Spinnaker, “Introduction to Strategic Supply Chain Network Design, Perspectives and Methodologies to Tackle the Most Challenging Supply Chain Network Dilemmas” (White Paper and Case).

[3] Establish Inc., “Client Case Study—Global Network Design” (White Paper).

06

需求预测系统

25 年前，需求预测像“灰姑娘”一般无足轻重。笔者相信这与预测本身“断言未来”的本质相关，预测始终被认为是“捕风捉影，无中生有”。这样的认知使得企业需求预测流程与系统呈现碎片化，且关联度较差。

市场营销与销售需要预测产品盈利与品牌知名度，以完成企业预算安排及经营规划。但营收数据通常是每个季度更新一次，时效性较差，数据统计的真实度较低（常常存在销售人员为获得绩效奖金美化销售数据的情况）。

生产制造与供应链需要时刻保持运转，其业务预测系统需要确保分析具有时效性、结论准确（如至少部分分析结论应基于统计数据）、符合现行情况、SKU 数量准确，以推动库存管理、生产规划与调度、物料采购、人员储备、设备需求管理等。通常，生产制造与供应链分别有一套预测系统，这往往会造成财务、库存与用户服务问题。

20 世纪 80 年代，American Software（后更名为 Logility）公司帮助众多企业整合需求预测环节，构建了“金字塔”式需求分析流程。SKU 统计预测（包括质量标准调整）可以实现更高层面的集成。

自 20 世纪 80 年代后期以来，各大企业着手开发完整的需求预测系统，筹备训练有素、经验丰富的预测团队（亦称为需求 / 预估分析师，需求规划专员），将专业经验与科学分析方法结合（如定性和定量预测分析），为企业提供更加准确、符合共识的业务预测分析。需求预测系统常由供应链或业务运营部门管理，但也可能被归为销售部门。

过去几十年内，企业已经意识到需求预测在业务规划的战略、管理与执行维度的重要作用。仔细思考就可以理解，预测是实现业务战略、规划与运营必不可少的一部分。

精益预测方案

与其他流程相比，需求预测需要更加精益高效，以消除企业短期、中期和长期存在的浪费现象。企业可从以下维度进行分析。

（1）战略维度——需求预测的准确率（误差）对供应链的选址、功能、布局、库存、运营成本与最终交付给用户的服务水平有很大的影响。

（2）管理维度——需求预测会影响预算、生产与资源的部署和规划。

（3）执行维度——需求预测会影响采购、工作调度、劳动力需求、任务安排与生产力水平。

总之，需求预测在各个维度的误差都会导致资源浪费、产品交付延迟或取消（导致销售损失）、安全库存（与成本）增加，以及本书第3章中所描述的8种浪费现象。

实现精益需求预测的第一步是确保企业已经建立了大体的需求预测流程，然后研究可优化的环节。分析宗旨是要尽可能创建有价值、效率高、准确的需求预测系统，帮助企业用最低的成本实现客户价值的最大化。

常用的需求预测流程

下列是完整的需求预测流程应包含的步骤。

（1）确定需求预测的目的——预测结果用途广泛，可推进各个模块的业务决策，包括财务预算、资本投入与投资优化、生产制造、库存安排等。需求预测的目的决定着数据类型、软件设备需求，以及最佳实践参考案例的类型。

（2）选取预测对象——企业成功需要很多环节，其中重要的环节都依赖准确的预测。企业应该划分优先级，投入充分的资源提升核心业务环节的预测准确率，对业务价值较低的产品则使用简单的预测方法，或根据最小/最大库存策略进行规划。

（3）确定预测的时间范围——时间范围取决于预测的目的。若企业需要进行长期产能预测或制定新品上市计划，则时间范围需以年为维度（时间单位）对未来数年的经营与市场情况做分析。若企业需要进行中短期预测用于主生产计划与短期计划，预测的时间周期就应当缩短，通常以月、周甚至是天为单位。

（4）选择预测模式——针对销售缓慢、利润较低的产品，可使用滑动平均模型等简单的预测方法。针对需求较大、季节性较强的产品，需要采用回归分析等一系列复杂的预测方法。预测人员可以根据自身的专业经验，结合销售人员与客户的反馈信息，判断具体场景下应使用哪种统计方法。

（5）收集预测所需的数据——由于许多企业的SKU数量多达上千种，预测系统应当具备高效收集近期的历史需求数据的能力，这往往需要预测系统与企业的其他系统或功能模块集成，通过接口获取元数据。

（6）输出预测结果——预测过程应该尽可能基于最新信息，使用步骤（4）提到的多种模型与方法完成分析。

（7）验证预测结论，指导业务决策——企业应基于实际情况确定预测准确率的基准值。使用ABC分类法对产品进行分类时，对A类产品的需求预测要更加严格（根据“80/20”法则，少数产品贡献了多数的销售量与收益），对占多数的C类产品的需求预测标准可相对放宽（这些产品并不能单独创造足够多的收益），也可以制定其他标准，如存货短缺与持有成本、预期工期变动、配送与质量问题等。确定衡量标准之后，企业不仅要计算需求预测准确率，更重要的是要分析出现异常指标的原因。

精益需求预测流程

卡恩和梅洛指出了精益需求预测的五大步骤。

（1）明确渠道合作伙伴从预测中能得到的价值。首先要确保渠道合作伙伴能够在规定的时间、地点收到货物，并且数量和价格都与合约一致；其次，通过降低库存水平帮助其节约供应链成本。

（2）明确价值流，着力避免浪费现象，如过度收集数据，重复制作报表，获取信息等候时间过长，过度分析数据，预测流程中牵扯的人员过多、专业度不高，系统运营成本过高。

（3）缩短信息获取与决策制定之间的时间，提高流程运转效率。提升创建预测基线、调整方案与获得最终审批的效率。

（4）通过创建一个需要做预测时启动的过程来促使“拉动”，“拉动”还可指哪些项目将被预测，哪些项目将进行库存控制管理，如更多依赖安全库存或看板管理的再订购点。

（5）从顾客角度出发实现最有价值的预测，不断改善，精益求精。

他们还指出了可协助精益需求预测的五大要素。

（1）明确预测目标及客户从过程中可获得的价值。

（2）衡量实施精益预测流程之后客户能够得到的价值。

（3）确定实现价值交付所需的流程。

（4）确定拉动效率提升的因素。

（5）持续改进业务流程，为客户提供最优质的服务。

若企业尚未具备完善的需求预测流程该怎么办呢？根据 SAS 公司发布的题为《企业预测的精益方法》的报告，许多企业使用精益需求预测方法的原因是现有需求预测系统并没有实质作用，其原因可能是系统性能不足、预测模型存在缺陷、企业流程机制不完善，或者企业管理层意见不统一等。

精益方法分为数据收集、增值分析、向上级汇报、预测流程优化与整合等步骤。

企业需要识别现有流程中资源的使用情况，以更清晰地定位和消除非增值活动与浪费现象。图 6-1 为产品或服务行业中常用的预测流程。

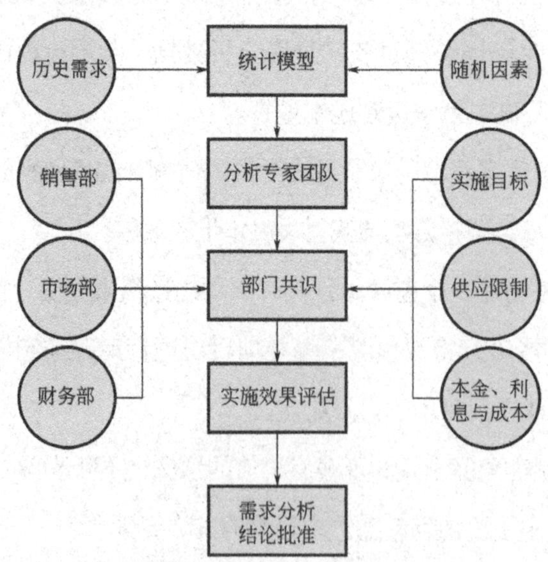

图 6-1　常用的预测流程（产品或服务行业）

首先，在统计模型中应输入历史需求数据与其他随机因素，以建立初步预测模型。其次，需求分析需要手动输入部分信息，主要是销售与用户提供的产品和市场信息。最后，完成对产品或服务需求的整体预测，经过团队讨论，得出一致的结论或完整的销售与运营计划（见第 8 章）。

集体决策过程当中参与的部门有市场、销售、财务等，各方都需要从专业角度给出建议。决策过程不应局限于公司内部与供应链相关的部门，也应了解外部供应链合作伙伴的反馈。许多公司都有用于与大客户做信息交互的系统，如协同式计划、预测与补货（Collaborative Planning，Forecasting and Replenishment，CPFR）系统，该系统是用于与核心客户实现协同的需求预测体系的一部分（见第 19 章）。

考虑供给限制因素之后，预测人员需要向管理层做预测分析报告，并提出下一步供给需求。

SAS 的报告指出可先使用操作简单、成本低廉的天真预测分析法，即设定下一期的预测数量等于本期的需求数量。该理论认为简单预测的结果与经过综合复杂分析的预测结果不应完全一致，否则就说明预测方法存在较大的问题。

无论使用哪一类软件（本章后文将展开讨论），企业都需要按照预测的步骤（如图 6-1 所示）完成各个模块的数据收集。人们会自然而然地认为，预测方法越复杂、流程越精细、参与方越全面，预测结果的准确率就越高。尽管事实并非完全如此，但预测流程仍需要基于各种支持性数据与分析方法才能完成。SAS 建议企业在预测流程的特定环节或指定预测参与方来给出预测增值指标得分，以衡量预测效果（需求准确率、正负偏差、平均绝对误差率等）。

通过对比实施流程中的某个环节与不实施该环节的结果分析，预测增值指标可以显示预测流程的改变是否有助于提升预测准确率（历史需求→统计分析模型→统计分析型预测→管理层否决）。

预测准确率指标的设定应该切合实际，同时要考虑外界因素的影响，而不是过度追求完美。实际预测过程往往会受到很多因素的限制，如产品系列与全局预测的准确率往往高于针对单个产品的预测、时间范围越广完成预测的难度越大。本质上，企业需要通过适度设定目标、规范时间周期与投入资源来减少各个预测阶段出现的差异。

如前文所述，ABC 分类法，是一种客观科学的分析方法。根据 ABC 分类法，预测环节中创造最大价值的产品只占所有产品的一小部分，可划分为 A 类，应着重关注，并设置比较严格的差异标准（缩小允许差额）。其他产品（B 类，特别是 C 类，尽管占比较大，但是可创造的价值却较少）的预测准确率要求可相对宽松，因此对预测基线的影响较小，投入资源也应相应减少。

设定预测准确率指标也应考虑其他因素，如产品的生命周期阶段（属于进入期、成长期、成熟期还是衰退期）。通常情况下，进入期和衰退期的需求变动较大，一般采用定性方法做预测；成长期与成熟期的需求变动较为稳定，一般采用统计学方法完成预测。

预测技术的种类与要求

与供应链中用到的其他技术相同，实现需求预测的技术多种多样——从电子数据表格到统计预测分析工具，还有具备高效、多流程处理能力的“单点解决方案”，可将其集成到更综合的ERP系统中，作为ERP处理方案的模块之一。具体示例见图6-2。

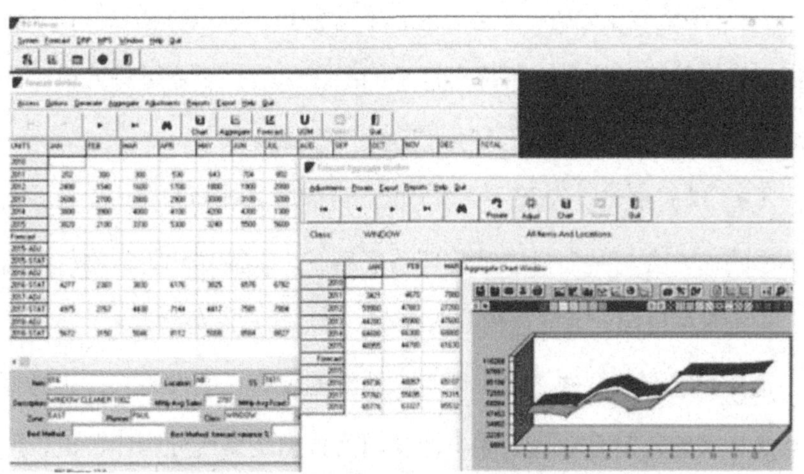

图6-2 需求预测与整合系统界面截图（Windows系统下运行的PSI规划软件，1998—2016版本；界面引用获得Weeks软件解决提供商许可）

此外，还要安装各种客户端或服务器的桌面工具，如软件即服务类或互联网上的定制化服务组件，也称为“云端服务软件”。需求预测系统有助于推动企业实现两大核心目标：提高需求预测准确率，增强需求调节能力（调节需求数量，使之匹配计划的供应量）。

需求预测系统需要包含以下内容。

（1）历史信息分析——跨职能或多维度统计分析，基于经验判断的需求预测流程均可用于分析产品各个维度的信息（通常需要考虑宏观与微观经济趋势），为供应链部门管理人员提供准确的预测结果。

（2）数据区分——软件会收集大量数据，对过去和未来的需求进行分析。通常会按照产品、客户、季度与市场类型对数据做区分。

（3）需求调节——软件对促销、广告、新品推广与未来的竞品的动作等相关信息进行分解，分析得出市场营销方案的具体建议，以及这些因素对需求和营收可能造成的影响。

（4）场景假设分析——软件可以基于假设条件进行场景假设分析与模拟，分析结果可用于识别现有需求的潜在风险，企业可将分析结果反馈给供应链其他相关方，以及时调整生产或运输。

（5）供应链节点沟通——作为供应链或产能计划的模块之一，需求预测系统通常会与其他供应链管理系统集成，以推动和更新物料补给计划、避免库存超额、节约存货占用成本，满足客户服务的要求。

选择需求预测软件不但需要考虑系统的现有功能性需求，也需要评估其潜在功能及对企业计划的价值。因为数据是系统分析的关键，所以管理者也需清楚系统获取数据的效率、准确率与数据的关联性。

了解需求预测的步骤之后，企业需要在选择需求预测软件时考虑以下问题。

（1）该软件收集和解释的数据具体分为哪些种类？

（2）数据收集量（及软件更新频率）有多大？

（3）该软件系统是否具备数据分析能力？是否可以与供应链计划系统实现集成？是否属于综合供应链管理系统？是否能与企业已有的系统集成？

运用精益需求预测技术的案例研究

下文将讨论企业运用精益需求预测技术消除浪费、提升预测准确率的实际案例。

案例 1：驯鹿咖啡利用需求预测系统实现市场需求预测流程自动化

1. 业务挑战

Logility 是一家供应链系统优化方案提供商，已有多家企业在其帮助下使用了需求预测系统，且应用效果显著。驯鹿咖啡是其客户之一，该企业的总部和咖啡加工厂位于明尼阿波利斯市，门店遍布美国国内与海外市场。

像其他企业一样，在选取和实施需求预测系统之前，驯鹿咖啡使用电子表格完成供应链流程管理，这使得企业无法准确、及时地预测需求变化，降低了原料补给效率。随着销量的不断增长，驯鹿咖啡需要在维持现有客户服务水平的同时改善库存管理状况，保证数据的准确度与流程的可视化。

2. 解决方案

通过应用 Logility 的需求预测系统，驯鹿咖啡实现了市场需求预测流程自动化，预测结果可靠性增强，大大提升了采购与生产效率，优化了供应链上下游的库存水平。驯鹿咖啡在内部推广 Logility 的远航者系统之后，供应链部门做需求规划与预测的频率由每月一次改为每周一次。随着公司业务不断扩张，其 SKU 数量已经增加了 3 倍，不断推出新品，迅速提升了其占有的美国国内与国际的市场份额。

3. 应用效果

通过提升需求预测流程的自动化程度，驯鹿咖啡的供应链部门将业务需求预测与规划的时间周期由月缩短到周。与此同时，公司的业务响应速度、库存周转率与客户服务水平都有所提升，其中客户服务水平保持在 99% 以上，优秀一如既往。驯鹿咖啡也解决了旧货积压导致的账目冲销问题，将库存周转率提升了 35%。

案例 2：Butterball 公司利用 JDA 软件优化需求预测过程

1. 业务挑战

Butterball 公司在北卡罗来纳州、阿肯色州和密苏里州设有 5 家工厂，每年生产的火鸡产品高达 10 亿磅（1 磅≈ 0.45 千克）。98% 的美国杂货商和 30 多个国家的零售商都出售其产品。

Butterball 公司的产品需求季节性规律较强，广告宣传投入要求较高，销售数据变化较大，因此其供应链管理面对多重挑战。为提升顾客满意度，确保产品新鲜度，尽可能减少过期产品库存，该公司需要高度精确的需求预测系统。因而，Butterball 使用 JDA 软件以优化和管理其复杂的长短期需求预测流程。

2. 解决方案

Butterball 公司主要需解决短期需求预测问题。由于重度依赖人工处理数据，需求规划浪费了大量宝贵的时间。JDA 软件能实现数据分析自动化，让公司能够集中更多的资源监控意外情况，以完成长期业务需求预测，实现需求调节。

JDA 软件帮助该公司解决临期产品囤积的问题，优化生产与包装流程以满足不同零售商的服务要求，保持食品新鲜，保证食品安全。运用该系统之后，Butterball 公司的需求规划部门制订了相应的计划来处理多余产品，实现顾客满意度最大化，并能够区分日常需求量与促销时期的需求高峰。

3. 应用效果

应用JDA软件之后，Butterball公司将临期产品的数量减少了28%，短期需求预测的准确率提升了2%，长期需求预测的误差减少了50%。

Butterball公司充分利用需求预测技术，与核心客户合作搭建了一套“供应商库存管理”补给模型。Butterball公司与零售商不断加强合作，为需求网络的进一步拓展打下扎实基础。

案例3：金佰利公司整合销售点信息以优化零售商再供应流程

1. 业务挑战

金佰利公司专营个护产品，产品有舒洁纸巾、哈吉斯纸尿裤、斯科特卫生卷纸等，2011年全球销售总额近200亿美元。

2006年，公司管理层决定改变供应链策略，原来该公司供应链的主要用途是生产支持，之后需要能够满足零售商、百货商的特定需求。

为实现这一目标，金佰利公司意识到需要收集各销售点的顾客实际购买信息，以改善零售端供货情况。

2009年，公司曾在需求规划软件中对部分下游零售数据进行了采集和分析，但主要的需求预测分析仍然是基于历史运货信息。管理层已意识到，由于牛鞭效应的作用，基于历史销售数据的预测结果与实际情况之间的误差较大，会导致安全库存水平上升与成品堆积。

2. 解决方案

金佰利公司与软件方案提供商特拉合作开发了试点项目，将销售终点（Point-of-Sale，POS）数据集成到公司的北美运营操作系统当中。该项目大获成功，金佰利公司于 2010 年获得了特拉公司“跨企业需求响应”系统的软件许可证并在内部启用。

金佰利公司的三大零售商客户占据了公司北美消费品业务的 1/3，从门店获取的销售数据每天都会录入到需求预测系统当中，以对各自的订单量进行实时校对和更新。该系统结合零售商实时数据、未完成订单以及历史需求，预测下一个月的发货量。金佰利公司也利用该需求预测系统来部署决策、完成管理规划。

需求预测系统的数据来源包括零售商的销售数据、分销渠道库存数据、仓库出货量，以及零售商自身的业务预测信息，需求预测系统将数据集中分析，得出常规需求预测结果。该系统也通过历史数据分析各类因素对需求变动的影响程度，如门店数据是用于预测未来 3 周出货量的最佳参考信息，但实际订单量与历史需求数据是当周出货量的最佳参考信息。

3. 应用效果

金佰利公司实现核心零售商客户的需求数据与自身出货预测流程的整合之后，供应链运转效率得以不断提升，具体表现为需求预测误差更小，单周需求规划误差降低了 35%，双周需求规划误差降低了 20%。此外，需求预测准确率大幅上升。通过降低安全库存数量，金佰利公司过去一年半的时间里有效降低了整体库存水平，产成品库存下降了 19%。

应用现有技术完善需求预测流程对各行各业的企业都至关重要。对商品制造与服务类企业而言，下一步需要做的是决定生产与物料采购的数量与时机。本书第 7 章将讨论这一方面的内容。

参考文献

[1] Logility, “Caribou Coffee Case Study” .

[2] Harris, Daniel, “Compare Demand Planning & Forecasting Software” , November 15, 2015.

[3] Kahn, Kenneth B., and John Mello, “Lean Forecasting Begins with Lean Thinking—On the Demand Forecasting Process” , *Journal of Business Forecasting, Winter* 2004–2005, pp. 30–32, 40.

[4] Cooke,James A., “Kimberly–Clark Connects Its Supply Chain to the Store Shelf ” , *Supply Chain Quarterly*, Quarter 1, 2013.

[5] JDA Software, “Recipe for Success” (Case Study).

[6] SAS, “The Lean Approach to Business Forecasting—Eliminating Waste and Inefficiency from the Forecasting Process” (White Paper), 2012.

07

主生产计划

主生产计划的定义

主生产计划（Master Production Schedule，MPS）是基于整体业务规划、财务计划、客户需求、生产设备与供应商生产能力等信息，为独立需求库存（产成品与库存商品）创建的综合产品生产计划。主生产计划包括产品装配与制造的种类、时间、原料以及短期规划周期内每周的现金流情况。MPS 是物料需求计划的一个关键驱动因素，其决定了原材料和零部件的需求，即物料需求计划（见第 9 章）和短期生产排程（见第 13 章）。

主生产计划必须与销售与运营计划高度匹配（见第 8 章），以最低的成本满足供应链上下游的需求。从计划到执行的每一步都必须经过可行性测试，以确定人员、设备与物料的需求量。

粗估产能计划（Rough Cut Capacity Planning，RCCP）完成对主生产计划所需核心资源的快速核查，确保产能需要及生产计划可行性。主生产计划与粗估产能计划相辅相成。粗估产能计划用于衡量主生产计划所需关键资源的影响，如人工工时或机器工时。粗估产能计划既可以是有限范围内的局部因素分析，也可以不受分析因素限制由专家和业务规划团队做出判断和决策。

完整的 MPS 系统会输出生产计划，常见格式为生产、销售、库存（PSI）

报表（见图 7-1）。PSI 报表包括生产数量、人员数量与预计供需平衡点。PSI 报表通常是基于特定采购商（内部或外包）或市场的单个货品数据，以周或月为时间段进行展示。

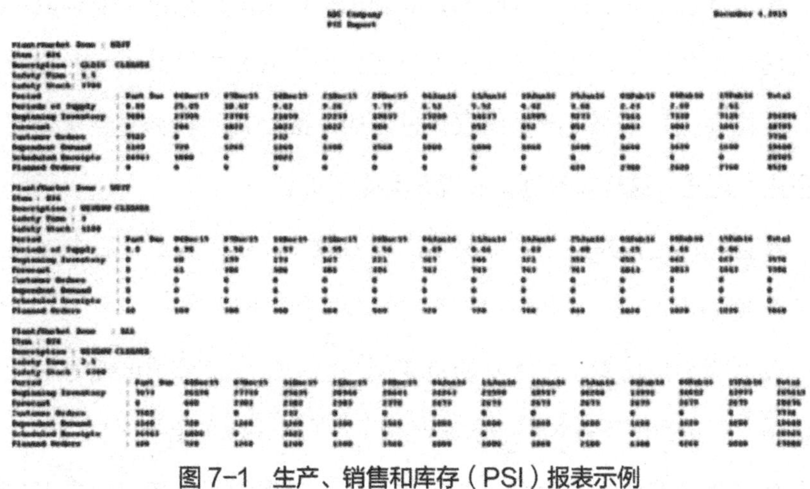

图 7-1　生产、销售和库存（PSI）报表示例

主生产计划技术工具包括相对复杂的电子报表以及 ERP 或供应链规划系统。软件综合解决方案可实现与物料需求计划、短期规划系统的关联与集成，实现业务与生产的高效运转。

精益生产计划

计划对生产有举足轻重的作用，决定着稀有资源的配置与任务完成的时间。生产计划涉及的场景十分复杂，因而，企业往往很难在时间有限的情况下制定出理想的解决方案。

启发式方法指基于经验得出的规则或方法（快捷方式），已经被运用到在较短时间内得出近似理想的解决方案的实践过程当中。然而，启发式方法多用于总结计算量较少、执行难度较小的实际调度原则中。

完全精准地按照计划执行往往难度较大，关键是能够适应和预测变化，并做好应对预案。

精益环境下的生产计划的制订需要平衡产能的最大值与最小值。为实现精益生产计划，企业必须具备快速切换产线和小批量生产的能力。运用“拉动式”需求生产系统取代过去的“推动式”需求生产系统或大批量生产模式，这样才有利于实现精益生产计划。

精益生产运营模式下，产品批次数量较少，生产完成之后会被集中到“产成品区”，而不是直接按订单数量配送给客户。

生产节拍是均衡生产涉及的重要概念之一。生产节拍可视为生产计划的中心，指为了完成客户需求的产品（系列产品）的必要时间。

确定生产节拍之后就能定位瓶颈工序，后者指满足特定客户需求时供应链中花费时间最长的环节，是限制产能或吞吐量的关键。生产节拍能够确定生产工序的运转节奏，进而推动上下游的流动过程。

确定生产节拍之后，企业可运用多种精益管理工具去除瓶颈工序（实现均衡生产）。

接下来是均衡产量和产品结构。企业不按照客户订单顺序生产，而是采用“均衡化”生产模式，计算一个时间周期内订单的总量，统一数量与产品结构，按照批次、天数生产。小规模精益企业使用电子表格就可实现均衡生产规划。

许多企业也利用 IT 系统取得了显著的效益，互联网的普及也使得 IT 系统充分发挥了自身优势。电子表格可以满足试点项目和小规模生产的需求，但是在处理大批量数据时可能并不够可靠，业务规模较大的企业需谨慎使用。为有效完成生产计划，企业应尽早上线 ERP 系统与供应链管理系统。

此外，准时化精益生产需要与供应商通力协作，使用可视化方法或电子看板（从生产角度监控供应链进度的系统）管理和备件采购与供应相关的生产计划环节。通常，供应商会通过供应商库存管理系统自行补充备件与其他物料（见第 19 章）。

主生产计划技术的种类与要求

使用电子表格做生产计划仍然很常见。与需求预测、物料需求软件系统不同，企业通常不会为主生产计划（包括粗估产能计划）单独开发软件。主生产计划一般是许多 ERP 系统的模块之一，与需求预测、库存管理、物料采购、生产调度、业务规划及短期生产调度等系统或组件实现全方位集成和信息交互，如 KDA 主生产计划模块和 Logility 的远航者系统。

应用上述技术有助于制订可靠性强、可行性强的主生产计划，提高生产效率与成本效益，改善库存管理。这类工具通常按照时段规划各个产品的生产和原料供应，使计划周期内的产能最大化（产能最大化是实现精益管理的主要成果，也是精益管理的目标）。

精益管理与资源管理间微妙的平衡

企业按照精益理念，在生产车间实施 ERP 系统时可能会遇到较多的阻碍，这些阻碍主要来源于物料需求计划与生产计划之间的矛盾。

ERP系统通常为由上至下的推动式生产模式，依赖销售预测制订物料需求计划；精益理念则是基于客户需求的拉动式生产模式，致力于维持最低库存水平，运用看板管理系统，仅在有生产需求时才启动物料和备件的补充程序。例如，天合汽车集团的欧洲制动器生产部主要负责生产制动钳、制动鼓、助推器、防暴制动系统、稳定控制系统与多种悬挂组件。该部在5个国家设有8家工厂，成功地在实现精益生产管理的同时加载了ERP系统，发挥两者的最大效用。

天合汽车集团的欧洲制动器生产部主要运用精益理念管理内部部门之间的合作活动，而在处理客户与供应商的相关业务时主要通过ERP系统来实现信息交互。各工厂物流规划人员会以周为单位从ERP系统中获取自动处理的顾客订单数据，用于保持供需平衡，为每个产品制订备件生产计划。

ERP系统收集顾客的订单信息，各工厂会基于这些数据分别进行需求预测和计算。由于生产节奏一致，同步完成订单的难度往往不大。

最后，ERP系统会被用于生产流程末端，在备件生产完成之后用于管理货物运输。

精益生产计划与技术的案例研究

以下将讨论企业运用技术消除生产计划流程中的浪费现象、提升生产效率的实际案例。

案例 1：能量棒公司升级生产规划技术

1. 业务挑战

一家新型能量棒公司希望制订满足多种产品需求、为期 12 个月的灵活生产计划，要求使用低成本策略，完成新员工招聘、原材料采购、资本设备采购，制定满足当前与未来需求的生产决策。起初该公司使用电子表格计算，手动调节生产与采购的变量。之后逐步意识到这种方式无法解决需求变化导致的其他问题，更多的是在错误中摸索和纠正。

2. 解决方案

ORM 技术公司研发了一整套业务优化与运营软件系统，为该能量棒公司安装了生产规划软件，基于现有及未来的产品需求预测对生产、成本、员工等进行为期 12 个月的项目分析。

新技术的应用使该公司具备了以下能力。

（1）迅速制订生产计划，在满足客户多样化需求的条件下实现效益最大化。

（2）选择增加员工数量、采购原料和设备的最佳时机以满足当前与未来的需求。

（3）通过场景假设分析判断当前与未来产品、设备、员工的需求数量，以及生产计划、原材料、包装成本与生产能力。

3. 应用效果

该系统可提供确定员工、生产设备、资本设备与原料采购所需要的信息，帮助该公司合理规划，将新设备购买计划暂缓至数月之后，优化人员招聘计划，使该公司节约了大量成本。该公司目前可通过场景假设分析，随时根据业务需求变化提前规划产能、成本、库存与员工数量。

案例 2：国际制造企业整合主生产计划流程以减少浪费

1. 业务挑战

某国际制造企业的生产与物料规划流程亟须与需求（客户订单）管理实现高度集成，以将生产资源浪费降到最低，同时将需求分配给全球各个工厂实现效益最大化。该企业使用数据栈做计划，实现各个工厂的生产同步与统一。该数据栈在技术层面与流程逻辑方面都需要尽快优化。

2. 解决方案

CTI 公司是专业的系统集成与软件方案提供商，CTI 公司为该制造企业重新评估了业务逻辑，提供了新型生产规划数据栈用于减少业务成本、提升系统易维护性。

企业战略规划是应用 SAP 集成架构与 SAP 业务对象数据服务系统实现生产制造系统的数据集成，从上千个不同的数据源分析数百种数据传递情况。SAP 业务对象数据服务系统重新调整了业务逻辑，并测试了业务完整性。

3. 应用效果

该国际制造企业应用新技术、调整业务逻辑之后，显著减少了 IT 系统的维护成本，提升了生产计划流程数据的可靠性。

案例 3：雀巢巴基斯坦分公司创新性地改变奶制品的生产计划方式

1. 业务挑战

雀巢巴基斯坦分公司是当地最大的牛奶产品制造商，旁遮普省和信德省共有将近 190,000 位农民为其供应原奶。该公司产品种类丰富，包括牛奶、奶粉、冰激凌、茶伴侣与酸奶等。

尽管全球消费者对奶制品的需求基本保持不变，奶制品的生产还是会存在显著的季节性差异。由于农场的原奶质量（脂肪含量）各不相同，雀巢巴基斯坦分公司需要应对有限的供应与变化的需求，最大限度维持生产效率。

尽管雀巢巴基斯坦分公司已投资开发 ERP 系统，但仍然欠缺实现复杂的奶制品生产计划流程自动化的能力，而人工制订计划有较大的局限性。

为实现原奶质量标准统一，该公司会基于一系列的预测与假设完成月度生产计划。通常是生产计划人员使用电子表格制订生产计划，制订过程中需要考虑使用目的，以及大量的规则与限制因素。生产计划的主要目的如下。

（1）将原奶浪费降到最低水平。

（2）规划每类产品的生产数量。

（3）根据鲜奶储备情况提前预估需求并准备未来数月的原料。

（4）充分利用进口原料。

（5）预测物料短缺的时间以快速响应补货需求。

（6）充分利用现有工厂设备确保批量生产，使用流水线包装。

雀巢巴基斯坦分公司的生产计划所涉及的规则与限制因素如下。

（1）增加或减少产量时维持产品间的生产总量比例。

（2）依据工厂和包装线的产能规划生产进度。

（3）追踪原材料供应与库存产品到期时间。

（4）以原料与鲜奶的供货状态为标准，筛选原奶供应商提供的众多成分报告。

雀巢巴基斯坦分公司的 SAP 和 ERP 系统无法应对奶制品生产计划的复杂性，因此该公司长期依赖人工计划，存在以下缺陷。

（1）计划效果不佳——由于员工往往是基于直觉、假设与过往经验来解决这一复杂的、多约束因素的优化问题，因此手动生产计划流程往往不能得出最优方案。具体表现为产线出现闲置、选取的物料清单不符合要求等现象。

（2）耗费时间，重复率高——生产计划有众多分支，完成全部计划所需要消耗的时间过长。由于业务需求，该公司需要制订月度生产计划，因此当月的绝大部分时间都被用于制订计划。

（3）出错率高——生产计划制订人员需要考虑众多业务需求场景、规则与限制因素，出现错误在所难免。

（4）过于依赖专家分析——该公司的生产计划制订往往依赖少数行业专家多年的实践经验，人才培养难度过大，且需要较长的时间才能实现。

基于上述情况，该公司定制了一套自动化解决方案，依据规则要求与限制因素模拟多种假设业务场景，以制订满足各方要求的终端生产计划。

2. 解决方案

Techlogix 是一家 IT 服务、业务咨询与解决方案提供商，经雀巢巴基斯坦分公司邀请制定了一套定制化的生产计划系统。Techlogix 提供的解决方案分为多个阶段：首先是可行性分析与解决方案框架设计；其次是实现流程细化、系统搭建与落地；最后是系统维护与长期运维支持。

Techlogix 设计与实施的网络应用程序可模拟生产计划的制订流程，

输出多种分析报表，帮助计划人员了解生产计划各个方面的情况。

生产计划程序主要由计划与调度这两个模块构成。生产计划程序通过分析鲜奶质量、原材料库存量等信息得出批量生产的最佳数量，并将其作为生产调度程序的元数据，根据各个工厂的产线容量规划生产任务。若现有产能无法满足需求，生产计划程序在收到反馈之后会调整产量，重新分析，得出最优生产计划。计划人员可从报表中看到按批次生产、按产品种类生产的计划细节，以及占用的工厂与产线等。

系统测试的目的是评估根据系统分析结果实施多条生产线管理的效果。生产计划制订系统与人工生产计划制订并行运作了 5 个月的时间，该公司对两种计划方式输出的结果进行横向对比，并检查了所有的约束条件。最终，生产计划系统实现了长期稳定运转，输出能够满足所有标准的生产计划，与之前相比有显著改善。

3. 应用效果

流程自动化使得该公司仅在几个小时之内就能得出生产计划，与之前消耗数天的情况相比是突飞猛进的，为生产计划部门预留了足够的时间进行分析和调整。新生产计划系统的分析结果更加清晰和准确，有助于企业减少成本和节约资源。

案例 4：普士普林门窗设备公司实现主生产计划中精益与资源管理的有效平衡

1. 业务挑战

普士普林是一家专营门窗设备的公司，其工厂面积达到 180,000 平方英尺（1 平方英尺≈ 0.093 平方米），员工人数约 450 人。该公司在 2008

年上线了康托尔的ERP系统，用3年的时间推行精益生产模式。使用ERP系统与实现精益生产模式需要企业慎重权衡，才能在日趋激烈的竞争环境中确保生存，继而实现繁荣发展。

普士普林生产车间的工作流程在ERP系统中运行。每生产一批产品之前，需要先准备50～100箱备件，导致大量备件囤积在生产线周边，大量备件无法立刻得到利用。未启用ERP系统之前，该公司通过发送纸质文件完成原料及备件的采购、收货及入库。

2. 解决方案

普士普林的IT技术人员需要通过ERP系统实现工厂的精益生产管理。精益计划要求工厂将装配线改为单件流水线，IT人员需要重新配置ERP系统以支持相关流程运转。现在，备件仅在生产需要的时候才会被运输到前线，而不是大批量堆积在生产线附近。

3. 应用效果

普士普林管理层坚持认为，没有ERP系统的协助，精益计划难以推行。ERP系统显著提升了业务效率，具体表现之一是无须使用纸质订单就可以直接将采购需求告知供应商。业务流程处理速度不断加快，而且几乎不存在人工失误。该公司也将物料交付周期的计算合并到ERP系统当中，为前端客户显示准确的交付日期。之后，生产计划人员会创建并调整ERP系统中的生产计划，每天基于单条产线的产能、生产任务复杂程度与客户的订单时间紧迫程度对计划进行微调。最后，完成运输计划，安排专用卡车队伍为客户配送门窗等产品。

部分企业会先运行主生产计划，陆续再实现各个模块的集成。另外一些企业则会先开发完整的业务系统，从中分离出生产计划模块。不管顺序如何，生产计划与其他模块有直接关联，需要保持同步。第 8 章将讨论销售与运营流程及其对精益供应链的影响，以及技术在优化销售与运营流程方面的重要作用。

参考文献

[1] Bartholomew, Doug, "Can Lean and ERP Work Together?" *Industry-Week*, April 12,2012.

[2] Corporate Technologies, "Case Study: Manufacturing Production Planning" .

[3] ORM Technologies, "Production Planning Case Study" .

[4] Salman, Mustafa Ramzi, Roman van der Krogt, James Little, and John Geraghty, "Applying Lean Principles to Production Scheduling" , 2010.

[5] Techlogix, "Techlogix Helps Nestl é Innovate in Milk Production Planning" (Case Study).

08

销售与运营计划

销售与运营计划的定义

简单而言，销售与运营计划是确保产品供应能够满足市场需求（至少整体而言）的业务流程（因此销售与运营计划也常被称为整合生产计划）。企业管理层可以通过销售与运营计划了解业务需求、产品供应以及企业总营收（营业收入通常体现在许多方面，在前文的需求预测系统与主生产计划内容中有所讨论）的实现情况与目标完成度。销售与运营计划需要确保企业各部门的管理计划与整体业务规划保持一致，是用于分配企业资源的专项运营或整合计划。

近年来，销售与运营计划拥有了更为宽泛的定义，对精益供应链管理意义重大：综合（或高级）销售与运营计划（也称为集成业务计划，缩写为 IBP）的出现，代表着销售与运营计划的应用已不再局限于生产计划，已演变为全面综合业务管理、企业策略规划与财务计划流程的重要组成部分。企业关注的已不只是内部供应链，还包括延展到下游客户与上游供应商的供应链。需求与供应链管理领域的众多跨企业协作项目与技术类工具也起到了推动作用，包括供应商库存管理系统和与协同式计划、预测与补货系统等，本书第 19 章将对此展开详细讨论。

销售与运营计划有助于加强部门之间的团队协作，保持销售与运营计划与策略计划协调一致。相关部门一般会召开月度会议，设立销售与运营目标（需求预测、库存周转等），调整计划中业务策略和销售与运营计划存在出入的部分。制订销售与运营计划的目标是确保企业各部门对计划阶段内的业务运作达成共识，通力协作，以最低的成本满足业务需求。销售与运营计划应当以高效的方式安排人员、产能、物料与时间，在尽可能降低成本的同时为客户提供更高水准的业务服务。

主管级销售与运营计划会议主要是基于下级部门的数据计算与业务分析结果（新增需求预测、产能计划等）对计划进行最终确认。制订月度销售与运营计划需要经过多次会议讨论，以提出、验证与调整需求供应计划的细节内容。销售与运营计划制订步骤如图 8-1 所示。

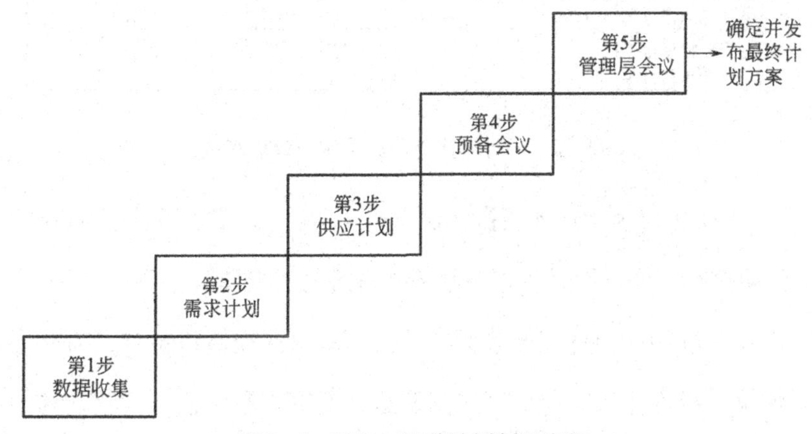

图 8-1　销售与运营计划制订步骤

主管级会议之前的销售与运营计划会议主要包括以下 3 种。

（1）需求计划跨部门沟通会议（第 2 步）——由供应链、运营、销售、市场与财务等部门代表共同评估需求预测结果。会议之前应对需求预测结果进行统计与整合，输出会议报告供各部门参考（销售人员更希望看到预测销售收入数据与历史销售收入情况）。

（2）供应计划跨部门沟通会议（第 3 步）——完成业务需求与现有库存水平的对比分析之后，应召开跨部门沟通会议探讨生产与采购计划。会议报告通常包括产品总计划产量、主生产计划产量等数据，如图 8-2 所示。

一季度			二季度			三季度		
一月	二月	三月	四月	五月	六月	七月	八月	九月
50, 000	30, 000	55, 000	60, 000	80, 000	150, 000	150, 000	125, 000	80, 000

总计划

月数	一月				二月			
总计划产量	50, 000				30, 000			
周数	1	2	3	4	5	6	7	8
主生产计划产量								
26号蓝色男孩自行车	10, 000		10, 000		5, 000		5, 000	
12号红色男孩自行车		12, 500		12, 500	8, 500		8, 500	
12号黄色男孩自行车		5, 000					3, 000	

主生产计划

图 8-2　总计划产量对比主生产计划产量

（3）销售与运营计划预备会议（第 4 步）——部门负责人对首轮会议的结果进行评估，确保各方对业务供需情况达成共识。

上述月度沟通会议能够确保在给公司高管提交最终报告之前充分发现并解决可能存在的问题，这些问题是月度管理层销售与运营计划沟通会议关注的主要内容（第 5 步）。

销售与运营与精益管理

精益计划与执行团队侧重生产车间管理，销售与运营计划则能够很好地将精益生产目标与企业战略目标结合起来。库存属于八大类资源浪费之一，会导致业务流程产生不稳定性。销售与运营计划可以直接计划与管控库存及其他供应链运营成本。一般而言，减少库存的方法有两种：提升预测精确度，缩短库存周转周期。这也是制订销售与运营计划的两大目的。

精益理念认为，企业管理层可以通过制订强有力的销售与运营计划实现业务的规划与管控。企业可根据业务战略计划为评估资源浪费程度的多种指标（需求预测准确度、库存周转率、出货按时完成率）设定基准值，并衡量业务状态是否良好。

根据 2010 年阿伯丁集团的调研报告，判断销售与运营计划优劣的标准有 4 个方面。

（1）需求预测准确率。

（2）顺利完成订单并按时交付的能力。

（3）现金周转率。

（4）毛利润率。

上述指标，特别是前 3 项，可用于评估企业的精益管理能力。得分越低，说明企业业务流程稳定性越差，资源浪费也越严重。

协同运作在销售与运营计划中至关重要。

2006 年，约翰·多尔蒂与克里斯多夫·格雷在他们的著作《销售与运营计划——最佳实践范例》中论述了 13 家优秀企业范例，并发现这些企业的业务流程中精益理念与销售与运营计划是相互促进的，如一位管理人员所言："持续优化体现在销售与运营计划中，没有销售与运营计划就无法将持续优化的效果最大化。"两位作者又指出以下内容。

若企业的生产环境能够将物料流动中的资源浪费降到最低程度（即

实现精益化生产管理），但却无法预测产能，没有应对物料供应短缺等规划外情况的能力（即制订销售与运营计划），将引发部门之间的冲突，出现推卸责任的现象，加剧生产流程混乱程度。同样的道理，若企业能够制订优秀的销售与运营计划，却难以管理生产流程，往往会出现库存水平上升、交付周期延长、利润下降等问题。传统的精益生产管理的优势在于工厂及生产管理，销售与运营计划的优势在于制定未来决策。精益生产管理相关的工具与方法往往适用于生产车间、直接客户与供应商，多数适合短期使用，有助于提升生产流程的“时效、响应程度、易操作性、成本效益、灵活度与一致性”。销售与运营计划适用于长期业务规划，既能帮助企业识别产能与物料供应风险，防患于未然；也能帮助企业识别市场机遇伴随的潜在挑战，合理安排流程的优先顺序，以实现价值最大化。

未来，销售与运营计划将成为驱动供应链运转的核心动力，有助于企业提升供应链效率，平衡新品与现有产品的生产与服务，实现及时、高效的物料补给，及时确定产品成功与失败的因素，并能够在技术的加持下实现数据分析与信息修正。

若企业重视业务团队自上而下流程的持续优化和改善，销售与运营计划的顺利推行也就能得到有力保障。

销售与运营 / 整体规划技术

ERP 系统的功能模块嵌入了多种工作表，包含需求与供应的详细信息。然而，图 8–3 中的 Excel 表格模板与 ERP 系统中其他生产计划表尚未实现完全兼容。

另一类型的系统，如 SAP，基于 HANA 数据存储平台运行，可以安装在企业本地计算机或者云端系统中，是用于实时业务分析、实时应用开发与安装的最佳工具（见第 18 章）。使用 HANA 系统管理销售与运营计划，可以实现需求、供应链和财务数据的合并分析，兼容不同颗粒度与维度的实时数据。

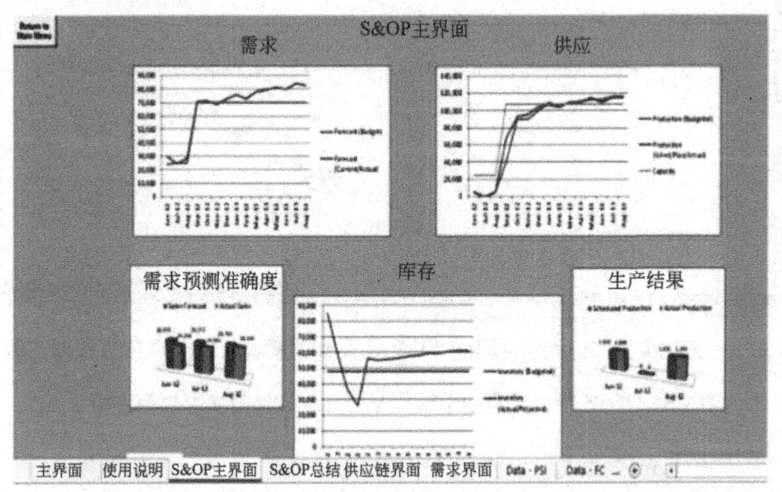

图 8-3　销售与运营计划 Excel 表格模板——工作表界面（Windows™ 系统上运行的 PSI 计划工具，1998—2016 版；界面引用获得 Weeks 软件解决提供商许可）

图 8-4 展示了无约束生产计划软件界面（生产团队成员、设备运转速度、最小生产批量、产线切换周期等参数均已确定），同系列产品使用一条生产线，包装线产能高于计划的需求。无约束生产计划软件要求操作人员能够基于自身经验与其他信息做出判断。基于产能约束的生产计划软件会内置操作人员设置的计算规则，根据具体场景自动创建最优方案。

企业可通过多种途径处理供需问题。需求过多时可以削减需求数量、延期交货或取消订单。供应不足时可以使用延长产线运行时间、雇佣短期劳动力等短期解决措施，增加生产班次、雇佣合同外包商等中期解决措施，以及新增生产线和设备的长期解决措施。

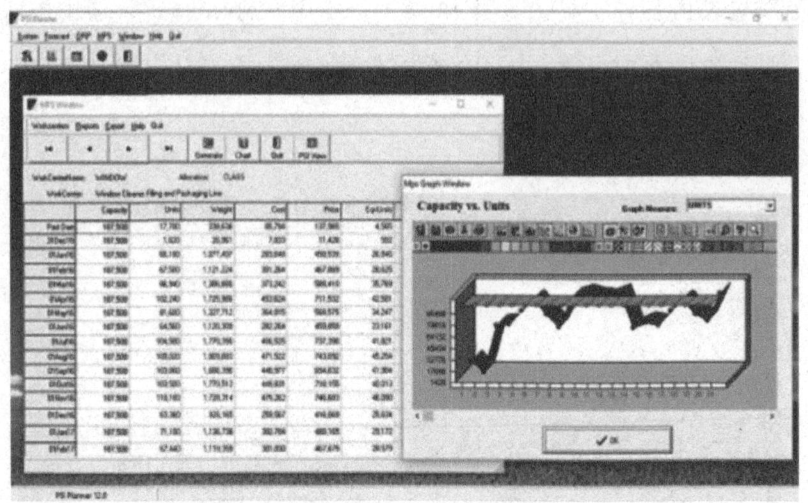

图 8-4　无约束生产计划软件界面（Windows™ 系统上运行的 PSI 计划工具，1998—2016 版；界面引用获得 Weeks 软件解决提供商许可）

精益销售与运营计划与技术的案例研究

下文将给出优秀企业实践案例，分析这些企业如何通过应用相关技术来消除浪费现象，提升销售与运营计划运作效率。

案例 1：英飞凌科技股份有限公司利用销售与运营协议提升规划能力

1. 业务挑战

英飞凌科技股份有限公司提供半导体与系统解决方案，解决能源利用率、机动性与安全性方面的问题。该公司业务遍布全球，服务对象包括汽车制造商、工业电子产品提供商、芯片与安全服务商，以及信息和通信技术提供商。英飞凌公司面临的业务挑战包括需求变动过快、产品交付周期较长、资金投入超额、生产与供应体系较为复杂等，因此需要具备迅速识别需求变化并做出响应的能力，也要将生产任务合理安排给分布在全球的20余家工厂。

2. 解决方案

该公司决定重新构建生产计划流程，引入新的工具与技术，全面增强各部门与分公司应对市场变化的能力。在信息技术部与业务部的通力协作下，历经两年时间完成了生产计划流程的重新开发。

起初英飞凌公司尝试自主开发销售与运营计划工具，但由于开发出的工具拓展性与集成能力不足而未能采用。之后便选择与JDA软件供应商合作，双方曾就计划方面的业务有过合作经历。

来自JDA公司的咨询专家首先熟悉了英飞凌公司的业务流程，尝试提供合适的系统解决方案。这一合作项目中，JDA公司基于英飞凌公司销售与运营计划系统开发出了新的功能模块——交互式粗估产能计划，用于同步英飞凌公司需求、供应、产能与装载计划，并通过多维数据视图呈现。

3. 应用效果

新功能上线之后，销量预测、定价与产能等信息可以集成在仿真模型中，根据业务变化实时调整。英飞凌公司能够纵览运营与预算计划，快速了解市场需求变动情况，根据产能限制提前调节需求，发现提高产能的机会（合约商建立了分公司，可能会增加订单）。

实施销售与运营计划之后，英飞凌公司实现了如下目标。

（1）计划制订的工作量减少了30%。

（2）完成滚动式预测需要的时间从4周降到了2周。

（3）计划误差减少了90%。

（4）计划“扰动”现象出现的频率变为原来的1/10。

（5）提升了预测的准确率。

更为重要的是，英飞凌公司目前进一步优化了协作式计划系统，大幅提升了系统敏捷性与响应速度，实现了需求、供应、产能与运载数据的同步计算与分析。

案例2：兰斯公司推动企业销售与运营的协作

1. 业务挑战

兰斯公司是一家零食产品制造商与分销商，主营产品有曲奇、咸味饼干、坚果、薯片等，产品系列多归于兰斯、金宝汤与汤姆公司旗下。该公司支持将货物运送到店，销售路线多达1,400条，通过独立分销商与工厂直接将货物运送到零售商门店。该公司面临的业务挑战是流程可视化程度不高、需求预测准确率与产品鲜度有待提升。

2. 解决方案

为提升流程可视化程度、需求预测的准确率和产品鲜度，兰斯公司采用了Logility的远航者销售与运营计划系统，将销售数据、生产数据、财务数据、市场数据、运输数据与采购数据汇总到核心数据库进行分析。实现数据和信息的集中分析之后，该公司制订销售与运营计划的流程效率不断提高，分析结果也更为清晰和准确。兰斯公司发现在系统自动化流程的帮助下，可以将计划流程缩短数小时甚至数天，简化生产计划步骤，迅速完成业务数据分析。

该系统的宗旨是提升兰斯公司的业务流程可视化程度、需求预测准确率和产品鲜度，以帮助该公司区分出对业务盈利贡献最大的客户与渠道，优化产品结构与原料采购策略，实现利润最大化。Logility 的远航者销售与运营计划系统还可以进行多种场景假设分析，评估关键决策的影响，制定风险应急策略。

3. 应用效果

使用了该销售与运营计划系统之后，兰斯公司的需求预测准确度有所提升，库存持有天数和库存水平有所下降，相关部门之间的协作配合大幅增强。这项新技术使兰斯公司做到了以下几点。

（1）需求预测准确率由 50% 增至 70%。

（2）库存持有天数降低 20%，从 5 天降为 4 天。

（3）处理了两个仓库的囤积存货。

（4）加速销售与运营协作流程。

（5）优化业务并购流程。

案例 3：大陆磨坊公司应用销售与运营程序提高生产效率

1. 业务挑战

大陆磨坊公司成立于 1932 年，主营产品有松饼粉、烘焙用料、饮料混合剂和面包黄油等。该公司在美国境内共有 3 家制造厂。随着产品类型与客户数量的不断增长，供应链系统与流程越来越无力应对复杂的业务环境。

大陆磨坊公司的销售与运营计划按照由上至下的流程制订，高管会参加月度会议共同商讨计划。供应链团队成员的日常工作安排相当密集，业务繁重，来自上下游各方的邮件和报表数不胜数，有时可能还会出现数据无法核对的问题。尽管没有人了解追踪和调整数据究竟投入了多少时间和精力，但如此煞费苦心之后却发现大部分都是重复劳动。

此外，该公司内部的沟通存在壁垒，各个部门的预测方案分析的角度与内容都互不相同。

2. 解决方案

面对重重困难，该公司迫切需要寻求新的解决方案管理不断增长的业务，最终选择了 Logility 的远航者销售与运营计划系统。

该系统的作用之一是帮助大陆磨坊公司的四大业务部门维持独立运作与管理，但同时也规范了业务框架，有助于各部门从推动公司整体业务发展出发制定决策。

在远航者销售与运营计划系统的帮助下，大陆磨坊公司将原来基于电子表格、维护困难的需求预测流程转变为统计型预测流程，节约了流程处理与数据追踪占用的大量时间。该公司在需求预测与业务分析方面表现出众，各业务部门仍保持独立运作。每个月制订销售与运营计划的时间比以往减少了 40 ～ 50 小时。

销售与运营计划系统帮助该公司简化了生产计划流程，改进了生产设备的产能规划方式。

3. 应用效果

数据显示，一个销售年度之内，新的销售与运营计划系统取得了以下成果。

（1）库存周转率提升 20%。

（2）提升需求预测过程中的资源效率。

（3）部门需求预测误差降低了 50%。

（4）服务质量达成率上升到 99.48%。

（5）提升了数据准确度与业务流程可视化程度。

案例 4：瑞德士在外包策略造成企业危机后着力改善销售与运营程序，大力推广相关工具以提升运作效率

1. 业务挑战

瑞德士公司位于俄勒冈州希尔斯伯勒市，是一家嵌入式系统与相关技术开发提供商。该公司之前采用的销售与运营计划系统相对落后，于 2009 年尝试业务外包，结果导致业务可视化程度不足，流程管理相当困难。

可以发现，合约开发商掌握着供应数据，而瑞德士公司掌握着需求数据，两者无法进行整合分析。瑞德士公司的销售与运营计划系统由公司多年前自行开发，系统漏洞与问题非常多。

瑞德士公司原有的销售与运营计划系统只能完成月度预测，而合约开发商却是以周为单位做业务规划，并每天给客户提供数据分析报表。尽管瑞德士公司的业务外包策略是为了节约成本，却造成了更多、更严重的问题，影响到整体的业务。

2. 解决方案

瑞德士公司迫切需要实现供应与需求数据的集成，包括合约开发商的数据。于是购买了 Steelwedge 需求、销售与运营计划系统的授权，使用 icon-scm 系统实现需求管理与订单排序。Steelwedge 是基于云端的综合型业务计划系统，操作界面和系统易于配置与使用。通过 icon-scm 系统，瑞德士公司能够清楚地看到每个业务决策对公司、客户及供应商的影响。通过制订供应链计划与供应链集成计划解决方案，将业务可视化程度最大化，也将响应时间降到最短。

3. 应用效果

Steelwedge 与 icon-scm 系统的运用让瑞德士公司具备了更强的意外处理能力，让员工摆脱了低效、繁杂的工作，创造了更大的价值。瑞德士公司的员工目前更多地集中于业务分析，而非基础性工作，充分发挥了自身的潜能。

新型策略的成果具体表现如下。

（1）改善了业务预测、需求供应链管理、销售与运营计划制订的流程。

（2）降低了业务外包策略的成本，转亏为盈。

（3）汇总并统一处理需求方、供应商与合约开发商的信息。

（4）将供应链计划与公司的财务计划结合，形成了综合性的销售与运营计划环境。

（5）销售与运营计划预测周期长度由 2.5 周缩短至 1.5 周。

瑞德士公司能够更快速地抓住市场机遇和了解客户需求，这对增强企业竞争力极为重要。

第三部分会继续讨论 SCOR 模型中原料采购的相关内容。原料采购对企业成本与生产效率影响重大，原料与物流费用占到企业销售成本的 50% ～ 70%。

参考文献

[1] Continental Mills,“Logility Voyager Solutions Case Study”.

[2] Dougherty, John, and Christopher Gray, *Sales and Operations Planning—Best Practices*. Trafford Publishing, 2006.

[3] JDA,“Infinite Possibilities: Infineon Technologies Takes Planning to the Next Level with JDA S&OP”(Case Study), 2014.

[4] Lance,“Logility Voyager Solutions Case Study”.

[5] Viswanthan, Nari,“S&OP—Strategies for Managing Complexities with Global Supply Chains”, Aberdeen Group, 2010.

[6] “Leading High Tech Company Has to Improve S&OP Process, Supporting Tools Rapidly After Outsourcing Strategy Leads to Real Challenges”, *Supply Chain Digest*, July 24, 2013.

| 第三部分 |

采　购

本部分包括以下 2 章。

“物料需求计划”关注精益理念与物料需求计划的配合。精益化的目标是尽可能实现人力、物力与实际需求的精准匹配，物料需求计划的目标是实现企业整体需求与业务运作情况的可视化。

“采购与电子采购系统”关注精益技术对支持采购流程自动化及流程改善实现的作用。企业利用电子采购技术可提升采购流程运作效率。

09

物料需求计划

采购与订购的定义

生产计划会生成物料需求，采购自然是下一个关键流程。制造商需要采购原料与备件，商品批发商、分销商和零售商需要采购产成品。

对绝大多数企业而言，购买原料、备件与服务的成本占总成本的比例相当高，因此采购是供应链管理过程中至关重要的一环，应当实现充分可视化。

订购是企业的基本业务环节之一，本书对其的定义是“购买产品和服务的交易过程”。在商业环境中，订购包括提交采购订单与处理订单两个过程。本书对订购的定义可以将其与日常采购和战略采购区分开。

（1）日常采购（亦称为供应管理或寻源采购）——企业以合理、合法的方式从供应市场获取所需产品或服务，用于自身生产（直接）或正常开展经营活动（间接），其核心环节是订购。

（2）战略采购——战略采购有别于日常采购，侧重于衡量采购与采购决策对供应链上下游的影响，要求采购部门通过充分的跨部门合作，实现企业整体业务的战略目标。战略采购要求企业完成供应商与供应市场的年度（或季度）绩效评估，制定能满足整体业务规划、实现成本与风险最小化的采购策略。

订购流程

订购流程始于实体货物或服务的需求，本节将详细讨论。图 9-1 为订购流程文件，通常也是订购系统的核心流程。

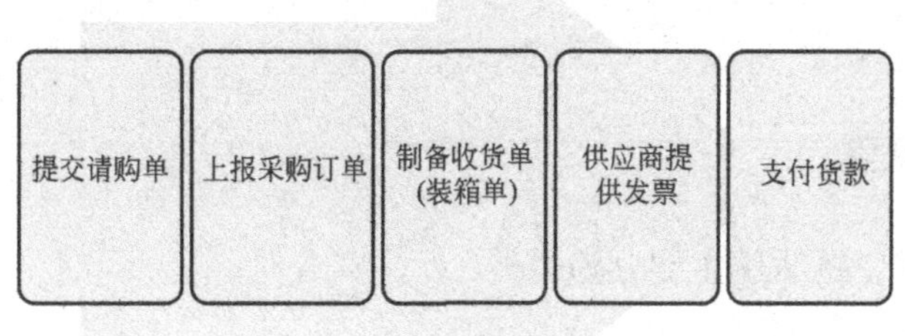

图 9-1 订购流程文件

采购订单（PO）分为以下这些种类。

（1）标准采购订单——一般在对采购产品的种类、定价、交付时间、付款条约较为了解时创建标准采购订单，常用于一次性采购。

（2）计划采购订单——一般在了解采购产品的种类、定价、供应商交付时间、付款条约，但尚未确定需要时间的情况下创建计划采购订单。

（3）一揽子采购协议——一般用于需求方尚未确定购买数量、价格与需要时间的情况。在需要时，企业才会发送一揽子协议，通知供应商最终的购买数量、交付时间与价格。

（4）合同采购订单——一般用于未确定购买对象，仅确定供应商和购买金额的情况。合同采购订单仅包括供应商、供应商地点、付款条约与管制协议的细节等内容。在实际需要时，企业将根据合同采购订单创建标准采购订单。

采购订单的条款和条件可作为双方交易的合约。供应商负责交付产品或服务，需求方负责记录交货情况（通常在完成到货检验之后进行）。之后由供应商提交发票，需求方对发票与采购订单、货物签收与检验文件进行核对。最后，由需求方根据采购订单的付款条约完成支付。

业务采购类型

企业的业务采购主要分为两类。

（1）商品采购——中间商采购并进行重新销售以满足市场需求的类型。代理商、零售商、批发商会进行商品采购，并通过各自的分销渠道将商品销售给消费者。

（2）工业采购——采购人员购买能够直接用于成品生产的物料，包括原材料、元器件、生产用品与耗材、生产器械、公司设备与办公用品等。工业采购主要分为直接采购与间接采购，工业采购是直接采购还是间接采购取决于所需货物与服务的用途。

直接采购指与生产直接相关的产品或服务的采购，间接采购指业务支持性产品或服务的采购，相关内容在第 4 章中有详细描述。

本章主要讨论中短期工业采购的流程与应用技术。如第 7 章中所讨论的，制造业企业一般使用主生产计划（批发商和零售商则参考采购计划）确定终端产品与产成品的物料需求类型。本章讨论的是物料需求计划及最常用的需求（包括生产终端产品所需要的原料、备件、元器件、零部件等）计算工具。

物料需求计划的定义

主生产计划的独立需求类型确定之后，可通过详细的物料清单确定原材料与元器件的需求细节（即相关需求）。

使用物料需求计划模型需要的信息包括主生产计划、物料清单（类似于多级列表）、库存余量、交付周期与预计入货量（采购订单、生产订单）等。

信息输入须保证准确、及时，否则就是“无用信息输入，无用信息输出”，会直接影响生产效率，还会降低客户满意度。

主生产计划与物料需求计划的运作机制基本一致，采购人员根据主生产计划的独立物料需求制作物料清单，再将其细化为物料需求计划中的相关物料需求。分析处理需求预测、库存余量、在产品生产订单及采购订单等信息之后，可更新未来的计划产出量。更新周期以周或月为单位，除去独立需求物料的交付时间之后，就能得出计划订单的补货需求量。

以自行车的生产为例，图 9-2 展现了第 8 周 75 辆某型号的自行车按照毛需求量生产的基本计划流程（主生产计划中，毛需求量指规定时间段内“终端客户提交的订单数量”）。一般而言，独立需求需要明确安全库存或安全生产时间目标。为便于描述，本例没有明确这两项指标。该型号的自行车库存有 50 辆，第 8 周之前的净生产需求量为 25 辆。也就是说，将部件交付时间计算在内，生产 25 辆自行车所需的 50 个车轮与 25 个车身要在第 6 周到位。这两类物料清单的数量增长会体现为物料需求计划中车轮与车身的毛需求量的增长。接下来系统将会计算车轮与车身生产所需计划产出量与采购订单（按照品类依次往下分解）。

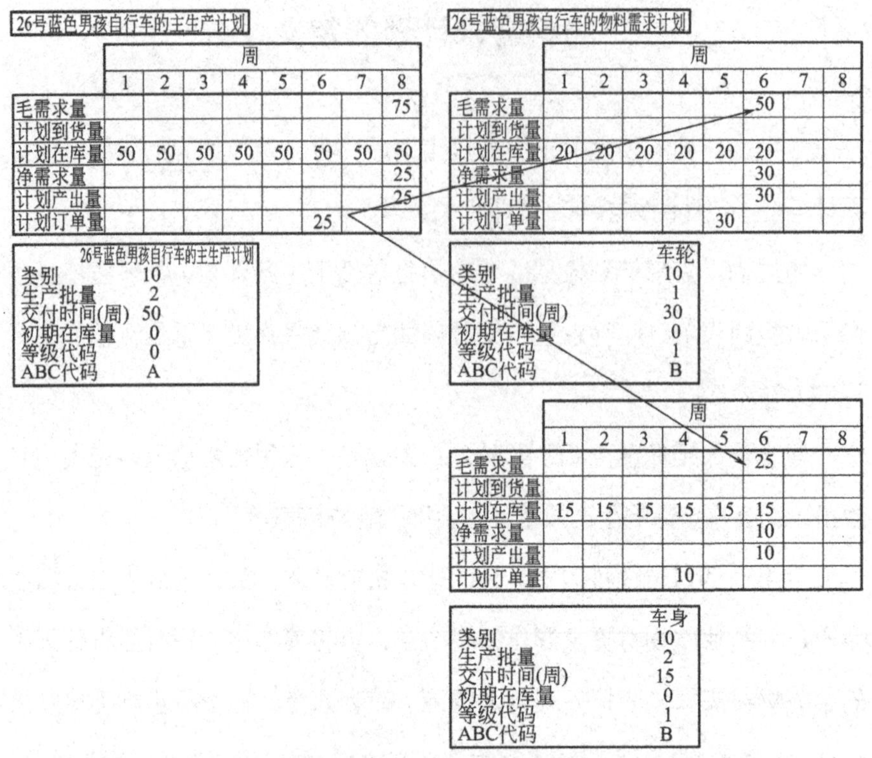

26号蓝色男孩自行车的主生产计划

	周							
	1	2	3	4	5	6	7	8
毛需求量								75
计划到货量								
计划在库量	50	50	50	50	50	50	50	50
净需求量								25
计划产出量								25
计划订单量						25		

26号蓝色男孩自行车的主生产计划	
类别	10
生产批量	2
交付时间(周)	50
初期在库量	0
等级代码	0
ABC代码	A

26号蓝色男孩自行车的物料需求计划

	周							
	1	2	3	4	5	6	7	8
毛需求量						50		
计划到货量								
计划在库量	20	20	20	20	20	20		
净需求量						30		
计划产出量						30		
计划订单量					30			

车轮	
类别	10
生产批量	1
交付时间(周)	30
初期在库量	0
等级代码	1
ABC代码	B

	周							
	1	2	3	4	5	6	7	8
毛需求量						25		
计划到货量								
计划在库量	15	15	15	15	15	15		
净需求量						10		
计划产出量						10		
计划订单量				10				

车身	
类别	10
生产批量	2
交付时间(周)	15
初期在库量	0
等级代码	1
ABC代码	B

图 9-2　26 号自行车按照毛需求量生产的基本计划流程

理论上讲，原料或部件需求属于成品制造需求，无须规定安全库存或安全生产时间。然而实际活动中，原料和部件也经常会出现质量不达标等问题，同时还存在最小起订量的问题，因此制定安全库存标准很有必要。

实际需求量通常是经过多种批量计算工具汇总所得，常用方法有“按需订货法”（即需要多少订多少，无起订量限制），适用于准时生产、经济订货等模式。

对于生产周期较长的品类，可规定“订单时间”，将分散的订单整合在一起生产，而不是分多个散单排产。制造商可制定购买物料或部件的最小起订量（具体数值根据情况而定）。因为这样可能会增加存货成本，所以一般适用于生产周期较长的产品。

MRP 与 DRP 中的“R”代表需求，通常不仅指物料需求，也包括计划涉及的其他资源，如人力、设备和器材等。对这类闭环系统，计划人员可在周期产量限额的基础上，使用工具（手动或自动）调节系统的需求数量，按照预先设定的生产优先级规则排产以满足生产需求，如订单分割（分两批生产同一个订单的需求）和订单重叠（订单的需求的部分数量在第一批完成，其余的在第二批完成）。

部分闭环系统具备产能需求计划（Capacity Requirements Planning，CRP）能力，可以更加细致地评估生产能力（通常由前文提到的粗估产能计划系统完成）。物料需求计划每次都会对生产车间控制系统的计划与实际制造订单进行详细分析，完成之后系统会继续分析产能需求，以更详细地罗列出各个制造车间的产能要求。需求产能要与现有产能进行对比分析，并对制造车间设备的负载与超载情况进行记录。

实际生产过程中，产能需求计划通常不属于交互式计划范围，更多的是用于数据验证。产能需求计划通常不设置约束因子，也不考虑生产器械或车间的产能约束。

可以看出，应用产能需求计划（或更高级别的粗估产能计划）能够避免大量的资源浪费，如节省计划制订的人力和时间，避免因为计划脱离实际引起的内部冲突、客户催单、库存短缺和临时加班等问题。

最后，独立需求与相关需求的计划单可用于创建短期生产计划的制造单和采购单，既可以手动操作，也可以通过 ERP 系统或会计系统操作。

精益理念与物料需求计划

物料需求计划诞生于20世纪70年代，由IBM公司的约瑟夫·奥利奇所创，起初是基于需求，计划和分期采购公司所需的部件与原料。该计划与主生产计划的需求（独立需求）预测关系密切。IBM公司首次使用计算机制作供货订单，效果十分卓越，因为IBM公司的许多产品需要的组件、元器件、备件与原材料等都有成百上千件。对于大型制造企业来讲，用计算机制作供货订单能够节约大量消耗在人工订货方面的时间与精力。企业处于“需求推动”阶段时就已开始制订物料需求计划，随着客户对缩短交付时间、减少订单数量的要求不断提高，物料需求计划也在不断优化。

精益理念盛行于20世纪80年代，其强调企业应提升生产效率，加快上市速度。该理念常用看板管理法将客户需求汇总、传递给供应链上下游，是典型的“需求拉动式”系统。在业务流程差异过大、生产运作模式复杂、产品品类繁多、需求各不相同等情况下，推行精益化管理会存在较大的困难。精益理念也没有充分强调实现供应链物料流转可视化的必要性（特别是在精益管理只集中于生产的情况下）。

一般而言，物料需求计划适用于产品品类丰富、制造流程多变、生产系统复杂的企业；精益化生产适用于产品品类相对单一、制造流程与产品组合相对固定、需求差异较小的企业。形成这种分类的原因在于物料需求计划与精益理念对库存的管理方法略有不同。物料需求计划通常要求有适量的成品库存，以满足客户未来可能的需求；精益化生产要求尽量实现按需生产，即准时生产，只生产客户订单需要的数量，不囤积任何库存。

自然地，物料需求计划与精益化在生产流程方面各不相同。使用物料需求计划的企业为保证成本效益，一般会避免小批量生产（没有实现精益生产）。而实行精益化生产的企业却更乐于接受小批量订单，因为其生产设备的配置十分简单。

卡罗尔·帕德克和查德·史密斯发表的《精益化的“好朋友”——需求驱动型MRP》指出，MRP与精益化可以成为优化业务流程的双驾马车，两者需要各司其职，实现各自的业务职能与目标。

（1）MRP的目标是实现企业整体需求与业务运作情况的可视化。

（2）精益化的目标是尽可能实现人力、物力与实际需求的精准匹配。

两者也都有不足之处。

（1）精益化主要依赖看板管理法拉动工厂传递物料需求，无法很好地与制造车间、企业和供应链等其他模块实现信息交流。

（2）MRP关于需求与供货订单的规则过于复杂，会妨碍正常生产。帕德克与史密斯认为计划人员应当具备“去耦合”的能力，以消除流程差异、缩短交付时间、实现业务成本最小化。之后，可根据销售订单量（而非预测订单量）来安排生产优先级。

流程的可视化与协同化对业务运转都是有利的，应用MRP软件的公司与计划人员与精益化生产的支持者具有共同的目标和立足点。然而，在双方达成共识之前，MRP软件仍需要完成多方面的优化。

例如，《生产制造软件如何调整才能适用于精益化理念》一文指出：MRP软件的支持者认为，随着生产制造流程的不断复杂化，企业需要使用规范的计划工具准确预测生产需求。而精益理念的支持者认为，所谓的计划工具实质上会妨碍企业制订准确的生产计划，因为这类系统运作过于缓慢，处理事务过于密集，分析的数据常常是过时的，企业无法了解一线的实际情况，也难以应对需求变动。

该文章也描述了通过升级生产软件，以达到精益化生产的3种方法，并建议将精益理念与原则引入生产软件的前端界面与核心流程当中。

（1）将价值流映射到软件核心流程。

清楚企业信息与物料的流动情况对识别和消除业务瓶颈大有好处。

（2）严格监控生产周期。

生产周期是衡量精益化生产的重要标准，必须实时监控各个订单的生产周期情况，并不断改进，这需要不断评估生产状态与产能利用率。

（3）定位需要增加或减少库存的仓库。

生产软件不仅应当展示库存的品类和数量，还应当显示工厂乃至整个供应链中库存的位置，有助于更好地消除差异性，避免库存短缺。

本顿和申何贞同样探讨了MRP与JIT（常见于精益化生产模式）集成的相关问题。他们假设，在美国企业逐渐能利用生产计划系统支持准时生产（同时日本企业实现MRP系统的推广）之后，MRP与JIT的集成才有可能成为现实，并充分发挥各自的作用改善整体绩效。

两位学者认为促成这种混合型生产模式的因素有以下3点。

（1）准时生产技术在推行过程中存在执行性问题。

（2）企业（与研究者）对如何实现MRP与JIT系统兼容有了新的发现。

（3）MRP系统在长期产能计划方面具备灵活性，JIT系统在日常生产运作方面具备敏捷性，两者结合对业务有很大帮助。

总体上，上述论文都支持MRP与精益理念结合的观点，也认为这两个模块应并入生产执行系统中，因为 MRP 主要侧重于生产计划。企业无须将 MRP 系统彻底改变为精益化系统，但是应该使用精益工具，如批量生产与提前交货方法、看板管理法等，优化系统配置，完成与生产一线的信息融通。

物料需求计划技术

中小型企业使用电子表格或低运行成本的独立 MRP 系统，如 E-Z-MRP 公司开发的系统，如图 9-3 所示；大部分企业都运用 SAP、Oracle 等大型软件服务商开发的 ERP 系统，这些系统自带 MRP（一般也有 RCCP 与 CRP）功能。

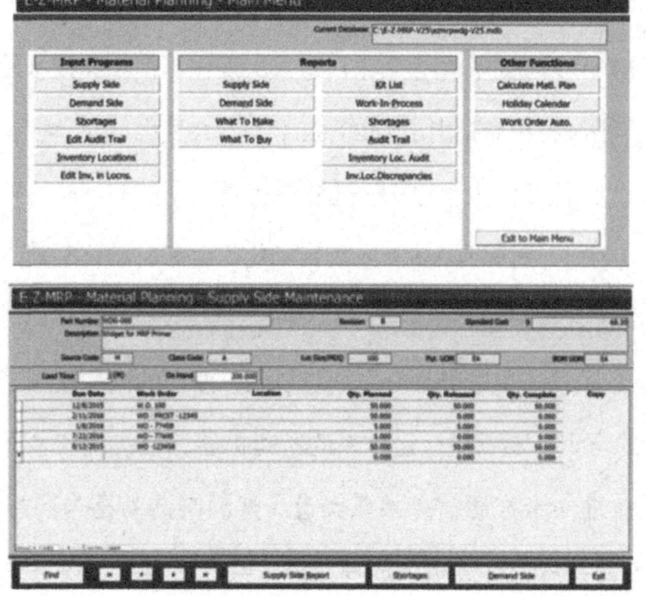

图 9-3 E-Z-MRP 物料需求计划的主菜单与物料需求计划模块截图

（Weeks 软件解决方案公司授权）

20 世纪 90 年代，ERP 是由 MRP 系统拓展出来的模块。ERP 系统与客户和供应商密切相关，能够实现多种业务流程的自动化与集成、通用数据库与商业案例的信息共享，支持实时信息更新，能完成从供应商评估到客户付款的业务流程全方位协同。目前，ERP 模块通常包含基本的 MRP 功能，能够管理财务预算、人力资源、供应链与客户关系，甚至是可持续性评估。

20 世纪 90 年代以来，ERP 系统不断发展和整合，包含了更加丰富的功能模块，如供应链（需求预测、库存管理系统等）、销售与运营计划等，并与生产执行系统（Manufacturing Execution System，MES）实现了更加紧密的集成。开发 ERP 系统的初衷是用于大型制造业企业，现在已普及到各行业的大中小企业。

尽管 MRP 系统的作用多年来没有太大变化，但相关技术始终在不断更新迭代。梅・科沃克指出了 MRP 技术的五大变化。

（1）系统恢复能力更佳——随着供应链上下游的不断延伸与业务场景的不断复杂化，对提升 MRP 系统自动化程度与自动化配置、应对潜在干扰因素的要求越来越高。

（2）数据共享更顺畅——系统越复杂，潜在的问题就越多，这是系统工程师的常识。随着供应链体系的不断扩展，要实现信息高效处理，就需要企业进一步打通信息共享渠道。啤酒制造商喜力很好地实现了通过 MRP 系统收集和分析供应商数据，其供应链上下游信息传递顺畅无阻。

（3）数据分析更全面——智能化 MRP 系统数据资源丰富，然而，能否有效利用是个大问题。在大数据时代，企业可以利用更智能的分析技术汇总并分析消费者、制造商和供应商的数据信息。

（4）库存记录自动化——物联网的发展势头也日益强劲，MRP 系统开发人员正尝试利用相关技术实现物料需求计划的流程自动化与自我预警机制，以提升效率与应对变化的能力。

（5）安装流程更简易——云服务对技术发展的影响不可小觑。尽管对 MRP 系统自身的逻辑强化作用不大，但云服务有利于实现系统软件的快速、低成本安装。

精益物料需求计划与技术的案例研究

下文将讨论通过 MRP 技术减少生产浪费的企业应用实例。

案例 1：加布勒机械公司上线“真正的”物料管理系统

1. 业务挑战

加布勒机械公司是一家航空设备制造商，主要业务是提供驾驶舱的设计和定制化服务，包括航空与飞行器等设备需要用到的驾驶器开关、外舱、液晶显示模块等产品。加布勒机械公司曾创建了一套基于订货点的伪物料需求计划系统，通过分析当前客户需求与历史需求数据确定公司需要采购的物料。其基本运作原理是基于过去已发生的情况决定未来的业务需求（假设历史会重演，然而事实并非如此）。

于是，该公司希望拥有一套基于 Windows 系统和 Oracle 数据库，且能够与其他第三方软件充分集成的物料需求计划系统。

2. 解决方案

加布勒机械公司成立了专门的业务团队，重新整理业务流程，尝试更新企业的应用系统结构。该团队向数家软件服务提供商询价之后，选择了 IFS 企业资源规划系统。该系统拥有真正的 MRP 功能，能够帮助加布勒机械公司更全面地理解实际业务需求，也能帮助加布勒机械公司有效避免由于不合理的物料需求分析导致的过量采购物料和生产备件的问题，减少了不必要的工作和库存。

3. 应用效果

IFS 系统运行之后，加布勒机械公司实现了对实际客户订单的分析与预测，这意味着公司业务部门可以根据科学的需求预测结果（而非历史数据）推进采购和生产。最终，产品数量减少了 50%，整体库存水平下降了 30%。过去，加布勒机械公司要完成一个零部件的发货流程，从订单提交到货物运输至少需要两天时间，现在一天内即可完成。

该系统还能够记录成品的备件序列号，以追踪其流转情况。在客户审核时，加布勒机械公司可以展示其产品使用的备件组件的来源和去向，这样的操作在之前简直是天方夜谭。

加布勒机械公司也将备件上线时间缩减至一个月以内，在产线开始组装之前，99% 的备件已经准备就绪。公司还为库存管理人员配置了笔记本电脑，让他们能够随时随地在线上查看提货单，迅速更新库存提货信息。

案例 2：雷神公司利用易事达公司开发的供应链管理平台精简物料需求规划程序，实现操作自动化

1. 业务挑战

雷神公司是美国的大型国防合约商，是美国国防、国土安全设备行业的科技创新领袖，致力于在全球发展国防技术并将其运用到商业市场，提供电子设备、任务系统集成化及一系列的任务支持服务。雷神公司的业务运转依赖复杂的 MRP 流程，利用自开发式打包软件系统完成产品与服务的输出，但存在以下问题。

（1）流程与系统呈“竖井式”——该公司的六大业务模块均有独立的 MRP 系统。

（2）手动处理工作繁重——这些 MRP 系统不能由供应商直接操作，所有的业务交流都需要工作人员参与，增加了业务的成本、时间与风险。

2. 解决方案

雷神公司决定重新搭建协作式 MRP 系统，选取易事达公司的供应链管理平台（SCP），预计实现以下目的。

（1）尽可能实现流程自动化。

（2）充分利用现有基础设备，将系统升级的影响与成本最小化。

（3）尽量确保客户与供应商的上下游信息同步。

（4）提升现有 ERP 系统的标准化程度与集成能力。

3. 应用效果

雷神公司的综合防御系统（IDS）部门率先使用 SCP 系统，并将原有系统的功能集成到新系统中。IDS 部门的物料需求计划更加精益、自动

化程度与标准化程度更高、协作流程更加完善，这减少了大量的手工流程，提升了生产效益，强化了与供应商的系统集成。

雷神公司预测，所有部门的系统升级之后，每年将能因此节约 30 万美元，业务得到改善的方面如下。

（1）可靠性增强——供应商准时供货能力提升 10% 以上。

（2）流程简化——新系统能够减少手工信息输入、打印 / 复印、电话 / 邮件等冗余、耗时的环节。

（3）节约人力——系统升级之后可大幅减少工作量，平均每个部门有 12 ～ 15 名员工能够去创造更多的价值。

在第 10 章中，我们将讨论精益采购流程中技术的使用情况。精益采购与日常采购相比，更加具有策略与管理意义，并与本章提到的 MRP 系统有直接关联。

参考文献

[1] “A Picture Perfect MRP Implementation Helps Traffic Enforcement Camera Maker to Profitability” (Case Study), 2016.

[2] Abilla, Pete, “How Manufacturing Software Can Adjust to Lean Principles” , 2012.

[3] Benton W.C., and Hojung Shin, “Manufacturing Planning and Control: The Evolution of MRP and JIT Integration” , *European Journal of Operational Research*, Vol.110, No.3, November 1998, pp. 411−440.

[4] Gables Engineering, “Case Study, IFS Software” .

[5] Mae Kowalke, “5 Trends in MRP Technology” , *Inside-ERP*, July 21, 2015.

[6] Carol Ptak, and Chad Smith, “Lean Finds a Friend in Demand Driven MRP (DDMRP)” .

[7] Exostar Raytheon, “Raytheon Streamlines and Automates Its Material Requirement Planning Processes with Exostar’s Supply Chain Platform” .

10

采购与电子采购系统

采购流程

目前，MPS、采购计划、MRP 系统的中短期采购依赖各种技术。整体采购流程的长期全方位规划也需要技术的支持。

在第 9 章中，日常采购（也称为采购与供应管理）是指企业以合理、合法的方式获取所需的产品与服务，用于自身生产（直接）或正常开展经营活动（间接），其核心环节是订购。如图 10–1 所示，采购流程通常包括发现并确认需求、确定采购规范、识别与选择供应商、正确定价、提交采购订单、跟踪采购进度并确保正常配送、货物签收与入库、支付审批等。

发现并确认需求 → 确定采购规范 → 识别与选择供应商 → 正确定价 → 提交采购订单 → 跟踪采购进度并确保正常配送 → 货物签收与入库 → 支付审批

图 10–1　采购流程示例

准备与处理采购流程涉及的文件相当耗时，大多数企业都运用精益技术与其他流程优化技术简化文书工作，处理完成采购需要的文件。

第 9 章曾提到，采购流程中可能会存在多种不同类型的采购订单（如标准采购订单、一揽子采购协议等）。

电子采购系统可自动处理多项文件、信息，具体如下。

（1）识别需求，明确规范——明细表、工作说明书、产品规格说明、

客户订单 /MRP 系统说明、采购申请。

（2）选择供应商（已通过筛选审核）——公司采购卡、电子目录、电子数据交换系统、库存盘点、订货点。

（3）选择供应商（未通过筛选审核）——询价申请（RFQ）、信息申请（RFI）、方案征询（RFP）。

（4）提交采购订单——采购订单的审批、发布与确认，一揽子采购协议的发送。

（5）配送与签收——提货单、装箱单、异常报告、看板管理法、收货确认单。

（6）款项支付——供应商发票、采购订单与发票、付款票据、供应商交易记录。

如今，企业在采购技术方面不断加大投资力度。事实上，采购流程的各个环节都要依靠技术才能完成。

整体而言，用于提升采购流程运作效率的工具泛指电子采购。企业利用电子采购技术，实现文件的自动化处理，以及信息的电子化传递。

精益管理与采购

根据行业的不同，供应链成本占企业销售成本的比例为 50% ～ 80%，因此消除资源浪费十分有必要。

精益采购中，企业对供应商的定位与交易方式与以往不同，企业要巩固合作关系、增强协调与合作、充分利用技术工具提高准确率、时效性与运作效率。

过去，供应链管理主要基于成本考虑，涉及众多的供应商。尽管这种模式现在仍然适用于部分业务场景（如大宗商品），但精益采购强调的是企业应与优质供应商维持长期的合作关系，减少对低成本供应商的依赖。例如，摩托罗拉公司摒弃了传统的供应商竞标模式，关注供应商的质量与可靠程度。有时，该公司与供应商签署的合同贯穿产品的全生命周期。高质量的合作关系对企业与供应商双方都大有裨益，其价值体现在规模经济效益与业务的长期改善方面。精益供应链与传统供应链的特征如表 10-1 所示。

表 10-1　精益供应链与传统供应链的特征

特征	传统供应链	精益供应链
供应商	数量较多	数量较少
业务交流	对抗式	协作式
企业关系	取决于业务	长期
首要合作因素	价格	业绩
合同有效期	短期	长期
未来定价	增加	减少
交付时间	较长	较短
订单数量	大批量	小批量
货物质量	抽查成本高，难度大	从源头保障物料质量
库存（供应商与客户）	较高	最小化
信息交互	单向模式	双向模式
灵活程度	较弱	较强
产品开发作用	较小	较大（协作）
相互信任度	信任度低	充分信任

由于双方信任度不断增加，供应商会更愿意参与准时生产流程，与企业共享生产进度情况，并提供专业性建议。例如，塞斯纳飞行器制造商在堪萨斯新建工厂之后，与部分供应商建立了货物托运与供应商库存管理系统。霍尼韦尔公司是其供应商之一，能够参与飞行器备件制造现场的生产维护当中。其他供应商则通过周边仓库确保产线每天的备件供应。这对塞斯纳公司来说是互惠双赢的模式，既可以充分保障准时化备件库存补货，也可以让供应商对公司的生产需求有更深入的了解并提供优化产品的专业建议，这也极大地促进了双方之间的合作关系。

对此，有些供应商可能会存在顾虑，如过度依赖单一客户、缩短交付周期、减少订单数量可能会对企业自身发展造成影响。因此，与供应商的实际合作中，企业须确保供应商有充分的合作意愿，愿意充分共享成本信息、业务培训与专家团队等资源，而不单是“让对方看到种种问题与障碍”。

当然，企业还要准备备用计划，只有在风险极低的情况下才能采用单一货源采购（即一种物料只有一家供应商）策略，如商品类原料、替代率高的备件。

采购过程中有很多环节可以达到精益管理。

（1）准时化（类似于上文塞斯纳公司的案例）——供应商库存管理系统也相当实用，供应商可通过该系统管理客户的备件库存与供应情况（见第 19 章）。

（2）批量大小与交付时间——少量多次生产能够有效减少库存与缩短运作周期。

（3）一揽子采购协议——客户只和供应商签订一份协议，约定一个时间段内分批交付的日期，价格往往是提前确定的。

"不能度量的事情无法优化"适用于本书所讨论的所有问题。通过实施精益化评估，从供应商角度出发思考问题，可以影响供应商的精益管理能力，通过流程优化达到目的。

除优化采购流程之外，实现采购相关文件的电子化生成与交互对企业有以下作用。

（1）减少大量的文书与文书处理工作。

（2）减少核验文件真实性所需要的时间，缩短订单发放与签收的周期。

（3）改善内部业务部门以及企业与供应商之间的信息沟通。

（4）降低错误率。

（5）减少采购过程中的管理成本。

（6）减少工作人员处理采购订单与发票占用的时间，集中人才于战略性增值采购项目。

采购技术

当今企业可以利用许多技术来实现流程自动化和改善自身采购流程。本书将电子采购定义为B2B采购以及通过互联网出售产品与服务的过程，其可以与企业内部电子化采购流程与系统实现集成，如图10-1所示。

有的采购系统包含电子采购功能，这类软件的供应商分为两种。

（1）企业资源计划系统供应商支持将内部采购（包括独立MRP系统，如图10-2所示）与电子采购作为系统功能模块组件。

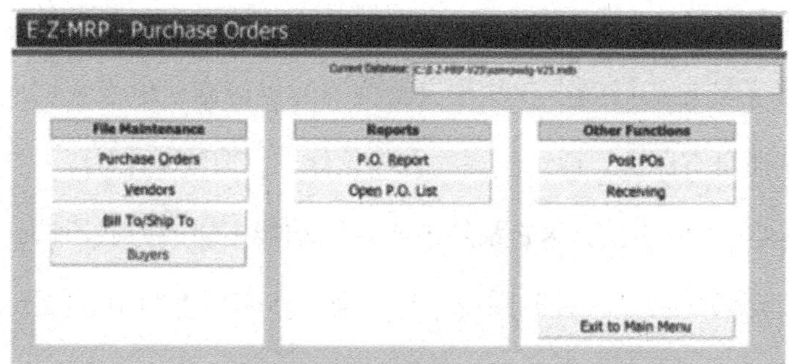

图 10-2 物料需求计划的采购订单主界面截图（Weeks 软件解决方案公司授权）

（2）专注于电子采购的软件供应商。

采购系统软件是用于实现（进而改善）物料采购与库存管理流程自动化的计算机程序或产品套件。通常，采购模块包括的流程依次为生成采购订单、线上管理订单进度、检验货物与票据是否对应、线上支付费用。一般而言，现在的系统已经实现电子采购功能模块的集成，充分利用了互联网的强大功能。因此，企业应用采购系统软件能够简化工作流程、降低成本、独立核算采购在整体业务中的成本支出情况。

采购系统软件有助于管理各种活动，包括以下内容。

（1）基于需求创建采购订单。

（2）验证采购订单。

（3）提交、审批或驳回采购订单。

（4）自动发送电子采购订单。

（5）确认或取消采购订单。

（6）确认收货后，更新财务与库存状态。

（7）收集和分析数据，提升利润。

（8）精简与规范行政管理（如一般的采购系统支持多种货币，以及自动化支付与付款审核工具）。

这类系统也能帮助企业联系大量优秀的供应商，供专业供应链业务人员挑选质量有保证、性价比高的合作伙伴，完成物料采购。

与 SAP、Oracle 的 ERP 系统内嵌采购功能模块的方式不同，目前也存在多种形式的独立式采购系统。查尔斯·多明尼克列出了如下 10 种独立式采购系统。

（1）预算分析式——允许企业在系统支持的范围内挑选采购模式，如供应商采购模式，以节约成本、改善生产性能、提升整体效率。大多数预算分析式系统的软件开发商公司已被其他采购系统软件开发商收购。

（2）挖掘供应商式——支持企业搜索满足要求的供应商，企业可按照产能、位置与品类多样性等条件进行筛选。常见的有 ThomasNet 与 Ariba 系统。

（3）供应商信息管理式——支持企业高效地收集并整理供应商信息，包括从供应商处直接获取的合同信息、认证情况等。常见的有 HICX 与 Hiperos 系统。

（4）电子化选商式——支持企业迅速获取供应商的报价与方案，可以通过保密方式传输信息，也可以列出供应商排名，提高竞争压力。常见的有 WhyAbe、K2Sourcing 与 Trade Extensions 系统。

（5）合约管理式——支持企业获取多种合同模板，实现合同审批、跟踪修正、到期通知与存储执行的电子化。常见的有 Selectica 与 Prodagio 系统。

（6）电子采购式——支持终端用户搜索供应商（已签署合约）提供的符合标准的产品与服务，创建请购单，然后转为采购订单（买方手动制作或系统自动生成）。常见的有 ePlus 与 eBid 系统。

（7）线上支付式——支持企业获取供应商开具的电子发票，确保信息传递无误。这类系统可能包含“动态修订”功能，支持供应商修改为企业提供的货物数量，让供应商在完成交付之后能够早日拿到款项。常见的有 Taulia 与 Tradeshift 系统。

（8）供应商管理式——支持使用手动或记分卡的评分方式来评估供应商绩效，也可以与其他系统集成，了解到真实的供应情况；还可以加入风险评估功能。常见的有 Aravo 与 BravoSolution 系统。

（9）综合式——支持供应商直接付款，通常称为“采购到支付”（Purchase to Pay，P2P）流程。提供可选供应商报价的系统称为“来源到支付”（Source to Pay, S2P）系统。常见的有 Coupa 与 Puridiom 系统。

（10）整合式——包括上述大部分甚至全部功能的系统，常见的有 GEP、Zycus、SciQuest 与 iValua 系统。

精益采购与技术的案例研究

下文将讨论通过 MRP 技术精简采购流程的企业应用实例。

案例 1：东芝半导体公司启用在线供应商协作系统

1. 业务挑战

东芝半导体公司需要全球运营商的实时信息，以确保第一时间了解市场动态、保持行业领先地位，因为缺少真实的市场信息会限制企业的竞争力。原来，各地采购人员就近购买物料，买方、工厂与总部无法实现信息共享与同步，其主要原因是没有核心数据库。

2. 解决方案

东芝半导体公司选择采用JDA系统进行预算管理优化，通过网络接口实现与客户和供应商的信息交互。该系统使东芝半导体公司可以查看实时销售数据，确保了数据的准确性。因此东芝半导体公司及其供应商能够通力协作，完成供应链采购的相关业务。由此，东芝半导体公司可以实现产品研发、原料选择、供应计划与采购等模块的系统集成。

东芝半导体公司的管理层决定使用JDA谈判及战略采购系统，直接采购物料、收集数据信息以支持业务决策。东芝半导体公司可以通过互联网向供应商发起询价、汇集所有员工的资源建立供应商数据库，以便日后挑选能满足要求的供应商，并为每个供应商打分排名。

3. 应用效果

通过成功运行JDA系统，东芝半导体公司重组了供应商数据库，提升了采购流程的处理速度、运作效率与可靠程度，增强了公司的竞争优势。目前，该公司在日本的6家核心工厂平均能处理7,000～8,000个报价申请。

东芝半导体公司认为，JDA系统提升了企业的业务运作效率，实现了智能化决策，从而让企业获得了较大的竞争优势。该公司预计会根据新的数据库信息，使用综合打分卡对供应商进行排名，以减少候选供应商的数量。东芝半导体公司也期待候选供应商能进一步优化其业务战略，能满足产品设计阶段的业务合作需求，因为这一环节至关重要，其成本占据了东芝半导体公司产品总成本的80%。

案例 2：科莱恩公司——提高跨公司生产效率，增加 SAP 软件投资效益

1. 业务挑战

科莱恩公司是一家专业化工品制造商，专营多个行业的特殊化工品。该公司希望改善供应商数据库中信息的准确率，巩固与合作伙伴之间的关系，优化付款周期。

2. 解决方案

通过部署 Ariba 的采购内容系统、PO 自动化处理与货款自动化支付系统，科莱恩公司能够使用既有的 SAP 和 ERP 系统完成所有货物与服务的间接采购。

3. 应用效果

科莱恩公司部署的 Ariba 采购内容系统能够管理 300 多种货物，将 PO 自动化处理系统应用到了 21 个国家，在德国与瑞士落地了货款自动化支付系统。同时，实现了与既有的 SAP 供应商关系管理系统的顺利对接与集成。

该公司也实现了对订单提报需求的管理，在位于全球各地的分公司推行用户友好性极强的系统界面，使采购像购物一样愉悦。科莱恩公司使用 Ariba 系统服务，在 Ariba 业务网络中汇总采购产品与供应商信息。

通过将 Ariba 的采购内容系统、PO 自动化处理与货款自动化支付系统与自身的 SAP 和 ERP 系统集成，科莱恩公司实现了采购所有间接货物与服务的目标，提升了订单准确率，降低了非归类订单出现的频率，简化了德国与瑞士分部的付款流程。在自动化系统的帮助下，采购人员能

够集中精力处理高价值业务，内部业务部门及企业与供应商之间的配合也更加紧密。

案例 3：亚德公司利用新型消费支付系统实现流程智能化

1. 业务挑战

亚德公司是欧洲的 IT 系统架构提供商，为客户提供适当的软件与硬件解决方案，帮助客户实现信息技术的采购、交付与系统运营等服务。

硬件设备是该公司主要的采购内容，相关业务流程由核心采购系统处理。亚德公司支持员工自主采购间接物料，部门领导做两次审批：第一次是采购订单审批，第二次是交付完成之后的货款支付审批。

2. 解决方案

亚德公司一直在寻求综合性技术解决方案，以实现采购、自动化付款、员工差旅费用的统一管理。该系统需要支持既有的去中心化采购策略（间接物料采购）、与现有的 ERP 系统与工资支付系统实现集成、保持用户操作界面友好。

亚德公司需要优化其采购、支付与成本开销处理流程，特别是要将付款处理、差旅与业务开销等费用处理流程集成到一起。该公司希望部门领导能够在系统中完成一键审批。

3. 应用效果

亚德公司从 Basware 公司购买了其采购系统的使用授权。员工能够在系统中创建请购单并得到部门领导的审批。在纸质发票邮寄到达之前，付款流程已经通过审批，可以完成线上支付，这减少了两位员工各 50% 的工作量。以下是亚德公司应用新型系统取得的成果。

（1）公司无须再对付款文件、发票所有人，以及审批文件进行反复核对以确认采购信息准确无误。

（2）采购系统实现了与付款、差旅及业务开销等费用，以及全部应付款项处理流程的集成，能够完成审批流程的自动化处理。

（3）邮寄付款发票的工作被划分到各个独立部门，实现了去中心化。

（4）企业部门之间无须互相传递发票，消费明细在内部系统上可见，各部门对预算支出情况掌握得更加清晰。

（5）亚德公司取消了高昂的出差预支付费用，支持员工使用个人信用卡。

通常，本章中讨论的采购与采购系统类型是 ERP 系统的功能模块之一，或能够与 ERP 系统集成。第 11 章将详细分析 ERP 系统。

参考文献

[1] SAP, "Clariant Cuts Costs with Ariba Solutions—Automating and Enhancing Procurement Processes".

[2] Dominick, Charles, "Ten Types of Procurement Software", July 1, 2015.

[3] JDA, "Enabling Online Supplier Collaboration at Toshiba Semiconductor Company".

[4] Heizer, Jay, and Barry Render, *Operations Management*, 10th ed., Pearson, 2011.

[5] Basware, "New Purchase-to-Pay System Allows Smarter Processes at Atea".

| 第四部分 |

生　　产

本部分包括以下 3 章。

“企业资源计划系统”关注企业资源计划系统在生产与内部供应链与物流等的流程作用。运用该系统有助于降低交易成本，提升信息的传递速度与准确率。

“生产执行系统”关注运用生产执行系统提升产能、缩短交付周期。精益生产执行系统架构既能帮助企业优化流程，也能用于分析多种数据，成为实时数据收集与标准化分析的平台。

“短期生产排程”关注运用短期生产排程来最大限度地缩短生产处理时间、提升生产设备的利用率、降低在产品库存，从而缩短客户等待时间。

11

企业资源计划系统

企业资源计划（ERP）系统的功能模块日益丰富，本书中的其他系统都可以集成到ERP系统当中。本章主要分析ERP系统在生产与内部供应链和物流等方面的流程。

尽管ERP系统并非单纯的供应链管理系统，但能够看出ERP系统的多项功能均与供应链和物流相关，如图11-1所示，特别是需求预测系统、仓库管理系统等附加功能。ERP系统原本是物料需求计划的拓展功能，用于实现企业内部、企业与客户和供应商所有相关业务流程的集成。企业的多项业务，包括财务管理、会计管理、人力资源管理、销售数据和订单录入、原料管理、库存管理、采购管理、生产排程、货物运输、资源管理、生产计划与客户关系管理等，均可在ERP系统中实现集成与自动化。ERP系统基于通用数据库与企业生产实践实时更新，打通了从供应商评估到付款结算的一系列流程。

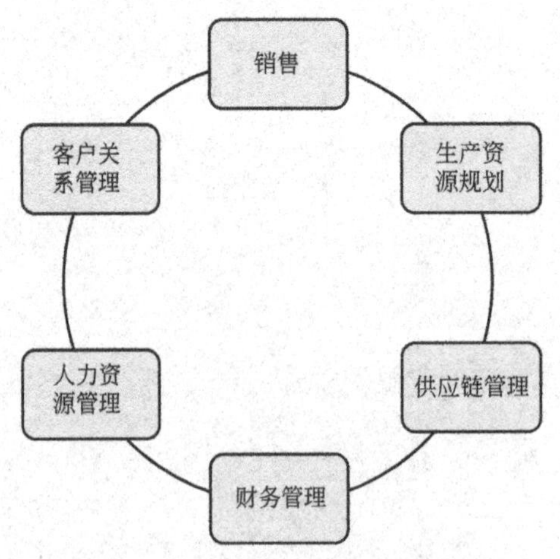

图11-1　ERP系统基础功能模块

电子商务系统需实时追踪与处理海量信息，相关企业意识到大量的信息都可以存储在ERP系统的数据库中，如各个仓库的存货水平、备件成本、预计发货日期等。因此，电商企业线上业务的重中之重是实现业务销售系统与ERP系统的集成。

运用ERP系统有助于降低交易成本，提升信息的传递速度与准确率，但ERP系统较为昂贵，安装流程复杂且耗时。

精益供应链与企业资源计划系统

许多人认为精益工具只是“换汤不换药”，没有实际意义，认为应该取消ERP系统。而事实是，由于ERP系统本身可以囊括日常业务中纷繁复杂的功能，包括财务总账核算、应付账款处理、采购、收货与订单管理系统等，因此对制造类企业而言ERP系统的流程应该尽可能简化。ERP系统的应用不应局限于处理既有的业务流程，也应当对其进行追踪和分析，以发现需要改善的地方。

此外，现在有许多ERP系统能够做延伸，支持价值定义和规范、价值流分析、流程图与需求拉动生产等体现精益理念的流程。ERP系统与精益化生产能够共同改善企业的运营情况，如降低库存水平、缩短生产交付周期、提升产品质量、改善客户服务等。

随着制造类企业（以及部分服务类企业）从规模化生产转变为精益生产，且供应链具备相应的应对和处理能力，可以说现在已逐渐进入技术驱动的精益化生产阶段。然而，企业务必要认识到虽然ERP系统能够支持与实现精益生产，但从实质意义上推动精益生产的是精益文化、人员培训与精益工具。ERP 系统可以支持并实现精益项目。

企业可以通过更新或修改ERP系统配置支持精益生产与供应链管理。然而在此之前，企业需要化解生产效率与客户服务和销售之间存在的各种矛盾。常用的精益化工具需要企业转变为小批量生产模式，缩短生产交付周期与生产设备安装时间等。这通常与销售部门要实现的营业收入目标相互矛盾，因为销售部门总希望库存充足，以防有客户下订单。精益生产排期应该在 ERP 系统中完成相关规则的配置，全面考虑销售预测与客户实际需求。之后在系统中设置业务度量标准与测试方法，并进行追踪与控制。

在生产运营的过程中，支持多种生产策略的企业的系统能够更好地发挥作用，如订货型生产、备货型生产、专项生产、顾客化生产等策略。采用备货型生产策略的制造商同样要考虑不同产品与备件的需求差异，利用物料需求计划系统分门别类地处理：需求水平稳定的品类可以采用备货型生产策略，需求水平变化较大且数量较少的 C 类产品（ABC 分析法）则采用订货型生产策略（也可以与备货型生产结合或直接采用备货型生产策略，通过增加安全库存的数量弥补需求预测不充分或没有需求预测产生的风险）。上述方式有助于提升大规模生产制造商的生产效率，以及企业对特殊订单的响应能力。

ERP 系统应具备支持拉动式生产模式的基本功能，如可根据下游需求规划生产品类与时间的看板管理。企业采用拉动式生产模式能够提升供应链的精益化程度、降低在产品数量、提升流程灵活度与响应能力、避免成品库存堆积。

随着供应链体系不断复杂化，ERP 系统应该支持多站点操作以匹配实际业务场景。不同场所的业务流程越统一，流程响应速度就越快。不论是否是直接下属分部，信息都可以畅通无阻地传递给供应链上下游部门，以及客户与供应商。企业可以利用多站点操作功能增强供应链上下游的协调和配合能力。

经过兼并或收购的企业需要高度重视主数据管理，尤其可能存在不同部门对数据的分类方法相同的情况。确保供应链上下游流程的可视化与集成化对实现精益化生产具有重要意义。然而，若同类备件的分类信息与具体数据存在重复，实现企业内部流程可视化与集成化就会遇到重重阻碍。即便是只经营一种产品的跨国公司的系统也应该具备多货币换算与多语言处理的功能，否则不同国家的客户或供应商可能会提交一样的信息，造成数据重复，阻碍企业推进精益化供应链管理。一般而言，企业应该为客户数量、产品代码等规定统一的编码方式，并将其集成到系统业务流程及生产计划中，以提升精益化供应链管理效率。

企业资源计划技术

ERP 系统软件有价值数十亿美元的庞大市场，能够满足多种业务需求。过去 10 多年以来，美国企业在软件系统开发方面的投资比例始终都是最高的。初期的 ERP 系统主要面向大型企业，而今，制造、批发 / 分销、医药护理、零售、住宿、金融服务等行业的越来越多的中小型组织都开始运用 ERP 系统管理业务流程。

ERP 系统软件供应商约有上百家。SAP 和 Oracle 等大型软件解决方案供应商能够承接价值百万美元的系统开发项目；中小型软件供应商则体量较小，项目费用最低的可能只有100,000美元，如Netsuite和Exact公司。不同ERP系统的区别主要在于实现的功能以及开发平台（例如，客户端/服务器、云平台类/按需构造类/软件即服务类）不同，有的系统可以适用于各行各业，有的则需要根据行业性质专项开发。

本章主要是讨论ERP系统的基本功能及其对精益供应链管理的影响，不会过于深入地讨论相关技术细节。但请各位读者谨记，如何正确地选择ERP系统至关重要。ERP系统影响着业务流程的准确性与运转速度，不但决定了企业是否能够实现精益化生产，还决定着企业是否能够在激烈的全球化竞争中有立足之地，这影响着企业的存亡。如果不能谨慎选择、精心管理，企业将会浪费大量的资金和人力物力，获得系统使用授权的费用已经足够高昂，而后期系统功能培训、专家咨询、技术支持与维护、硬件升级，以及定制化功能开发的成本会高达授权费用的3～5倍。

美国工业产业联合协会杂志为确定与实现ERP系统的功能提供了9条建议。

（1）获得上级管理层的支持——缺少上级管理层支持与协助时，下级部门在实施过程中可能会难以获得所需要的资源。

（2）选择系统供应商之前应清晰、有条理地整理业务需求——明确需求合理、边界清晰的系统范围是确保ERP系统能够成功实施的第一步。企业要区分自身特有的业务流程需求，以及通用的功能性系统需求。熟悉自身业务流程的企业人员应该从开始就与系统使用者、开发者和管理者保持密切的沟通和合作，确保ERP系统的功能与流程能够满足业务需求，解决业务问题。磨刀不误砍柴工，前期工作越深入、越细致，ERP

系统运行的效果就越令人满意，企业越能够切实改善业务运作流程。

（3）不要忘记移动端程序——单独开发桌面版的 ERP 系统不能够满足长远的业务需求，应该支持客户使用智能手机与平板电脑等设备随时随地处理业务，同时保证信息与系统无安全漏洞。

（4）选择 ERP 系统之前谨慎评估需求——企业应提供准确的业务描述与需求说明文档，列明系统功能的优先级与顺序，确保关键利益相关方充分参与前期评估工作，以保证后期的验收测试及用户接受度。

所选 ERP 系统应具备较强的报表分析与指标测算能力。企业应确保 ERP 系统中的报表能够用于分析业务、招聘等与资源分配相关的关键指标。

ERP 系统的集成能力至关重要，ERP 系统应该实现与既有企业业务系统或核心办公系统的充分集成。如果可以的话，选择在某一行业有多年系统开发经验的供应商，或者至少要求供应商在相关行业内有服务过的客户，以便进行前期调研与可靠性评估。

（5）获取参考信息——企业可与已应用 ERP 系统的同僚充分交流，学习优秀案例，总结经验教训，评估实际运行效果。也可通过行业协会获得各方对 ERP 系统的反馈、评价，从其推荐的供应商中筛选适合自己的供应商。

（6）仔细衡量定制化需求——谨慎权衡 ERP 系统中需要定制化开发的功能模块。需要牢记的是，定制开发要求越高，ERP 系统成本也会越高，而且会影响后续每一次系统升级的费用。企业也需要评估是否能够接受较长的开发周期。定制化程度低，ERP 系统的可变性也会变低，但是稳定性更强，启动、运行与维护的成本也会相应减少。

大多数企业的基本业务流程非常相似，如付款结算、营收核算和采购供应等（管理者可能不这样认为）。事实上，标准化的解决方案，因其经过了反复验证，是更为可行的方案。

要求定制化开发的功能需进行充分验证，因为定制化不只是编写和测试新代码这么简单，同样需要进行长期运维与系统支持，确保每次系统更新时不会出现问题。

（7）正确处理变化——多数 ERP 系统会对企业的组织架构与文化产生重大的影响。企业需要充分进行内部沟通，及时同步项目计划与进度，成立专项工作组掌控系统实施和应用的情况。

（8）安排企业内部员工参与 ERP 系统开发——不要完全依赖软件供应商的项目经理，企业需要安排优秀的员工全程参与，方便随时发现问题、规避各种风险。

（9）预留足够的培训时间与资源——企业需要预先发现各个部门的特定需求，预留充裕的时间完成培训资料的编写与培训课程的落地。客观条件允许的情况下，支持员工更加深入地了解 ERP 系统的运行逻辑，培养他们成为能够培训其他员工的专业人才（即完成“培训师的培训”），避免因为互相无法理解而难以沟通的情况。

精益供应链与企业资源计划系统的案例研究

下文将讨论应用 ERP 系统提升业务准确度、运作效率，以及时效性的企业实际案例。

案例 1：雷德福来尔公司与阿尔特咨询公司合作选取 ERP 系统，改善业务流程并推进系统实施管理

1. 业务挑战

雷德福来尔公司是北美地区比较有名的儿童折叠车与玩具制造商之一，其红色折叠车非常受消费者欢迎。

该公司希望使用统一的 ERP 系统规范其全球业务运营流程。由于旧的基于 AS-400 平台的 ERP 系统已经限制了企业的进一步发展，管理层希望能够通过提升供应链可视化程度、优化库存管理、提升销售预测的准确率、实现销售与财务处理流程的自动化、使用实时数据进行报表分析来实现突破。

2. 解决方案

雷德福来尔公司没有自己的 ERP 专家团队，便邀请阿尔特咨询公司的分析团队帮助自己搭建 ERP 系统与实现 ERP 系统功能。该团队分析了雷德福来尔公司的现状与理想状态之间的差距，提出了具有针对性的系统解决方案。

该方案呈现了业务痛点、业务瓶颈与流程中的资源浪费现象，并提供了相应的解决建议。

软件系统评估过程中，雷德福来尔公司聚焦于核心业务模块，整理了 ERP 系统用于改善业务流程的特性和功能，这也加快了系统选择的过程。该公司最终选择了基于 Oracle JD Edwards 平台的 EnterpriseOne 系统。

3. 应用效果

雷德福来尔公司支持聘请的专业咨询师充分利用智慧、经验与方法

论培训内部员工。

专业人员帮助雷德福来尔公司大幅减少了工作量，雷德福来尔公司十分高效地完成了业务流程差异分析，确定了对业务流程改善有帮助的ERP系统模块、性能与功能，最终以较短的时间完成了系统的选择和上线。

案例 2：福莱希皮普有限公司运用 IFS 应用软件提高流程灵活度

1. 业务挑战

福莱希皮普有限公司生产和销售螺旋式复合管道系统，这种管道系统用于油气收集、水处理等需要抗腐蚀、抗高压的应用场景。该公司原有的 ERP 系统的功能是经过高度定制化（不可升级）的，由于系统源代码需要不断修改，原有功能的运行屡屡受到影响，成为企业进一步提升运作效率的阻碍。

2. 解决方案

2008 年，福莱希皮普有限公司预测未来市场需求会大幅增加，需要新增 ERP 系统功能，如菜单模式要足够灵活。该公司经过评估之后，决定选择 IFS ERP 系统。IFS ERP 系统要达到的目的是：显著提升库存管理系统的运作效率、降低安全库存水平、提升货物运输速度。

3. 应用效果

福莱希皮普有限公司在使用 IFS ERP 系统之前，需要近一天半的时间完成产成品入库，而现在 20 分钟以内就能完成。现在，该公司的产品生产完成之后，从装车到运输出工厂的时间仅需 20 分钟，而以往通常需要几天的时间才能做到。

该公司之前也存在周生产排期问题。之前周一上午基本所有的时间都被用于处理上周末创建的生产订单，而新的ERP系统可以迅速地自动处理这些订单，并且能消除处理缓慢导致的延迟和滞留现象。

此前，由于存在大量周末未能及时关单的生产订单，该公司半成品备件的安全库存保留时间长达4天。运用IFS ERP系统之后，该公司的关单流程大幅加快，安全库存量降低了60%。

对于福莱希皮普有限公司而言，实现对管道配件产品的批次追踪至关重要。在使用旧版ERP系统到IFS ERP系统上线初期，相关的业务流程中存在大量没有增值作用的工作内容，如手动记录库存数量和生产订单数量、手动输入信息至IFS ERP系统等操作，而含有备件号和系列追踪号的运送和收货信息需要工作人员另寻时间处理。

新系统上线之后，福莱希皮普有限公司能够充分利用IFS ERP系统面向服务的系统架构，通过网络工具实现数据传递。员工可通过手持式移动设备扫描条形码，获取序列号、类型与批次数据并自动输入IFS ERP系统。支持条形码识别的功能极大地提升了精益化生产的效率，降低了出现错误的风险。

案例3：美国尼森·卡密泰克汽车零部件供应商运用综合质量管理体系ERP系统推进精益管理

1. 业务挑战

作为美国汽车零部件供应行业的领头羊，美国尼森·卡密泰克（NCA）充分认识到了日趋激烈的行业竞争态势，以及实现精益化生产的重要意义。该公司原有的ERP系统按照汽车制造商客户的要求定制，重重限制极为严格。美国汽车制造商的三大巨头联手为其供应商设计了这一 ERP 系统，但其并不能真正满足 NCA 的业务需求。这一 ERP 系统流程冗余，需要大量数据输入和系统日常维护工作，这成为 NCA 实现精益化道路上的障碍。

NCA 始终在寻找更加适合自身业务的软件系统，最好是为汽车制造行业的合约制造商量身打造的。管理层希望能够全面实现流程自动化，特别是电子数据交换、出标贴标、质量管理等功能的自动化，以确保产品能够满足汽车行业的合规要求，同时还要确保系统具有较强的鲁棒性与可扩展性，确保系统满足客户的质量标准与业务处理要求。

2. 解决方案

NCA 最终选择了 IQMS 公司的 EnterpriseIQ 系统。该系统具有专门为汽车零部件供应商设计的功能模块，能够同时满足制造企业特定的功能与性能需求，以及汽车制造行业的合规标准。

NCA 的旧版 ERP 系统对精益流程的阻碍体现在很多方面。例如，该系统具有多个数据库，汇总了不同功能和模块的各类数据，重复冗余的问题十分严重；系统自动化程度不足；条形码扫描功能较弱。NCA 的员工被迫使用电子表格逐个完成产品的生产计划，生产数据需要通过其他报表单独分析。特别的是，尽管该系统支持电子数据交换功能，但该功能通过调制解调器完成数据传输，严重影响了公司提前定位、解决问题和善后处理的时效性。

尽管数据传输效率不佳，无法充分满足业务需求，该公司每个月仍要支出 3,200 ～ 3,600 美元的费用维护系统。最严重的是，由于数据传输效率低导致运单数据错误的情况每个月都会出现 30 ～ 40 次，频率极高，这对企业造成了巨大损失。

3. 应用效果

IQMS 开发的 ERP 系统上线之后，NCA 每个月用于数据传输的成本减少了 90%（仅需要 300 美元），基本不存在运单数据错误的情况。实际上，IQMS 开发的 ERP 系统的数据传输的准确性极高。

输入的 EDI 文件能够在 ERP 系统中自动转译，并迅速更新相关的所有记录，需要同步的文件会自动传递给客户和供应商。整个流程已不需要人工操作，供应链上下游各方信息沟通准确、自动化、及时。

NCA 基于 EDI 传输的数据安排日常工作进程、完成需求预测，以及完成与客户和供应商的信息交换。该公司也安装了 IQMS 开发的实时生产监控系统，EDI 数据自动化的实现如虎添翼。该系统具备功能强大的图形化操作界面与报表分析功能，使用者可以在任何地方登录系统，以了解工作进度、追踪故障情况、查看产品质量数据等。之前，NCA 只能基于需求进行无边界的生产规划。而现在，在实时生产监控系统的帮助下，NCA 可以实现图形化的有限能力排产、对设备产能容量与生产力进行分析评估。

NCA 还在系统中嵌入了产品质量管理功能组件，以实现预生产产品及变量统计过程控制。现在数据传递更加及时准确，随时可以查看数据。

NCA 的需求功能包括 EDI 数据转译、有限排产、采购、实时生产监控和质量管理等，由于所有功能模块都基于同一个数据库运作，所以各业务模块需要充分集成，以确保企业对内部与外部的程序与流程具有较强的控制力，从而实现精益供应链管理。

此外，NCA 的系统维护成本降低了 70%，NCA 实现了精益管理的目标，包括缩短生产周期、提升工作流程自动化程度、消除冗余工作等。随着货物运输失误率降低、产品质量改善、业务沟通流程持续精简，该公司从其最大的客户手中争取到了更多的订单。

第12章将讨论用于实现生产车间精益转化处理的软件。

参考文献

[1] IFS Software, "10 Ways to Use ERP to Lean the Manufacturing Supply Chain" (White Paper), 2009.

[2] Ultra Consultants, "Case Study: Radio Flyer" , 2008.

[3] IFS ERP Systems, "Case Study: Flexpipe Systems Inc." , 2015.

[4] IQMS Manufacturing, "Nissen Chemitec America—Leading Automotive Supplier Accelerates Lean Operations with IQMS ERP" (Case Study), 2015.

[5] Schiff, Jennifer Lonoff, "9 Tips for Selecting and Implementing an ERP System" , *CIO*, July 30, 2014.

12

生产执行系统

从传统意义上来说，精益理念仅用于制造业。因此，与其他行业的企业相比，当今的制造类企业在运用技术实现精益化管理方面积累了更多的经验，与生产执行系统（MES）相关的软件和硬件设备类型得到不断丰富就是很好的佐证。

生产执行系统用于管理和监控生产车间的工作进度情况，追踪实时生产信息，获取机器人、监控设备与员工提交的数据。运用生产执行系统时应该回答的5个问题如图12-1所示。以前的生产执行系统多为独立系统，现在多为企业资源计划系统的组件之一。采用MES系统的目的是提升产能、缩短交付周期（即完成订单生产所需要的总时间）。企业在ERP系统中启用MES功能之后，工厂管理人员就能够随时关注生产情况，以确保产品符合标准、能够及时交付，减少不必要的成本。

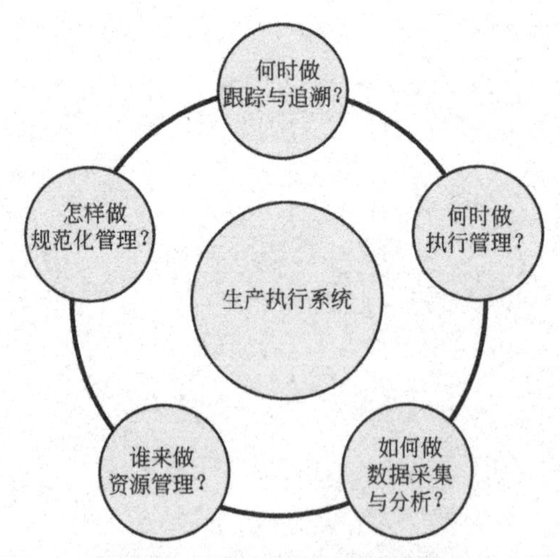

图12-1 运用生产执行系统时应该回答的5个问题

MES 系统可支持需要多项功能的业务场景，如产品生命周期阶段性管理、资源规划、订单生产与分配、产能分析、设备故障应对等，有助于提升设备综合效率（一种衡量设备浪费情况的度量指标），确保产品质量，实现物料跟踪与追溯。MES 系统还能够采集和记录数据、工作流程、生产成果，这对食品、饮品和药品等受规范管制较为严格的行业至关重要，行业内企业需要出具生产流程、生产活动和产品处理方法的各类文件与记录。

生产执行系统在竞争激烈的市场中所起的作用

当今全球竞争环境瞬息万变、错综复杂，企业运用 MES 系统可以保持长久的竞争力，并能够更好地梳理生产流程，以满足市场需求。MES 系统具备以下三大核心功能。

（1）生产运营管理——MES 系统可以帮助企业更好地协调生产运作的整体流程，以满足备货型生产与订货型生产策略的要求。具体包括同步生产活动、优化工作指令传递流程、培养能够应对复杂的柔性生产模式的专家、加强对仓库和供应商的物料转移管理。

（2）功能集成——MES 系统能够实现生产车间与业务体系的集成，是解决信息技术与运营技术长期割裂问题的关键，这样有利于增强业务互动，构建人员、流程和技术联动的统一业务架构。

（3）信息管理——MES 系统能够实现信息收集自动化，可替代原来昂贵、耗时、容易出错的手动数据收集过程。

数据和关键绩效指标（Key Performance Indicator，KPI）可以展示在

系统的多个表盘中，可用于辅助决策的制定和业绩的评价。生产数据能够用于产品合规和保修期检测，产品分类体系可用于跟踪产品的流动过程，减少不合格产品召回次数和生产遏制响应时间，以便在试产阶段就能发现和纠正质量问题。

精益管理与生产执行系统

为保持产品竞争力，生产部门的追求始终是不断提升质量产品的和生产的效率。这就需要长期努力，消除非必需的生产成本；优化生产方式、流程和业务性能；提高生产能力；缩短生产周期；确保产品质量。实现流程自动化能帮助达成这些目标。

生产执行系统有助于实现生产运营的高效运转。在合法、合规的高标准要求（如食品药品行业生产过程的跟踪与追溯）和产品结构越来越复杂的情况下，没有系统支持计划不可能实现高效生产运营。企业战略和业务发展要基于最新的客户需求和行业趋势随时进行调整。企业始终处于动态变化的生产环境中，产品类型与生产流程都在不断改变。

企业面临的众多问题与挑战催生了持续改进（Continuous Improvement，CI）方法的诞生，精益理念与六西格玛管理法都被用于持续改善业务流程管理。MES 系统中有海量信息，可用于分析、识别与消除生产运营过程中的浪费现象。问题是许多企业都无法深入挖掘数据的价值。精益MES系统架构既能帮助企业优化流程，也能用于分析多种数据，成为实时数据收集与标准化分析的平台。

多数软件系统会分阶段运行。MES 系统首先会启动数据收集、订单跟踪、物料追踪和制作 KPI 报告等功能。由于各个功能模块的业务和系统逻辑差异较大，企业需要预先对系统进行深入分析。启动阶段应提供用户需求标准说明文件，分析现有模型，迫使所有业务人员都重新审视和思考既有工作流程和业务逻辑，发现问题和低效现象。之后构建未来模型，这对初始的 MES 系统功能选择范围有极大的参考价值。

系统要在提升适配性与灵活性之间博弈，两者此消彼长。成套系统中可能存在性能最好的系统，但其无法匹配企业自身的业务要求。精益与生产执行系统的开发需要把握平衡，避免过度强调复杂化、自动化和系统刚性。业务流程日后也存在不断变化和更新的可能，因此系统同样需要适当的柔性和灵活性。

开发 MES 系统之前应该考虑到以下 3 种更改类型。

（1）系统更新——开发商定期更新和修正系统自身的漏洞和缺陷，增强运作性能。

（2）更改操作方式——企业既有的生产运营管理可能存在逻辑和流程变化（包括新增产品线、添加生产设备、修改产品流程等）。

（3）更改系统模型——若业务逻辑变化较大（成本较高），可能需要改动系统底层逻辑架构。

在 MES 系统流程中集成价值流分析等精益管理工具，可分析历史信息，将推动式生产模式转变为拉动式生产模式。例如，业务人员可利用 MES 系统中存储的历史数据分析生产节拍与生产周期，确定生产定拍工序与看板规格，实现精益生产管理。生产调度流程可升级为电子化看板系统，并在系统中配置看板墙。生产跟踪流程可通过看板传递大量实时信息，并将信息传递给上下游。最终，MES 系统既能够支持业务流程变动，也能够实现流程优化。

如上文所述，MES 系统通常会与 ERP 系统集成，以更加精简的方式体现实际业务流程。MES 系统有助于规范工作方法、安排人力资源、记录质量检验过程。

可视化管理属于精益方法，可用于调控库存水平与生产活动。生产一线常用的视觉信号可提供如下信息。

（1）产线或工作间指令，可用于确定生产过程中的“何人、何事、什么地点、什么时间、什么方式”的问题。

（2）生产人员和支持人员的责任制与所有权。

（3）用于保障生产安全、质量、及时交付和管理库存、成本的过程指标。

（4）异常警告（如备件正确 / 未知错误、备件错误 / 位置正确、备件缺失）。

（5）生产状态提示（如提前、落后、准时）。

在 MES 系统中实现可视化管理能够使 ERP 系统的上游供应商与下游客户更好地了解供应链情况。此外，可视化管理能够提升业务运转效率。例如，可视化工作指令有助于企业构建标准业务流程，为员工提供完成各个业务环节所需要的信息和指导。

有的可视化工作指导软件仅改变了信息的呈现方式，没有为员工提供与生产相关的信息或了解一线生产情况的途径。在条件允许的情况下，MES 系统应对上述信息进行分类整理，支持员工了解工作需要的所有生产信息。

另一类 MES 系统可视化工具是产品流显示板。操作员可以在白板上使用磁铁来标注产品流的各个环节，也可以通过开启和关闭条形码扫描设备创建电子产品状态信息显示板。

精益供应链与生产执行系统的案例研究

下文将讨论应用 MES 技术提升业务竞争力的企业实际案例。

案例 1：满帆酒厂通过推进制造流程智能化来改良酿酒工艺

1. 业务挑战

满帆酒厂位于美国俄勒冈州，是当地酒厂前 25 强。主要生产 3 种精酿啤酒、多种季节性啤酒和特色啤酒。

该酒厂意识到，既有的糖化醪过滤系统需要大量的人工操作，无法应对未来的批量生产需求。而且现有的系统也不能满足企业迫切需要提升生产效率、降低成本和提升产品质量的要求。满帆酒厂的人工过滤系统需要手动输入数据、进行数据测试、制作分析报表。酒糟是酿酒工艺的副产品，可用于饲喂牲畜，其糖分含量高达 82%，无法有效利用会造成大量精华的流失，而且其运输费用十分高昂。由于缺乏处理办法，公司经济效益不是很好，需要花钱请农民处理大批量的酒糟。

2. 解决方案

满帆酒厂希望能够升级业务流程、改善产品质量、提高过滤效率、增加生产容量和生产线吞吐量。同时，需要实现流程自动化以减少对人工操作的依赖。酒厂决定将人工过滤处理方式（麦芽浆经过滤分为澄清液和残渣）升级为全面自动化和体系化的糖化醪过滤系统。满帆酒厂选择了洛克威尔自动化公司开发的 PlantPAx 生产过程自动化系统，该系统提供合适的实时关键性能指标（智能制造解决方案），可用于改善生产运作流程。

3. 应用效果

满帆酒厂利用新系统可获得不同时间阶段的实时数据，充分进行系统分析，及时捕获生产批次中可能存在的问题与差异。

在 PlantPAx 系统的帮助下，满帆酒厂的酿酒产能提升了 25%，生产周期缩短了 50% 以上。随着生产流程的可视化程度不断提升，生产人员能够随时了解啤酒质量、调节温度和用水量等，以确保啤酒的口感保持在理想状态。酒厂运用新的 MES 系统取得了如下成果。

（1）年均原材料成本降低了 5%。

（2）对啤酒麦糟进行脱水处理，确保副产品可销售并盈利。

（3）年度用水量节约了 100 万加仑（1 加伦≈ 3.79 升），推动了酒厂实现可持续生产目标。

案例 2：默克公司推行生产执行系统

1. 业务挑战

默克公司在新加坡建立了新的制药厂，希望能够将生产运作风险降到最低，在工厂生产能力达到满载之前推行 MES 系统。

2. 解决方案

默克公司考虑了 3 种不同的 MES 系统，发现 CI Precision 公司的

DMS 系统配置最为简单，同时具有很强的拓展性，能够满足默克公司未来生产规模扩张的需求。默克公司希望使用 Ci-DMS 系统管理工厂额外的费用开销和物料使用情况，同时使用手动与自动化处理流程，强调要实现新系统与既有 ERP 系统和自动化硬件的无缝对接。

新系统应有两个监察站点，分别用于生产车间管控和系统管理。还有两个安装了 Ci-DMS 筒仓分配模组的配料站，用于控制从 3 个大型立筒仓和中型散货集装箱的容量。该系统利用条形码扫描器和特殊的系统接口实现与既有 ERP 新系统和 AZO 自动批量分配系统的信息交互。

3. 应用效果

业务人员通过系统远程操作减少了以往要到现场的工作量，节约的成本达到 60,000 美元。药剂的手动和自动分配流程占用的人员数量均已从两人减少至一人，每年可节约成本 150,000 美元。此外，该软件还减少了 50,000 多次手动系统输入操作。整体配药流程实现了无纸化，运营成本大幅降低。由于不再需要进行人工检查或文书工作，配药效率得以提升。条形码扫描仪的使用减少了操作失误，提升了质量。

案例 3：高功率激光器制造公司运用 EZ-MES 系统推进生产流程追踪自动化

1. 业务挑战

某高功率激光器制造公司提供各类专用激光器产品，各类产品的生产流程大致一样。在生产过程中，将记录单个产品的数据，划分产品序列号，需要实现全程历史记录与子备件追踪。为此，该公司使用了电子表格与基于文件的信息传输系统，搜索过程需要手动完成。

随着业务需求量不断增加，实现生产数据的即时、准确读取成为重中之重。该公司需要知道激光器所处的生产阶段，原材料、在产品和产成品的库存状态，执行特定操作的人员与时间点，衡量近期生产能力。系统必须能够定位生产车间所有零件和产品实时位置、创建带有条形码的文件、显示与条形码相关的其他备件信息、支持打印功能、能够全程追溯零件在组装为其他部件或终端产品的流程中的位置。新系统不应影响企业现有 IT 系统的正常运作。

2. 解决方案

多番考量之后，该公司选择了 EZ-MES 系统。建立在线账户之后，该公司在 EZ-MES 系统中创建了首个生产流程。使用该系统无须经过培训，该系统还具备聊天功能，使用时随时可以获取系统支持与疑难解答服务。该公司既不需要安装额外的硬件，也不需要安装额外的软件。

3. 应用效果

EZ-MES 系统取代了 50%的文书工作。可以想象，随着业务需求量的不断扩大以及产品组合的不断丰富。如果没有这样的自动化系统，该公司将陷入进退两难的境地。

该系统的安装成本较低，系统配置完全由软件提供商维护，该公司无须进行操作培训。IT 部门不需要增加额外的软件和硬件。

通过实时获取生产车间中库存的准确数据，可以快速确定每笔订单需要购买的原材料，以及何时启动新一批生产。

实时的生产数据具有极高的价值，有助于公司迅速做出生产决策。

过去，业务人员非常保守和谨慎，丝毫不敢疏忽，往往导致在产品和订购的零件会远超过实际需求。在 EZ-MES 系统的帮助下，该公司减少了库存和在产品数量，缩短了生产周期，增加了营业收入。

随着管理流程可视化程度不断提升，公司的生产运营效率得以提升。实时生产状态更新有助于业务人员快速有效地进行决策。其他方面的改进包括以下几点。

（1）提升了数据完整性和不合格项处理流程的透明度，减少了手动将数据输入系统的时间。

（2）新系统更易于使用，减少了员工流动率。

（3）能迅速回复客户有关特定产品的问题，提高了客户留存率。

（4）能够向潜在客户展示零部件组装全流程的情况。

MES 系统处理的商品和服务生产的短期详细计划可能会非常复杂，可能存在资源浪费和业务矛盾、客户满意度低等问题。第 13 章将讨论如何结合精益工具与技术来帮助改善和优化业务逻辑。

参考文献

[1] Rockwell Automation, “Full Sail Brewing Taps Manufacturing Intelligence to Enhance Brewing Process” (White Paper), September 2011.

[2] CI Precision, “CI Precision Implements First Suite of Ci-DMS Package in Asia/Pacific Region” (Case Study).

[3] Cottyn,Johannes, Hendrik Van Landeghem, Kurt Stockman,and Stijn Derammelaere, “The Role of Change Management in a Manufacturing

Execution System", *Proceedings of the 41st International Conference on Computers & Industrial Engineering*.

[4] EazyWorks, "EZ–MES Production Tracking System: Case Study".

13

短期生产排程

如第12章所述，如果企业有条件使用精益工具，实现准时生产、工作场所可视化、产线快速转换和MES系统的运用，就能充分利用高级生产计划技术大幅提升生产效率。尽管短期生产排程是生产计划的一个模块，但是与日常生产活动直接相关，因此本书将其归入“生产”部分。

生产计划用于安排生产运营的时间节点，主要目标是以高效的方式分配需求（由预测或客户订单生成），并为需求排列优先级。使用的方法包括“人工粗略计算”、电子表格，以及线性规划等优化工具。

制订有效且高效的生产计划有助于提升货物运输速度、充分利用生产设备、降低生产运营成本、提升设备吞吐量，以增加产能，实现更快、更可靠的客户服务交付，从而提升企业竞争优势。然而，实际业务中，制订有效且高效的生产计划并非易事。因为短期生产排程的主要目标是最大限度地缩短生产处理时间、提升生产设备的利用率、降低在产品库存，从而缩短客户等待时间，所以有效、高效有时是相互冲突的。

制订生产计划更多的是为了适应业务需求变化。与制造业不同，服务业几乎没有库存（至少对于保险等纯服务业务而言是如此），而复杂之处在于法律或合同等问题可能妨碍计划的灵活变通（如死板的工会规定）。

生产计划可以根据客户订单或需求预测（备货型生产）进行资源的分配与时间进度的安排。短期生产排程的制订者需要确定生产流程的运行顺序，将优先级最高的任务排在首位，指导生产现场决策，如流程的中断、更改或替换。短期生产排程需要重新规划时间与进度，但不能以牺牲产能为代价。因此，制订者必须先详细了解业务优先级、生产设备的设置与运行时间、生产路径、报废率、计划停机时间等。制订计划是艺术与科学的结合。

制订计划是一个动态变化的过程，许多规则都要根据最新情况不断修改，生产环节在任何时候都可能出现变化。因此，系统逻辑需要足够复杂以应对各种可能的情况。有限产能排程（Finite Capacity Scheduling，FCS）软件是基于计算机的交互式图形系统，能够克服基于规则的系统存在的缺点。FCS 软件通常支持逻辑校验、专家系统和场景模拟功能，能够实时响应系统变化，还可以实现需求交付和效率两者的平衡。

短期生产排程的流程

需要注意，第 7 章和第 8 章描述的中期计划与第 12 章和本章所讨论的短期计划是不相同的。

（1）中期计划——中期计划的目的是将生产计划分配给每个时间段内的不同生产线，衡量库存持有数量、设备安装、货物运输和交付延迟等的业务成本。总生产计划以不同的产品系列为计划单位，但通常不会继续区分同一产品系列的不同产品。总生产计划能够确定产品系列的生产批量大小。MPS 则会按产成品的 SKU 来制订计划，通常以周为计划周期单位。

（2）短期计划——短期计划通常针对单个设施，涉及更多明确的生产细节，通常以天（班）甚至小时为计划周期单位，往往包括独立与非独立组件或模块的生产计划。工作流程繁多，测算指标各不相同，须通过充分计划以便保证生产效率（如降低生产延迟率、缩短平均交付时间等）。

中、短期计划应该符合企业长期战略要求、工厂选址要求，以及需求管理和预测的要求。否则，生产服务的水平与业务营收将无法达到理想的状态。

连续型生产与离散型生产的短期生产排程

连续型生产（如化工、食品、饮料行业）与离散型生产（如汽车和消费电子产品）的短期生产排程存在很大的区别。

连续型生产（如图 13-1 所示）的核心生产加工流程往往存在生产线

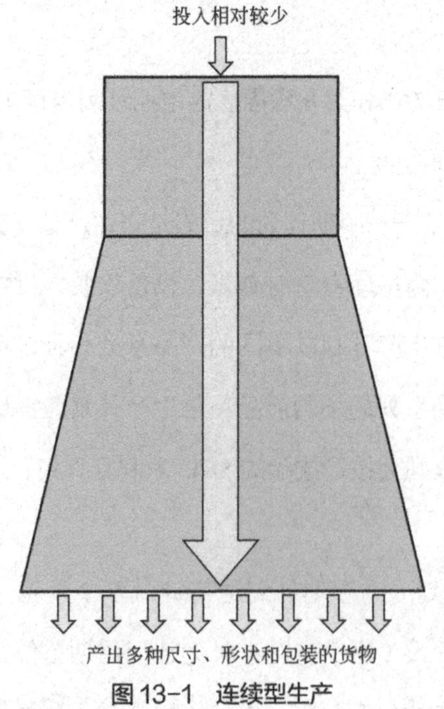

图 13-1　连续型生产

切换次数多和固定成本高昂的特点。相关生产排程工具（如周期性调度程序与混合整数线性规划方法等）的逻辑结构极为复杂。

连续型生产也可以对核心生产设备的产出进行精加工，包括材料的切割、弯曲、折叠、喷涂或印刷等，通常是订货型生产与备货型生产并存。客户订单排序、需求预测和库存目标都是重要的参考数据。

离散型生产（如图 13-2 所示）包含 3 个模块：原材料处理（如钣金的切割和成型）、主要生产流程和产品组装。

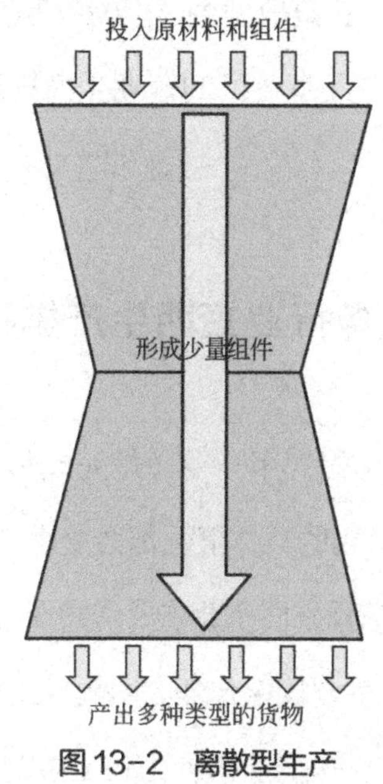

图 13-2　离散型生产

产线的最终产品还不是产成品，后续还会继续处理。核心生产需要在不同的机床上完成各种操作。产品与零件必须遵循特定的生产系统规划路线，在各个车间流转。每个生产订单都有自己的生产系统规划路线，以及数量、加工时间和发货日期要求。

生产组装可按工作车间与组装线规划，通常需要物料处理系统配合，但无须生产机床。

离散型和连续型生产工厂在生产参数与生产运营方面存在以下基本差异。

（1）连续型生产工厂的计划周期要比离散型生产工厂的更长。

（2）离散型生产中的各种因素的变化和更改相对更频繁，限制了生产计划的灵活性。

（3）离散型生产的批量定制规模与产品差异化较大。连续型生产往往不存在批量定制。SKU 在离散型生产中的数量远高于连续型生产。

上述差异也决定了连续型生产的短期生产排程与离散型生产的短期生产排程之间的差异。

服务行业短期生产排程

服务行业短期生产排程的第一要义是完成员工调度，以合理的成本满足业务需求，每天和每周的具体情况都会变化。

一般而言，在人员配置方面企业需要考虑 3 个问题。

（1）轮班安排——需要确定合理的团队规模和轮班方式。

（2）规定工作时间——企业需要为员工规定工作日与非工作日，以满足他们正常休息的需求。

（3）日程安排——企业需要明确员工的轮班安排和工作日安排，根据业务需求计划分配指定时间内每个员工的工作时长。日程安排的目的是通过确定完成工作计划的理想员工数量，将人力成本降到最低。

需要人员调度的应用场景有医院（特别是护士）、邮政局、航空公司、呼叫中心，以及服务业（如家政服务）。应用的相关技术如下。

（1）手动粗略计算——尽管这种方法并不高效，但常识和经验往往是正确的。

（2）循环调度——目标是以最少的员工数量满足生产需求。循环周期要确保一定的规律性，员工需要保持愉悦的心情和良好的工作状态。现存的许多技术，从简单的算法程序到复杂的线性规划等均可用于计算循环人员调度的最优解。

精益短期生产排程

全球供应链的短期生产排程需要上下游各方的协调和配合。因此，上述计划模型和技术须集成于统一的框架之中。供应链各方需要充分实现多种方式的信息交互与同步。例如，连续型生产系统需要与下一环节的离散型生产系统集成。

供应链中的计划和排程常用于不同阶段。企业的生产应该分为两个阶段，首先完成总体生产计划，然后工厂可自行安排短期生产排程。

实际上，短期生产排程的应用频率通常高于生产计划。

高级生产计划与排程系统

一直以来，制造企业相当依赖旧式 ERP 系统的计划功能。然而这类系统体现的是 20 世纪 80 年代初期的生产管理理念，如无限产能、计划时间段、反向排程等。物料需求计划软件的前身是备货型生产模式所需的软件系统，需要处理生产制造过程各个阶段产生的库存、安排时间进度。

此外，传统的精益系统需要大量的手工操作。长此以往，精益管理的理念将与生产计划系统脱节。另外，美国许多企业的 SKU 数量较多、产能有限、需求预测难度较大，因此精益生产推行的难度极大。

APS 系统能够弥补 ERP 系统逻辑与精益理念之间的差异，能够实现精准时间管理，迅速应对生产运营情况的变化，基于实际约束因素迅速、准确地完成生产进度计划。APS 系统是用于实现原料和产能的最优分配以满足生产需求的生产管理系统。在复杂的业务逻辑和生产环境下，简单的计划方法很难做到任务优先级的合理排序，生产能力与产品数量、品类之间的矛盾导致制订生产计划面临重重困难，这时候 APS 系统就能大显身手，充分发挥作用。

有限产能排程系统

有限产能排程系统专用于处理短期计划中复杂的生产流程问题。有限产能排程系统的输入、输出数据如图 13-3 所示。FCS 系统可根据各类资源的实际情况和限制因素，评估特定时间段的工作任务量。

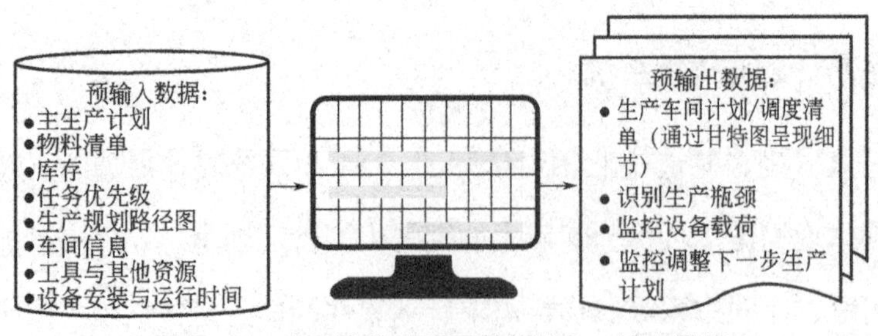

图 13-3　有限产能排程系统的输入、输出数据

使用FCS系统的目的是确保整个工厂能平稳、高效运行。决策支持工具可用于确定最合理的计划方式。有限产能排程系统与无限产能排程系统存在本质上的差异，后者逻辑相对简单，不会考虑实际生产情况中资源和人员等有限因素的限制。

有限产能排程工具种类颇多，如下所述。

（1）电子调度板（ESB）——ESB能够以图形的方式显示当前所有生产流程。若系统能够接收工厂车间直接传递的数据，就可以自动计算生产时间，对可能存在生产瓶颈的环节做系统预警。

（2）面向订单排程（OBS）——通过选择一份满足工厂预设的生产标准的订单，计划人员或软件应用程序可确定工作优先级。

（3）约束型排程（CBS）——生产瓶颈会成为总体生产计划的天花板。

（4）离散事件模拟（DES）——DES模型可用于随机事件建模，预测某一随机事件可能产生的多米诺效应。

（5）遗传算法——遗传算法是进化算法的一种，其逻辑与自然选择理论相似。子程序的特性和逻辑由父程序延展而来，如工作流顺序等。

高级生产计划与排程系统技术

许多大型ERP软件供应商都会提供APS系统功能模块。此外，Asprova和Preactor等供应商还提供“同类最佳”的解决方案。

对许多企业而言，拥有能够制订详细生产计划的软件系统至关重要，因为它对生产效率有重大影响。

计划系统与排程系统的区别在于：前者是时段系统（以月、周、天为划分单位），不会细分具体的工序顺序；后者没有时段的概念，会细分到具体工序，生成调货清单或生产车间计划表。FCS系统的核心功能是分配各个工序需要的资源，实现生产性能优化和运作效率提升。与计划系统相比，短期生产排程针对的时间范围更窄，生产流程路径规划也更加细致。

FCS系统需要输入制造工单，相关的流程路径会决定产品生产步骤。用户可设定制订生产计划的规则，将订单与各类资源相关联，使用甘特图与统计图呈现计划结果。FCS系统会输出每个资源的调度清单。

高级生产计划与排程系统的案例研究

下文将讨论应用APS技术实现有效、高效短期生产排程的企业实际案例。

案例1：汽车零部件制造商选用Asprova系统改善用户操作界面，有效降低规划变动占用的人力资源

1. 业务挑战

某汽车零部件制造商原来使用定制版生产计划排程系统，后来升级为Asprova高级生产计划与排程系统。在此之前，随着零部件品类不断增加，原有生产计划排程系统无法满足业务需求，导致了以下问题。

（1）既有生产计划排程系统的数据处理能力不足，该制造商不得不

限制产品数量，将订单切分为多个之后再分别制订生产计划。

（2）手动处理时会出现数据和数据类型遗失，引发后续一系列的错误。

（3）原有系统无法对零部件颜色进行限制，管理员不得不逐个手动修改，这占用了大量人力。

2. 解决方案

该制造商预先了解了 Asprova 的系统功能之后，上线了试用版并参加了系统功能培训研讨会，最终决定引入 Asprova 系统。该系统的核心优势是可以通过甘特图的形式轻松地了解和修改生产计划，同时能够对每个工厂生产的零件颜色做限制和区分。

该制造商决定聘用一位专业顾问，同时自行完成员工的操作培训、核心数据库的创建与系统外围模块的开发等初期工作。系统外围模块的开发与核心功能的测试是同步进行的，但项目组也发现设计和修改满足生产一线需求的功能并非易事。

3. 应用效果

运行 Asprova 系统以后，该汽车零部件制造商可同步完成所有产品的生产计划，创建完整的生产计划所需的时间减少了很多。Asprova 会自动创建计划表，大幅节约了制订计划表所需的时间；会明确区分每个工厂的零件颜色要求，减少了手动调整的工作量。

该制造商还将业务计划人员的经验与知识积累进行了编译和转译，初始安装时作为主数据存储于 Asprova 系统，实现计划流程的标准化。此外，使用 Asprova 系统上的甘特图验证和修改计划清晰明了，新员工熟悉业务的速度大大提升。

案例 2：穆勒炉灶制造商运用先行者系统减少生产线停工次数

1. 业务挑战

穆勒炉灶制造商成立于 2001 年，生产各种家用烤箱和烤炉等产品。该制造商始终认可小规模生产理念，使用看板管理法管理产品组装进度。

尽管该制造商的精益生产团队付出了许多努力，看板管理似乎并没有发挥预期的作用。主要问题在于每条装配线上的产品种类变化极快，而且不可预知的因素对生产数量与生产安排影响巨大，整体生产节奏难以保持平稳。

与此同时，每个小型工厂单独制订生产计划时会忽略多方面因素，如材料可用性（由其他区域供应或外包）等，因此导致了工厂无法及时应对和解决意外情况，常常出现生产无法按计划进行的情况。该制造商尝试按天清点库存，针对缺失的备件种类提报紧急生产需求等方式来确保组装线的备件供应，却收效甚微，常出现因为备件缺失而停产的现象。

此外，该制造商还面临以下问题。

（1）难以平衡多个资源的使用情况。

（2）难以正确评估生产瓶颈。

（3）无法预知意外事件对生产进度的影响。

（4）只有牺牲产能，才能实现预防性维修计划。

（5）缺乏分析能力，无法充分响应业务需求。

2. 解决方案

考虑到存在的困难，穆勒炉灶制造商的计划部门和生产部门都在独立探索解决方案，并不约而同地看准了 Preactor&APS3 公司（该公司也是与西门子合作开发 Simatic IT Preactor 系统的软件供应商）。穆勒炉灶制造商的管理层随后意识到：运用 FCS 系统可调度材料与资源，能够有效应对公司业务发展所面临的挑战。

该项目的第一步是仅在冲压环节试运行 FCS 系统，以平衡装配线上的产能负载情况，防止因为零件供应短缺导致的停产。

3. 应用效果

该系统的应用使得生产情况大为改观，该制造商后来发现喷漆环节也可以使用同样的规则来提高效率。

以下是系统运行的直接成果。

（1）流程可视化程度和生产稳定性大幅提升，生产计划以 5 天为周期，制订时间为一个工作日。

（2）工厂生产计划的优化提高了供应商采用准时生产模式的积极性。

（3）用于未来装配所需的冲压件库存存储时间从 3 天缩短到 1.5 天。

（4）减少了大量半成品库存。

（5）计划外停工时长从 13 小时缩短到 6 小时，在产品量减少了 22%，总库存周转率提高了 98%。

虽然通过使用相关技术，企业能够很好地完成计划、采购和生产等方面的工作，但是仍然需要保证产品或服务的交付能够准确、及时且有效。第五部分将讨论相关内容。

参考文献

[1] “Auto Parts Manufacturer Chooses Asprova for Its Good User Interface Reduces Labor of Adjusting the Schedule” (Case Study).

[2] Kreipl, Stephan, and Michael Pinedo, “Planning and Scheduling in Supply Chains:An Overview of Issues in Practice”, *Production and Operations Management Society* (*POMS*), Vol.13, No.1, Spring 2004, pp. 77–92.

[3] “Mueller Stoves Reduces the Assembly Line Stops After Preactor Deployment” (Case Study).

| 第五部分 |

交　付

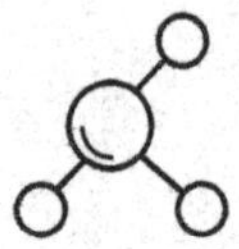

本部分包括以下 3 章。

“分销需求计划”关注利用分销需求计划最大限度地确保准时到货，降低订购、运输与存储成本，提升分销体系效率。

“运输管理系统”关注利用运输管理系统实现有效、可靠和高效的货物运输，并结合精益理念降低运输成本、提升客户服务水平、降低库存水平。

“订单履行系统”关注通过精益理念和工具改进订单履行过程，包括实现工序标准化、流程布局优化、工作场所可视化，以及消除浪费现象等。

14

分销需求计划

分销需求计划（DRP）可确保企业高效完成货物交付，根据需求预测确定货品的数量、位置和交付时间要求。使用DRP的目标是最大限度地确保准时到货，降低订购、运输与存储成本。分销网络如图14-1所示。

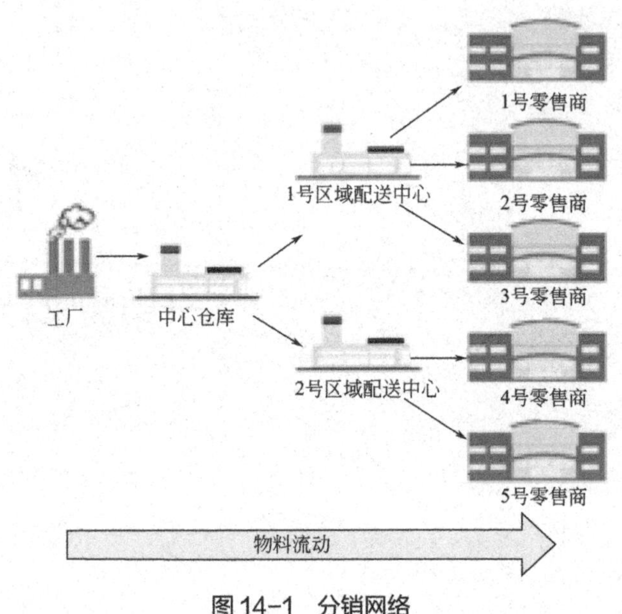

图14-1 分销网络

分销需求计划按照时间段，为单地点分销和多地点分销企业（中心仓库为区域配送中心供货，之后继续下分，呈树状结构）创建需求。这一过程中DRP会计算各个时间段的库存需求，自动生成总需求和净需求数量，之后将其转换为转移库存、生产工作订单与采购订单。

本章讨论的DRP的运行机制与MRP的相似。两者的相同之处在都会评估订单规模、所需安全时间/服务水平、现有库存水平、计划收货安排和预测需求与实际需求等信息来确定物料补给安排。两者的差异在于 DRP 所制定的补货需求更多是用于独立需求库存（即产成品），MRP 则更常用于相关需求库存。

DRP 会将预测需求和实际需求与可用库存（包括预期到货量，如采购订单数量或库存转移数量）进行对比分析，预测未来库存短缺的情况。根据用户所设置的标准（包括安全库存水平或安全交付期限等）来确定计划补货订单数量（需考虑生产交付周期）（如图 14-2 所示）。

计划收货/计划订单数量计算

第1步：创建

总需求与上期计划期末库存“相抵”。添入预计入库量，创建本期预计库存。

本例中，现有库存数量为3, 300，减去下期“预测需求数量”(206)“与未交付客户订单货物数量”(0), 加上相关需求数量*(0)，创建点需求数量206。添加计划收货数量2, 300，得出预计期末库存5, 394。

*相关需求数量是指其他工厂对本工厂这一货物的需求量。

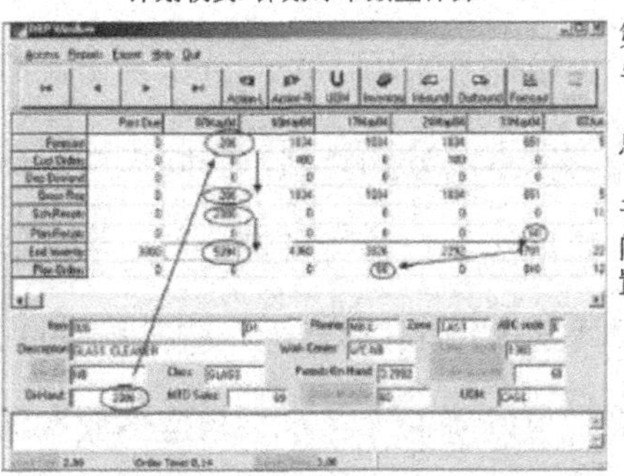

第2步：计算计划收货与计划订单数量

计划期末库存与总需求和预计入库量“相抵”，直到其低于安全库存或安全时间数量（根据DRP的配置决定）。

预计库存降到安全水位以下时，DRP会创建计划收货单（PR）。PR的确切数量使用订单（最小）数量和订单倍数计算。根据PR日期倒推交付时间。确定需要创建供应计划订单的时间。若初始化系统时使用需求汇总功能，采购订单（PO）将显示为同一品类在供应商位置的相关需求。

本例中，DRP创建的PR数量为60，满足未来三期总需求（1,701）的库存安全时间要求。倒推两个计划阶段的交付时间，确定供应商货物补给订单需要发货的时间。

图 14-2　DRP 系统界面样例截图与说明（Windows 系统下运行的 PSI 规划软件，1998—2016 版本；界面引用获得 Weeks 软件解决提供商许可）

DRP 结构清晰、层次明确。供应链上下游的需求能够汇总到工厂级别，用于创建主生产计划，之后根据主生产计划输出物料清单，明确原材料与组件的需求。

DRP 能够高效地推进精益生产管理，对希望从推动式生产模式过渡为拉动式生产模式的企业是十分理想的技术工具。然而，如果企业尚未具备足够的思想基础和业务流程支持推动式生产模式，DRP 暂时无法充分发挥其作用。

精益与分销需求计划

库存分销既可以从供应中心出发由上至下分配，也可以根据客户订单数量由下向上汇总。

拉动式生产模式下，区域业务人员能够随时掌控到货情况，准时到货率最高。然而，由于需求来源于供应链体系末端的客户需求，每增加一笔订单都会影响供应点的分销计划，因此拉动式系统中实现库存分销管理的难度较大。拉动式系统的特点是会形成牛鞭效应，来自客户微小的需求变化都会对供应链上游和生产工厂造成强烈的扰动。

推动式生产模式可以确保库存水平与运输效率保持在最佳状态，将成本降到最低。货物装运和库存数量可以集中计划，实现全球分配。问题是中心计划与实际需求情况相差甚远，客户服务水平可能会受到影响。

从理论上讲，DRP 既可以实现推动式生产模式的高效运输，也可以保证拉动式生产模式下的客户服务水平。然而，DRP 的成效取决于预测的准确度与流程的稳定性。在需求预测准确度高，货物运输能够如期完成（如准时到达、无货物遗失和损坏等）的情况下，DRP 能够以最低的库存水平实现高质量的分销服务。

保持安全库存水平能够预测需求与运输情况，以应对上述变量的影响，但同时会弱化 DRP 的作用（即库存更高、货物短缺现象更严重，而这正是 MRP 系统的特点）。因此，DRP 的部分原理和假设与精益理念相悖。

DRP 完全聚焦于如何实现提前计划和分销流程优化，而精益管理能够更加快速、高效地响应市场需求。DRP 系统的配置可以适用于整个分销网络，而精益化生产的范围适用于企业自身。例如，公司只能依靠客户订单确定产品调度需求，而无法通过精准预测由上而下地分销。当今的国际环境瞬息万变，SKU 数量数以万计、分销站点数量较多且距工厂较远的企业难以迅速灵活地响应业务需求变化（除非在本地建厂，保证生产流程有极高的灵活性和敏捷度，而且只向当地客户发货）。

实际上，企业最好使用“消耗”方法（确认各配送中心的需求预测与实际订单的匹配度）以及科学的安全时间，而非计算再订货点的固定安全库存数量。这意味着要考虑交付周期与需求的变动来划分目标供应库存量时间段，预测需求出现的“波峰和波谷”，同时考虑补货交付周期、订单规模、需求与交付周期的变动等。DRP 系统可以使用“消耗”方法平衡推动式与拉动式两个模式，达到“皆大欢喜”的效果。

DRP 系统还可以提高预测准确度，以尽可能避免零售库存不足、提高库存周转率和生产效率以促进企业与客户之间的协作和配合。第 19 章将讨论这方面的内容。

分销需求计划系统

类似 APS 系统，DRP 系统通常也是 ERP 系统的附加功能模块之一。DRP 的输入数据（如库存剩余、现有采购和生产工作订单、需求预测数量）来源于 ERP 系统或会计系统，而输出结果（如货物部署 / 转移要求、新建采购订单和工作订单）需要回传到上述两个系统。由于企业对 DRP 的需求日益增加，许多软件供应商已将其作为 ERP 系统的功能模块之一。

如上文所述，DRP 系统延续了 MRP 系统的业务逻辑，明确了产品出库后的运输与交付计划。按照货物品类汇总计划后生成项目主生产计划，通过物料清单文件传递给 MRP 系统，创建原料与零件需求（如图 14-3 所示）。

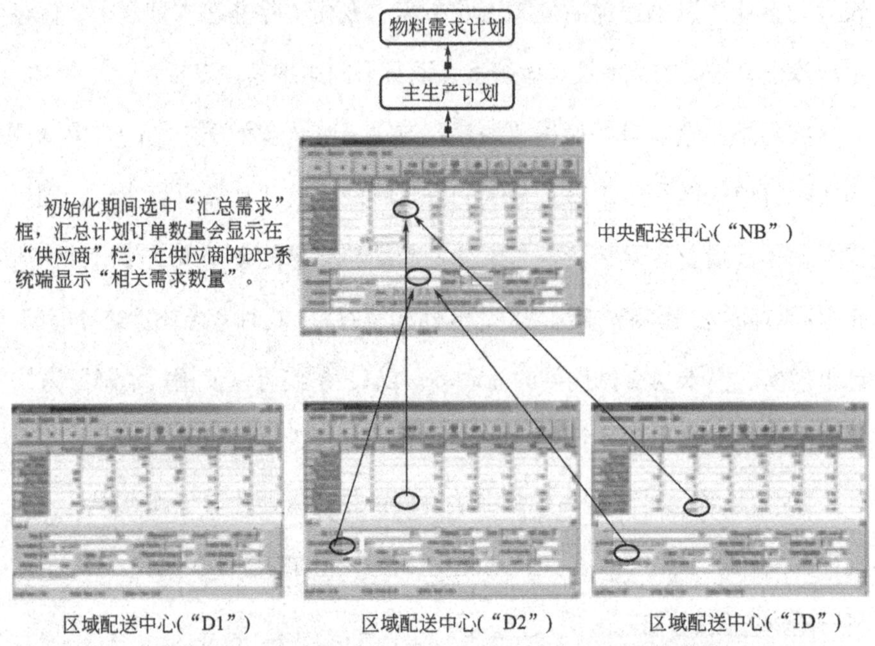

图 14-3　网络分销需求计划（Windows 系统下运行的 PSI 规划软件，1998—2016 版本；界面引用获得 Weeks 软件解决提供商许可）

不同的 DRP 系统功能相差不大，区别在于系统用户界面以及能够支持企业内外部实现协作与共享的能力有所不同。此外，与其他软件类似，DRP 系统可基于公司 IT 架构（或基于网络）安装，以软件即服务或云端软件呈现。

MRP 和 DRP 是实现供应链计划功能系统化的先驱技术。20 世纪 80 年代后期到 90 年代中期，APS 与 ERP 软件供应商展开了激烈的市场竞争。起初，ERP 供应商试图否认“同类最佳”的拓展功能的重要性，之后开始收购 DRP 与 APS 系统开发公司（或自行开发）。最终，许多大中型企业都安装了 MRP 和 DRP 系统。对于分销网络分布广泛的备货型（MTS）行业（如消费品行业），DRP 系统的使用变得越来越普遍。

分销需求计划应用案例研究

以下为通过 DRP 或相关技术来提升分销体系效率的企业应用实例。

案例 1：飞速提升福特公司配件物流响应速度

1. 业务挑战

2011 年，福特公司为提高业务效率、改善全球配件物流管理，开始实施一项为期 10 年的战略计划，以改革配件分销体系、流程与技术。福特公司在这 3 个领域进行了巨大的变革，建立了精益、迅速、高效且具有成本效益的配件供应链，为公司实现全球供应链奠定了基础。

福特公司仅在美国的配件业务规模就十分庞大，零部件编号近 250,000 个（相当于约 150 万个 SKU），有 1,500 家供应商和 4,000 家经销商。

保持高服务水平对汽车配件业务至关重要。假设经销商在下午 4 点订购部件，福特公司的服务目标是次日上午 10 点之前确保 98% 的交付率。福特公司还提供散装零件次日达服务。此外，与大多数其他公司一样，福特必须在提供高服务水平与降低采购、物流和库存成本之间权衡。

完成上述变革之前，福特有用于配件供应链的旧式仓库管理系统，通过核心枢纽向分布在全美各地的 8 个仓库送货，之后交付给经销商。分销模式基本是按照需求拉动，某一工厂出现库存水平降至安全水平以下的风险时，中央仓库会启动配件运输。

2. 解决方案

目前，福特公司在美国各地设有 26 个规模较小的仓库，这些仓库距离客户的厂址较近。仓库会按照配件的数量、体积与使用频率为各个工厂分类。

考虑到拉动式生产模式所需仓库数量过多，福特公司转变为“以推动式为主”的生产模式。该公司的转变方法是利用精益生产技术，缩小订单规模、增加小批量发货次数。目前，仓库仅根据订单确认所需配件的种类与数量，不会囤积配件库存。

福特公司的配件供应链能够实现变革的关键要素之一是选择和安装了 SAP 配件管理（SPM）系统。福特美国分公司率先进行了小范围试点运行，以测试系统的基础架构，确保 SPM 系统可以与既有系统实现信息交互与接口集成，并于 2010 年安装正式版 SPM 系统。

3. 应用效果

福特公司的各个功能模块都得到了改善，其中包括以下内容。

（1）库存计划——福特公司目前能够优化总安全库存水平与经济订货批量，计算库存零件的最佳订购数量，降低了小批量配件的安全库存数量。

（2）DRP——SAP、DRP 系统的独特之处在未来订单管理，而且其系统逻辑考虑了供应商停工的影响，还能提供多种短期加急处理流程（普通系统往往只有一个备选加急流程）。SAP 系统能够区分不同供应商处理加急流程的方式、响应速度与可调用的库存数量。

（3）配件部署——SAP 系统使用自动舍入算法能够更好地实现包装层级与实际需求的适配。

仅福特欧洲分公司普及 SPM 系统之后，业务运作就取得了显著成绩：预测准确度提高 20%，配件库存降低 15%，库存废弃数量降低 10%，转介费用降低 10%，区域供应率提高 0.5%。

案例 2：艾华朗用新产线打造王牌公司

1. 业务挑战

艾华朗成立于 1910 年，专注于拳击、混合武术及健身相关体育用品、服装、鞋类与配件的设计、制造、授权许可与市场推广。

除体育用品领域的零售合作商以外，艾华朗还针对体育行业特定群体进行市场推广。艾华朗的销售额主要来源于体育用品商店，以及顾客基数相对庞大的沃尔玛、西尔斯、塔吉特和凯马特卖场的折扣店。

艾华朗不断扩大的海外制造工厂规模，以及折扣门店数量的不断上涨，都给供应链带来了压力。上一次开辟新的业务模块之后，艾华朗仅在 5 年内就从 500 个 SKU 跃升到了 2,000 个 SKU。管理层也逐渐意识到公司需要实现更准确的需求预测与库存补给来保证业务发展。

2. 解决方案

该公司新上任的生产部副总裁推荐了需求解决计划（DSRP 系统，

由 Logility 开发）。艾华朗希望 DSRP 系统能够帮助公司处理日益复杂的业务，并对其界面的用户友好性十分青睐。DSRP 系统供应商开发了能用于该公司主机系统 MAS200 的接口，用于快速接入 DSRP 系统。

3. 应用效果

上线 DSRP 系统之后，艾华朗同时保证了业务流程的响应速度与处理准确度。

（1）过去汇总销售代表的所有预测需要 24 ～ 48 小时（有时甚至是一周）；现在仅需要半小时就能得出初步汇总数据。

（2）DSRP 系统收集处理数据迅速准确，呈现方式与之前使用电子表格相比十分清晰明了。

（3）艾华朗坚信在 DSRP 系统的帮助下，库存供给率能够保持在 99%或 100%。

案例 3：加拿大轮胎公司运行门店补给计划

1. 业务挑战

加拿大轮胎公司是一家轮胎和汽车配件连锁零售商，拥有 600 多家轮胎和配件门店（同时出售运动休闲和家居用品）。该公司意识到，门店运作机制老化、补货系统过时等问题都已经对其业务造成了影响。

该公司有两个位于多伦多布兰普顿郊区的大型配送中心，总面积达 160 万平方英尺。门店由独立经销商经营，这些经销商实际上是总公司的客户。由于库存补给没能达到行业标准，所以影响了销售数据，收到了较多的客户投诉。出现这种情况的原因部分是供应商按时交付的比例只有 70%，而能够满足业务目标的要求是 90%。

2. 解决方案

加拿大轮胎公司开始思考如何将 DRP 系统应用于零售门店，最终选择了 Manugistics 系统（已被 JDA 收购）。该软件供应商积累了多年行业经验，曾为消费品和其他行业的多个客户解决了计划与排程问题。

这也是加拿大轮胎公司首次应用第三方开发的系统处理核心业务。从目标业务流程与现有流程的差距分析开始，该公司不断进行修改和调整，以确保能够充分发挥系统的作用。之后一个季度，公司针对 3 个客户进行了试点运行，随后进行了长达一年的测试与调整，以确保系统流程准确且与实际业务高度匹配，最终能够全方位应用。

3. 应用效果

以前，加拿大轮胎公司通过自开发的订购系统提交补货需求。新系统的核心功能是针对零售商近 60,000 个 SKU 数量实行 26 周的滚动式补货计划，每周定期更新数据并同步给所有供应商，数据来源于门店的实际订单与预测的需求数量。门店会提前收到月度销售指导手册，手册详细列出了需要促销的商品。实际订单、预测需求和补货订单每天都通过 EDI 汇入 Manugistics 系统。提升销售与业务数据可见度对门店促销与季节性产品的销售至关重要。

运行新系统之后，该公司能够进行较为长远的业务计划，要求供应商将采购订单的交货时间缩短至 14 天，极特殊情况下可以是 21 天。经过一年的努力，供应商的订单平均交付时间从 46 天缩短为 15 天，及时交付率提升了 20%，门店按时到货率提升了 1.9%。与此同时，该公司的出货量在 24 个月内增长了 25%，配送中心库存周转率翻了 1.7 倍。

加拿大轮胎公司还希望能利用 Manugistics 系统提供的信息达成其他目的，如提高入货与出库的运输效率和配送中心生产率。然而，当时该系统通过 EDI 接收批处理数据，无法真正实现与供应商的实时协作。因此，该公司考虑通过网络通信软件与客户和供应商保持实时交流和协作。

类似 DRP 的库存分销补给系统会呈现需要补货的品类、时间点、场所等信息。TMS 则体现货物的实际运送和到货流程，第 15 章将详细讨论。

参考文献

[1] Banker, Steve, "Return on Investment for Transportation Management Systems" , *ARC Strategie*s, November 2011.

[2] "Everlast Builds a Championship Company with New Product Lines" , *DS Magazine*, Vol.7, No.1, Spring 2007, pp.3–5.

[3] Turbide, David, "How Can Distribution Requirements Planning Help Inventory Management?" .

[4] Martichenko, Robert, "Lean Transportation Management: Creating Operational and Financial Stability" .

[5] Murphy, Jean V., "Canadian Tire Keeps Stores Rolling with Replenishment Program" , *Supply Chain Brain, October* 1, 1999.

[6] Partridge, Amy Roach, "Auto Logistics: Revving Up Service Parts Logistics Operations" , *Inbound Logistics*, January 2011.

15

运输管理系统

与供应链相关的运输系统必须进行适当的管理和控制，提升流程可视化程度和与合作伙伴保持良好沟通同等重要。一般而言，运输和物流（特别是仓库管理）的成本占销售总额的7%～14%（具体依行业情况而定），多数企业的运输费用会占比较大。一流企业能够将运输和物流的成本维持在销售总额的4%～7%之间。因此，运输对企业运营和盈利有重要影响。

长期以来，运输管理系统（TMS）出现了各种版本，如附加于既有的ERP系统、企业自开发订单处理或仓库管理系统。与其他软件类似，TMS既可以作为驻留软件或网络应用，也可通过请求式软件即服务的形式提供。

TMS支持费用自动核算和开单、可优化操作流程、提升流程可视化程度。TMS组件如图15-1所示。

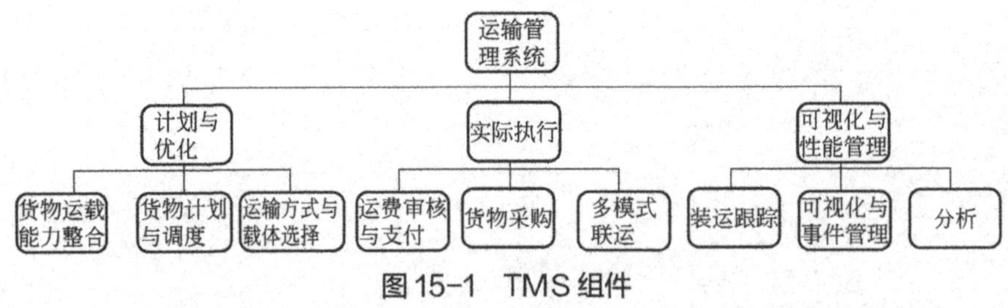

图15-1 TMS组件

TMS对业务计划、调度与运输系统管理起到很大的推动作用。包括以下功能。

（1）计划与决策——根据衡量运输成本、交付时间和停靠站点等指标，TMS可规划最佳运输方案，确认入库与出货运输模式、运输供应商选择、车辆载荷和优化路径等。

（2）运输执行——TMS 可用于运输计划执行，如运输工具使用率、调度情况和 EDI。

（3）运输跟进——TMS 可用于追踪运输情况，如运输事件、费用收据、清关、发票、订舱凭据以及运输警报（出现延迟或意外事故等）。

（4）效率衡量——TMS 具有成本控制功能，能够输出关键绩效指标报告。

供应链系统上存在相互衔接的环节与节点，TMS 负责完成两个节点之间的衔接，工厂就是其中的一个节点。“一环薄弱，全局皆输”，在当今的全球供应链中，保证高效、及时的运输管理尤为关键。

货场管理系统（Yard Management System，YMS）可作为 TMS（或 WMS）的功能模块组件，也可以是独立的应用程序。YMS 管理所有入库和出库货物的流转，集成出入库运输流程，最大限度地保证货场和仓库的效率。通过使用 YMS，企业能够根据运输流程的关键特性（如运输方式、装载配置、人工要求，以及码头和仓库容量等）进行运输计划、执行、追踪和载货检查。YMS 可安排码头处理入库订单、协调出库运输船只、管理仓库或工厂的物料与运输设备。

精益与运输管理系统

如上文所述，TMS 可以帮助公司实现有效、可靠和高效的货物运输，并且确保成本效益。将精益理念与 TMS 结合能够降低运输成本、提升客户服务水平、降低库存水平并实现业务目标。

因此，企业需要高度重视物流总成本，而不仅是运输、仓储、库存转移等成本。此外，如马获勤克所述，将精益管理原则应用到 TMS 十分有效。

（1）制定和执行运输策略——用于支持企业的库存策略，满足客户预期。

（2）避免运输浪费——额外运输是纯粹的资源浪费，企业应将运输系统作为战略重点。

（3）衡量运输效率——运输供应商常被视为企业的乙方，实际上两者应当是战略合作伙伴关系。精益供应链应该评估运输供应商的效率并给予反馈，以建立长期稳定、可靠的关系。

（4）熟悉运输成本结构——与单位成本相比，降低生产力成本（如拖车利用率、总行驶里程、设备等待时间和遵守核心运营商路线指南）更有助于降低运输成本。过于关注单位成本或运输工具数量的多少会扰动整体运输网络。

（5）日常运输事件管理——日常事件管理与以小时为单位检测和减少浪费现象，有助于大量节约成本。日常路线设计、实时跟踪与追溯、实时评估，以及日常问题处理至关重要，流程的规范化与标准化是实现运输系统精益管理的核心。

应用运输管理系统可节约的成本与可优化的环节

TMS 可以通过降低运费，大幅提高投入产出比。

（1）优化数据收集流程，改善业务决策，如提高核心运输工具利用率、推动采购协商。

（2）流程执行，如确保选择最合适的运输工具。

（3）流程优化，如货物装载和生产设施布置、安排。

此外，精益理念与 TMS 结合还有以下益处。

（1）增加企业对客户服务成本的认识。

（2）缩小运输部门的规模。

（3）通过优化运输路线减少碳排放（以及燃料成本）。

（4）获取更多的优质运输供应商资源，为长期业务打下基础。

（5）减少仓库数量。

（6）更好地满足与运输相关的卫生、安全和环境相关的法规要求。

降低运费成本与收获上述益处并不会降低服务水平，还有可能大幅提升服务水平。

运输管理系统技术

TMS 是整个供应链管理系统的功能模块之一，所以通常会与 ERP 系统集成。TMS 通常位于 ERP 系统或既有订单处理系统与仓库软件模块中间的过渡阶段。TMS 需要通过分析入库（采购）和出库（装运）订单，提供运输路线的方案。用户查看之后会由另一个 TMS 功能模块分析运输路线，选择性价比最高的运输供应商。之后系统会生成电子运输招标文件，选定运输供应商完成装运，同时支持跟踪与追溯、运费检查与付款。相关运输信息会回传给 ERP 系统和 WMS。

以下是最常用的 TMS 安装方法。

（1）现场安装与软件授权（集成到许多 ERP 系统当中）。

（2）远程部署与软件授权（即云服务 / 按需定制软件）。

（3）现场部署与软件授权（上述两种的组合）。

（4）无须软件授权即可完成 TMS 部署（类似于第二种，区别是可以免费使用，无软件授权要求）。

许多高级 TMS 软件提供网络和电子显示界面，以便与运输公司、贸易伙伴、供应商和客户进行实时协作。

运输管理系统应用案例研究

以下是通过 TMS 技术提升运输系统的效率和作用的企业应用实例。

案例 1：棒约翰比萨应用曼哈顿的供应链流程平台，秉承其“至优尊享”服务理念

1. 业务挑战

位于肯塔基州路易斯维尔的棒约翰比萨是全球较大的比萨公司之一，拥有 3,000 多家餐厅。但是，该公司在供应链库存、流程可视化与数据准确度等方面存在的问题已经束缚了业务的进一步发展。棒约翰常常需调用外部库存来解燃眉之急，然而这并不可行，因为原料运送到餐厅时已经过了保质期。

此外，面对商品价格、燃料价格、员工最低工资的不断上涨，以及通过限时折扣吸引消费者的次数不断增加等问题，要求供应链具备迅速

应对需求激增的能力。棒约翰需要想办法协调供应链上下游各方，降低库存水平、外部存储水平和库存报废率。

2. 解决方案

棒约翰的最终选择是曼哈顿联合软件公司的供应链流程平台，该平台为优化补货、库存和运营效率提供了完美的解决方案。该平台包括曼哈顿公司的 WMS，并与具有运输采购、计划和执行功能的 TMS 实现了集成。

棒约翰分阶段进行软件安装，从集中式采购 / 入库（曼哈顿的补货与运输采购功能）、仓库管理，到出库运输（曼哈顿的运输计划与执行功能）依次完成。

3. 应用效果

该解决方案改善了流程可视化程度，同时降低了费用、提高了效率、提升了供应链各个模块的生产效率。棒约翰现在能够查询采购订单的创建时间，完成订单创建到交付的全流程跟踪。而且库存的管理更加准确、高效、灵活，总体库存水平得以降低。安装新系统 6 个月之后，该公司的运费支出减少了 10%～15%。

在货物运输方面，棒约翰也拥有其他优势：货运成本降低 10%，外部存储成本降低 66%，库存报废率降低 83%，货车车厢利用率提高 25%，行驶里程缩短 11%，卡车停靠点增加 15%，拖拉机供应率提升 16%。

案例 2：某大型奶制品企业利用软件优化运送流程，将成本降低 18%

1. 业务挑战

某行业领先的大型奶制品企业需要制订入库运输计划，以规划自有和租用货车的使用。原有的系统需要手动操作，在订单管理系统和车队远程信息处理工具（集合电子通信与信息技术，大量应用于车队的跟踪和管理）之间传递数据。由于市场对奶制品的需求呈现出周期性且变动极大的特点，业务流程所需的手动操作十分繁杂。最重要的是，牛奶的等级、类型和质量不同，交货要求也各不相同，使得入库运输流程更加复杂，手动处理入货数据也会浪费大量的时间。尽管公司花费了很多时间和精力，设备和驱动程序仍未能得到充分利用，导致运输成本不断增加。

2. 应用效果

经过大量前期调研之后，该公司选择了 Ultra Ship TMS 的“装载融合运输优化器”程序模块来控制运货船只运输。通过配置，该程序能够读取大量信息，如农场取货请求（历史数据、时间进度、频率等）或各农场的产奶量、客户的车队远程信息处理系统和乳品厂订单管理系统的数据信息。该公司现在能够看到高峰时段的设备利用率与产能受限的情况。借助新系统，运输计划人员能查看农场原奶生产计划，发现实际生产对农场取货时间的安排的潜在影响，实现多个农场的特供奶源与订单需求之间的平衡，以最低的运输成本完成产品采购。

3. 应用效果

新系统上线后不久，运输计划人员便能够确定卡车数量、里程数和驾驶员数量的最优计划方案，以满足客户需求。通过优化运输路径，公司的交通运输费用降低了 10%，该费用在改进需求计划后又降低了 8%。

此外，通过自动化处理，计划时间缩短了 90%、空旷里程运输现象减少了，并能在遵守行业规则与法律法规、依照工会要求的前提下更好地完成运输交付。

案例 3：英国米勒公司运用 Transwide TMS 软件，管理日益增长的货物运输需求

1. 业务挑战

英国米勒公司是世界知名的啤酒生产商之一，其业务的快速发展给供应链带来了新的挑战，货物入库管理压力越来越大，运输计划工作繁重。

2. 解决方案

英国米勒公司试图寻求一套能够提高运作效率、支持业务量增长和提升客户服务水平的 TMS 解决方案。具体来说，该公司希望能将繁重的运输计划制订工作自动化，提升流程可视化程度，使业务体系更加灵活、高效。

该公司选择并安装了 Transwide TMS 以实现自动化处理，使用网络应用作为沟通平台，以取代电话、传真和电子邮件等通信方式。实时更新运输状态、事件通知和数据集中处理提高了信息可视化程度，有利于运输计划人员和客户服务团队做出决策。

3. 应用效果

目前，该公司实现了流程的集中化和标准化。运输订单相关的所有沟通内容和动作都可以通过系统跟进，运输业务内部处理所需的时间节约了 50%。

运输计划人员和客户服务代理商能够收到电子邮件提醒，提前预知风险，如提货或交付过程中出现意外情况。

Transwide TMS 与该公司原有的 SAP ERP 系统集成之后，系统更新能够自动同步。

Transwide TMS 提供的实时信息可视化程度更高，英国米勒公司能够更好地管理产品并直接向客户交付订单。此外，通过优化运输交付的相关指标，英国米勒公司可以提升服务水平，客户服务更加快速、准确。

新式 TMS 每年可为英国米勒公司节省 22 万美元的成本，让该公司只需两个月就能够实现全年的投资收益率。英国米勒公司运用 TMS 降低了运输等待时间与滞期费用，但在运输服务预约与计划方面仍存在问题。未来该公司计划继续推广使用 TMS 来持续改善业务流程，希望将卸货时间从 3 小时减少到 45 分钟。

讨论了连接供应链上下游的运输管理系统之后，顺理成章地应当讨论供应链节点（仓库和配送中心）所使用的技术，这也是第 16 章的主题。

参考文献

[1] Manhattan Associates, Inc., "Papa on the Platform—Hold the Anchovies: Papa John's Pizza Orders Optimization Supreme With Manhattan's Supply Chain Process Platform" (Case Study), 2013.

[2] Ultra Ship TMS, "Leading Dairy Trims 18% from Transportation Costs Using Optimizer Software" (Case Study), 2015.

[3] Transwide TMS, "Miller Brands UK Uses Transwide TMS to Manage Growing Transport Volumes" (Case Study).

16

订单履行系统

订单履行是从销售订单创建到产品交付的过程，通常指企业响应客户订单的方式。在多数情况下，“订单履行”这一术语仅用于分销或物流。就本章而言，订单履行指仓库、订单和客户关系管理，以及相关的流程处理系统。

第 15 章涵盖了实际交付货物的业务流程，所有这些流程与关联的系统都能够相互联系，满足客户需求。

仓库管理系统

仓库管理系统（WMS）是一种用于管理工厂的物料接收、转移和存储，处理收货、上架、分拣、包装和运输所需的流程。初期的 WMS 只能够实现简单的存储位置管理。

目前，一流的 WMS（如曼哈顿公司与跃升公司开发的系统）的功能已经超越了基本的货物分拣、包装和运输的范围，能够使用高级算法进行计算和优化仓库管理、使用无线射频和语音识别技术进行定位和追踪。尽管许多 ERP 供应商都会提供 WMS 功能组件，但是多数公司还是会单独购买 WMS 软件的授权，然后与 ERP 或会计系统进行集成。WMS 既可以安装在企业本地的主机和服务器上，又可以基于云平台的按需软件即服务系统运行。确保响应速度与准确率是库存管理的两大要义。

如上文所述，功能复杂的 WMS 使用自动识别和数据捕获技术（如条形码扫描仪、移动计算机和无线射频技术）来有效地管理和监控仓库的产品流动。数据收集完成之后，WMS 通过批处理或实时无线传输同步到中央数据库，输出显示仓库物料状态的报告。

在拣货点较多、速度与准确度要求较高的仓库中，可使用按灯拣货系统或光导系统来增强拣货能力。实施这类系统要求拣货区上方有灯光。操作人员通过扫描手提袋或领料容器上的条形码识别客户订单，根据订单信息从特定的集装箱中拣选物品。集装箱上方灯点亮后显示需要拣配的数量，操作员选择订单中货物种类，按下指示器以确认拣配。

若无其他指示灯亮起，则表示订单拣配已经完成。目前，语音定向拣选系统越来越受欢迎。 操作人员佩戴与小型计算机连接的耳机，按照语音指令前往具体位置，执行规定操作。通过读出预定义指令，阅读仓库中集装箱或产品粘贴的代码来确认具体操作。使用纸笔和移动设备时操作人员需要同时阅读说明、扫描条形码、并手动输入信息确认，而语音识别类工具能够解放他们的双眼和双手。

订单管理系统

订单管理系统（Order Management System，OMS）是用于订单输入和处理的软件系统。通常是大型 ERP 系统、WMS 或会计系统的功能模块之一（如图 16–1 所示）。

OMS 完成订单输入、客户信用等级验证、定价、促销、库存分配、发票生成、销售佣金和销售历史记录等流程的处理。

分布式订单管理系统与 OMS 的不同之处在于前者管理多个生产、分销或零售网点体系的订单分配，以降低物流成本和提升客户服务水平。

通常，OMS 系统是企业 ERP 系统的功能组件之一，因为销售订单往往会与库存、采购和财务系统进行数据交互。

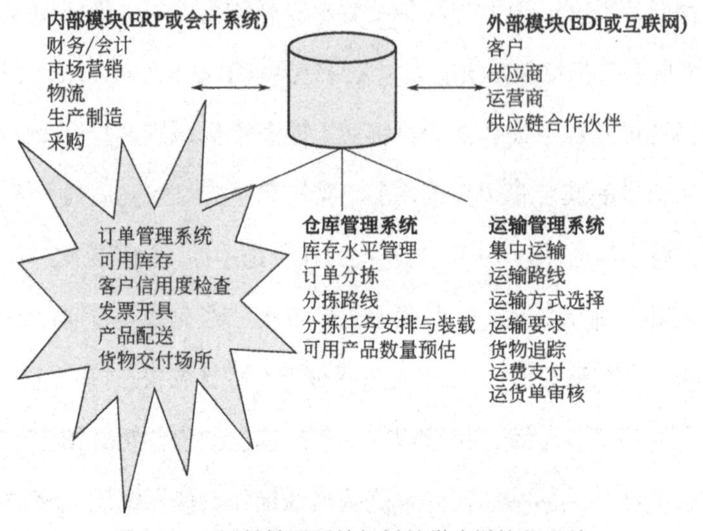

图 16-1　订单管理系统与其他供应链执行系统

客户关系管理系统

客户关系管理（CRM）指企业管理和分析客户生命周期过程中信息和数据交互的流程、策略和技术。CRM 系统的目标是改善企业与客户的关系，提高客户留存率，增加销售收入。

CRM 系统用于管理企业现有和未来客户的信息交互，它运用相关技术完成组织管理、自动化、销售数据同步、市场营销、客户服务和技术支持。该系统运用销售人员自动化功能建立业务联系，管理客户、合同和销售信息。 CRM 系统的四大供应商是 salesforce、Microsoft、SAP 和 Oracle。

规模较小的 CRM 供应商很受中小型企业受欢迎。

对大多数企业而言，使用 CRM 系统最大的好处是可实现所有业务数据的统一存储与访问。在使用 CRM 系统之前，客户数据较为分散，存在于办公文件、电子邮件、移动手机，甚至各部门的纸质便笺卡和通讯录条目中。

精益与订单履行

订单到现金的周期长短是衡量精益管理的关键指标，改进订单履行系统流程能够有效缩短订单到现金的时间。订单履行系统还包括订单管理、仓库管理、运输计划和运营等功能。

宏观层面的订单履行流程分为 4 个阶段：订单提交、订单处理、货物准备和装载、订单交付（如图 16–2 所示）。通过逐个分析能够了解如何通过精益理念和工具改进相关流程，包括实现工序标准化、流程布局优化、工作场所可视化、5S、价值流、团队建设、持续改善法、问题处理与错误检验、看板管理法、生产线平衡与移动端应用，以及消除浪费现象等。

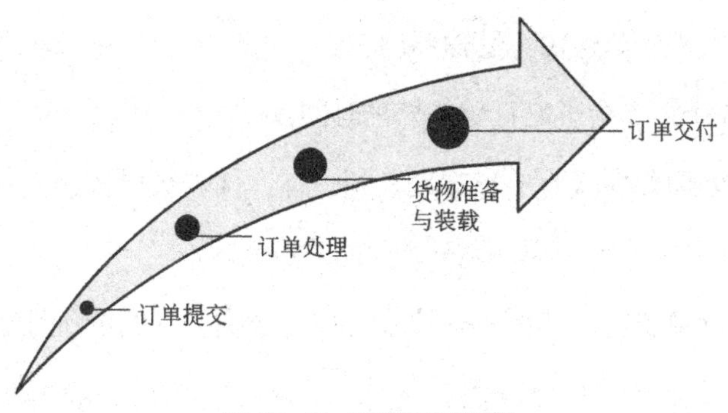

图 16–2　订单履行流程

订单提交

订单提交是客户下发订单到卖方接收订单期间的流程。存在多种下单方式，包括亲自下单，以邮件、电话、传真或 EDI 等方式下单和网上下单。EDI 和网络下单在确保及时性和准确性方面具有显著优势，可有效缩短处理时间，降低出错概率。

订单处理

订单处理指卖方接收订单后指定交付地点（仓库）的流程。订单处理可能包括以下 7 个步骤。

（1）验证信息完整性与数据准确度。

（2）验证客户信用。

（3）将订单输入计算机系统（手动输入或电子化读取）。

（4）奖励销售人员（市场部）。

（5）录入交易数据（会计部门）。

（6）定位距离客户最近的仓库，建议客户上门取货（库存部门）。同样可以手动输入或使用电子化处理方式，具体取决于公司的技术能力。

（7）安排订单运输（运输部门）。

以下 5 个因素会影响订单的处理时间。

（1）处理优先级——与短期计划一样，优先级可按照先到先服务、最短交货时间等确定，这取决于企业的业务策略。

（2）订单履行准确度——接收订单与数据输入的准确性越高，后期校验和修正花费的时间就越短。

（3）订单批处理——批处理是最高效的仓库订单拣货方式。“分波分拣”是批处理方法之一，可将大量订单分为组或波次配送交付。

（4）批量确定——完整订单的处理速度快于逐个挑选。

（5）合并运输——整车运输比零担运输效率更高。将小批量订单合并运输不但能降低运输成本，也能加快交货速度。

价值流式订单处理方法有助于缩短订单输入、信用核验、对账和确认等步骤之间停顿的时间，发现能够提升精益化管理的环节。例如，对员工开展全面、完整的业务培训有助于缩短订单交付周期，缩小批量生产规模和缩短生产设备设置时间。

OMS 系统和 CRM 系统能够充分协助订单信息输入、货物准备和货物装载流程，确保将所有客户信息和需求输入订单履行流程，从而降低后续出错、返工和退货的概率。

货物准备与装载

货物准备与装载包括订单生产到出库装载阶段。

该阶段的设备运营成本与时间占比最高，该阶段对于提高订单周期内流程的有效性和效率至关重要。手持式扫描仪、手提电脑、无线射频技术、语音订单拣货技术和电子标签拣货技术等可提升货物准备效率。

订单交付

订单交付指运输供应商取货到客户收货的阶段。协调订单拣货和批次与货车抵达时间至关重要。码头和货场常常会因交通拥堵、货车等待装载的滞留时间过长等交付停车费用。

使用大批量或加急运输模式的多数消费品的交付地点为生产地，或者是通过一个或多个存储点（制造商仓库、工厂仓库、批发商/分销商仓库和零售仓库）汇总到销售点（零售门店），消费者购买后可直接使用或打包带回。

根据商品类型和销售方式的不同，具体的订单交付环节存在很多细节差异。通过商品目录或广告宣传等直邮营销渠道或互联网电商平台出售的产品能够直接从制造商或现场仓库送到消费者的家中。某些制造商的厂家直销中心既可以充当仓库，也可以作为零售店直接销售产品。

一般而言，供应链上下游都需要进行考核，特别是订单管理，其中订单交付更是对供应链的成败起到一锤定音的效果。

订单交付如此重要的原因是货物运输多由第三方运输供应商执行，是最后一次与客户有实际接触的环节（产品退货或服务行业除外）。第15章讨论的TMS有利于提高订单交付的效率。

提升订单履行效率

亚马逊等公司应用kiva机器人和无人机技术加快仓库货物准备和订单交付的速度，而电子商务行业还无法实现这样的操作。

分销商、批发商与"实体店"零售商积极采取行动，加快货品补给速度，减少零售门店库存，降低整体库存水平。例如，许多零售店使用纸箱和混合纸箱装货，减少了托盘和混合托盘的使用频率，门店库存从90%提升至97%，仓库存货减少了25%。

提升订单履行效率要权衡3个方面：订单接收、订单处理和订单配送（如图16-3所示）。

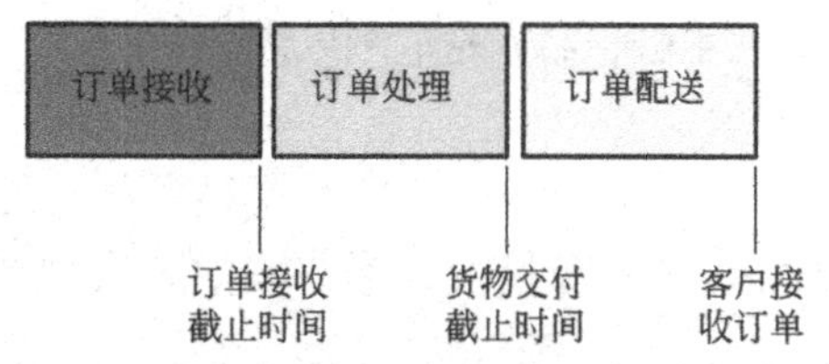

图 16-3　提升订单履行效率需要权衡的 3 个方面

如图 16-3 所示，缩短订单处理周期后，订单接收截止时间可向右移动，以提升客户服务水平。同时货物交付截止时间可向左移动，以提升生产承载能力或降低运输成本。

作为全渠道营销和分销策略的一部分，网上购物对顾客来说很方便，但对于将电商业务外包给第三方平台的零售商而言却需要巨额成本（某些零售商的在线销售额占总销售额的 25%）。科尔士百货、沃尔玛、塔吉特和百思买等零售商的网上销售利润率均有所下降，这些公司正考虑优化其业务结构、产品运输和分销中心管理的整体运营策略。

订单履行系统应用案例研究

以下所述为通过使用技术来优化订单履行流程的企业应用实例。

案例 1：区域药品经销商要求次日达服务

1. 业务挑战

某地区医药分销商仅在美国中部设立了一家分销中心，而客户要求该分销商能够具备订单次日送达的能力。该公司的订单截止时间为当天下午 7 点，多数医院要求所订药品能够在第二天早上 6 点之前送达。因为运输窗口时间如此短暂，该分销商的市场规模只能局限于距离分销中心 350 英里（1 英里≈ 1.6 千米）的范围以内。

2. 解决方案

该分销商仔细分析了实际情况，最终决定要实现配送中心自动化，利用针对畅销品和滞销品的自动化解决方案缩短订单处理窗口时间，以较低的运营成本处理大批小规模订单。

该分销商还决定将分销中心内部划分为多个区域，替代原有的单一拣货路径，根据订单在不同区域中同时拣货，最后完成组合和包装。

流程优化与分销中心在规划完成之后，流程处理时间减少了两个半小时。该分销商将订单截止时间延迟了一个小时，以对标其竞争对手并争取更多销售订单。

3. 应用效果

分销中心实现流程自动化之后，每小时可以处理的订单增加到 2,400 多个，与人工拣货相比，效率有了大幅提升。

订单处理窗口时间由 4 小时缩短至 1.5 小时，货物运输窗口时间延长了 90 分钟，这意味着该分销商的业务范围可以扩大 75 英里。市场范围的拓展带来了更多的客户和订单，该分销商每年营业收入增加幅度达到 1 亿美元以上。

案例 2：惠而浦公司在曼哈顿公司的帮助下实现供应链管理优化

1. 业务挑战

惠而浦公司是大家电制造商和销售商，拥有 40 多个制造工厂和 7,000 多家供应商。库存体量通常达到 220 万～ 250 万个，由 15 个工厂分销中心、

10个区域分销中心和85个本地分销中心组成的分销网络为全球约30,000家零售商输送产品。

惠而浦公司收购美泰格家电之后，将工厂的数量从47个减少到25个。与此同时，管理层意识到公司需要搭建具有较强的灵活性、可扩展性和敏捷性的供应链体系，以满足跨渠道和多渠道供货需求。

此外，惠而浦公司也意识到发展业务面临的以下两大挑战。

（1）行业内出现了在48～72小时内将产品送到顾客手中的竞争态势，因此必须分阶段管理库存，加强精益化管理。

（2）惠而浦公司的工厂位于美国，其劳动力成本较高，而竞争对手却将工厂转移到劳动力成本低廉的发展中国家。因此，惠而浦公司需要降低生产和分销成本才能保证盈利。

2. 解决方案

惠而浦公司需要重新部署仓库，运用更先进的货物分拣技术，为工人减少工作量。该公司还希望实现整体业务网络的流程化与标准化。因此，惠而浦公司与曼哈顿公司合作，展开了详细的业务需求评估，以及时发现系统集成所需要应对的问题和挑战。

3. 应用效果

曼哈顿公司为惠而浦公司提供了一整套的创新解决方案，包括仓库管理、货位优化管理和人力资源管理等，取得了以下成果。

（1）工厂运输距离缩短了4,000万英里，降低了燃料成本和对环境的影响。

（2）货物拣选时长减少了50%，加快了拣货速度。

（3）库存损坏减少了50%。

（4）仓库运行时间提高了90%以上，接近99.9%的既定目标。

（5）实现惠而浦公司和美泰克公司供应链的无缝集成，没有影响客户或贸易伙伴的业务运作。

（6）仓库实时库存可视化更加精准，提高了库存数据准确度。

（7）通过支持打包拣货和体现精准库存数量提高仓库效率。

（8）缩短了订单交货时间。

案例3：塔格物流整合卡当斯WMS系统与ADSI Ship-IT系统，实现供应链实时管理

1. 业务挑战

塔格物流是一家订单履行和第三方物流供应商，公司业务遍及密苏里州圣路易斯市和内华达州里诺市。塔格物流拥有庞大的制造商、批发商和零售商的客户基础，运输业务范围覆盖整个北美和全球其他地区。塔格物流成立于2006年，其原有WMS已远远无法满足现在的业务需求。

2. 解决方案

塔格物流需要搭建新的WMS和TMS以完成以下目标。

（1）支持大规模订单批量操作和复杂订单需求。

（2）简化运输流程，提升运输处理速度，改善国内外订单运输拣货流程。

（3）灵活追踪货物与运输情况。

（4）为小包运输和零担运输提供成本最低的运输路径。

（5）自动获取与费用相关的订单处理和货物运输信息。

该公司评估了几种WMS软件解决方案，发现Cadence WMS（Cadre软件供应商）专门用于第三方物流行业，系统灵活性较强并含有集成式计费系统。

该公司用ADSI的Ship-IT系统代替了原有的运输管理系统，与Cadence WMS系统实现紧密集成，具有专用于小包、零担、美国邮政和区域货物运输的平台。

3. 应用效果

自2007年以来，塔格物流销售额增长了53%，在其他领域也取得了不错的成绩。

（1）提升拣货速度——通过配置实现分波拣货，提高订单处理效率。

（2）优化库存跟踪——加强库存周期计数管理，跟踪管理库存及产品，库存准确率超过99.9%。

（3）客户报告——支持自定义报表及客户同步。

（4）集成式计费系统——计费系统流程高度自动化，可获取所有增值服务的成本情况。

（5）简化货运处理流程——创建单独系统，规划成本最低的货运路线，实现运输服务商分类与排序，将实际货运成本回传给计费系统。

（6）客户指定运输——支持将客户特定的运输规则自动回传给Ship-IT系统。

（7）无纸化国际运输——业务人员无须手动处理国际订单运输流程。

目前，货物运输能够在几秒之内完成自动处理。

订单履行后不存在退货是最理想的状态，而事实并非如此。多数公司都需具备一定的能力处理退换货，第17章将主要讨论这方面的问题。

参考文献

[1] Meller, Russ, "Order Fulfillment as a Competitive Advantage", *Supply Chain* 24/7, March 5, 2015.

[2] Manhattan Associates,Inc., "Whirlpool Spins Optimized Supply Chain with Help from Manhattan Associates" (Case Study), 2013.

[3] Cadre Technologies, "TAGG Logistics—Supply Chain Management & Order Fulfillment" (Case Study).

| 第六部分 |

订单退货

本部分内容如下。

“逆向物流系统”关注运用精益技术管理商品退货流程，改善逆向物流，减少浪费现象。

17

逆向物流系统

逆向物流近年来才受到重视，逆向物流检查可帮助企业大幅减少资源浪费、提高利润率。

顾名思义，逆向物流是计划、采购、生产和运输的反向流程。逆向物流可定义为高效计划、实施和控制可循环与二次利用材料、退货和返修的过程，从消费者体验角度出发，进行维修、再制造、再分销或废品处理。

面对环境问题，企业应在供应链全流程（不论正向或反向）中落实环保理念。在产品设计、原料采购和选择、生产制造、终端产品交付，以及废弃品处理的各个环节都应体现环境友好性。

理想情况下逆向物流中涉及的原料部分极少。实际上，制造类企业处理订单退货的费用平均占到了营业收入的 9%～15%，这显然造成了极大的浪费。企业搭建逆向物流体系的原因很多，包括以下 5 种。

（1）处理商品退货，包括损坏商品、季节性存货、重新入库、重新进货、剩余存货、退货或超额存货。

（2）落实绿色环保理念，回收包装材料、容器。

（3）退货维修、翻新和再制造。

（4）处理过期库存。

（5）回收有害物质，处理垃圾文件。

企业逆向物流网络有多种用途，如重新开单、维修、翻新和再制造等，这取决于产品的性质、单位价值、销售量和分销渠道。

精益退货物流

一般而言，商品退货流程共有 5 个步骤。

（1）退货签收——产品退货集中签收（通常是零售点或其他退货途径汇总到仓库或分销中心），包括退货确认环节。

（2）接收和排序——对退货产品进行接收和排序，以便进一步确认后续退货步骤。

（3）退货分类——根据库存单位数对退货产品进行细分，增加相应品类的库存数量。如果是供应商退货，则按供应商分类。

（4）退货分析——确认退回商品的价值和后续操作需要有经验的员工来完成。

（5）退货处理——状况良好的货品（如仓库退货或门店退货）将重新入库。如果需要维修、翻新或重新包装，则需要进行诊断、维修和组装、拆卸。经过重新包装、维修、翻新或再制造的物品通常被运往二级市场。

优化上述流程管理可大幅减少浪费现象。

实现精益退货物流流程的关键步骤

逆向物流执行委员会研究小组确定了逆向物流管理的关键要素，检查了产品从零售商门店通过供应链回流的各个环节，如图 17-1 所示。下文中会依次讨论，根据处理方式不同，这些要素可能会影响企业的盈利能力。

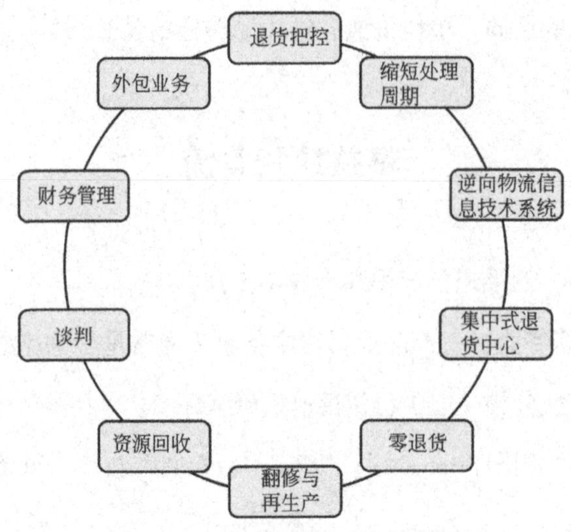

图 17-1 逆向物流管理的关键要素

1. 退货把控

退货把控指逆向物流初期对有缺陷或过保的货品进行筛选的过程。这是保证整个逆向物流管理的关键因素。以往，企业大部分资源都用于正向物流管理，很少花费时间和精力进行逆向物流管理。

L. L. Bean 户外用品、沃尔玛和塔吉特的退货政策较为宽松，一方面会吸引消费者放心购买，另一方面也会被钻空子，有的消费者购买后使用一次就办理退货。因此，充分进行退货把控至关重要。例如，任天堂电子游戏公司鼓励零售商登记门店出售产品的序列号，并给予一定的返利。通过这种方式，任天堂和零售商可以确定退货产品是否在保、退货时间是否在允许的范围，这种方式让其整体的退货率下降了 80%。

2. 缩短处理周期

实施逆向物流管理的主要目标之一是缩短制定退货商品处理决策所需的时间，包括确定退货商品处理决策、货物位置移动和加工方式。

企业应在接收退货商品之前就确定退货处理方案。一般情况下，货物在返回配送中心时，无法确定其是否存在性能缺陷、是否可以重复使用或翻新，以及是否需要送到垃圾填埋场处理。逆向物流分配系统业务逻辑复杂，对企业是巨大的挑战，若规则不明确，员工很难决策和应对意外情况。

3. 逆向物流信息技术系统

缺乏信息系统是实现逆向物流管理的最大挑战，企业需要具备足够灵活的逆向物流信息系统才能应对复杂的退货情况。

逆向物流信息系统应在门店创建数据库，以便零售商跟踪产品在逆向供应链中的流动。

该系统还应包括衡量逆向物流指标的处理程序，如退货率、回收率和退货库存周转率。

无线 RFID 技术对实际操作很有帮助，二维条形码和 RFID 牌等新技术很快就能广泛使用。

使用逆向物流技术对企业有以下 8 点好处。

（1）追踪货物的退货流程。逆向供应链流程可视化程度下降会降低供应链运作效率，出现错误需要付出较大的代价。

（2）关于备件与产品处理的环保法律规定和标准将更加严格，特别是废品的回收与处理方面。逆向物流系统可以使企业更好地遵守相关法律规定。

（3）通过流程的自动化，企业可以减少逆向物流处理成本。

（4）自动化定向处理流程（如在更换和维修过程中退货至仓库或退货至供应商）可以进行退货管理和提高库存利用率。

（5）无条件支持顾客退货、更换或维修产品，不限制购买渠道，提升客户满意度。

（6）将换货或维修申请与原始销售订单关联，实现订单全生命周期跟踪。

（7）集成制造商、贸易伙伴、物流供应商和客户，实现高效客户服务。

（8）制造商、批发商 / 分销商和零售商都能通过逆向物流系统受益。

美国企业每年在货物退换方面的成本超过 1,000 亿美元。消费者对退换货服务的预期越来越高，希望企业支持无理由退换货。调研发现顾客会根据零售商或厂家的退货处理流程是否复杂，决定是否消费。

若逆向物流系统能够与企业（贸易伙伴）的业务系统、CRM 系统等充分集成，可以提高退换货处理效率、优化退换货处理流程、确保最大回收率和最大收益，显著提高利润率，并通过数据访问和管理工具及时、准确地核对数据信息。

4. 集中式退货中心

集中式退货中心对企业益处良多，体现在以下 7 个方面。

（1）保持退换货处理方式的一致性，最大限度地降低错误出现的概率。

（2）希望将门店空间用于摆放畅销商品的零售商能够节省大量的空间。

（3）集中式退货中心的员工专业度较高，与门店促销员相比可以更高效地处理退货，节约人力成本。

（4）送货到门店的卡车可以在返程时带走退换的产品，降低运输成本。

（5）提供便捷退货服务对零售商而言极具吸引力，有利于提升顾客满意度和留存率。

（6）加快退换货产品和费用处理速度，缩短货物闲置时间，减少价值损失。

（7）退换货情况可以作为市场反馈的参考，集中处理有利于制造商及时发现和解决质量问题，比客户服务人员逐个处理更有效。

5. 零退货

公司可能不接受客户的退货，而是给零售商明确允许的退货率和退换货处理指导，同时提供成本折扣以争取零售商的配合。这种类型将退换货处理的流程与职能完全转移给了零售商，同时降低了制造商和分销商的成本，但缺点是削弱了制造商对其产品的掌控能力。

6. 翻修与再生产

翻修和再生产的优点是能够再利用返回的零件，达到节省成本的目的。翻修和再生产的方式有 5 个种类，可使产品重新具有可用性。

（1）维修。

（2）翻新。

（3）再制造。

从旧的或损坏的产品中检索可重复使用的零件。

（4）零件拆用。

拆出性能完善的零部件留下备用。

（5）回收。

7. 资源回收

资源回收用于退货的分类和处理，处理过剩、超期、划损、报废、浪费和多余产品，以及其他资源。通过使处理成本和费用最小化，企业能尽可能增加回收的价值。

资源回收的目的是尽可能恢复其经济（和生态）价值，减少最终废物量。与传统的废物填埋方式相比，这种方式能够增加现金收入。

8. 谈判

谈判对于逆向物流相关方至关重要。由于缺乏产品退货方面的专业知识，非正式谈判通常无法确定标准的定价方案，也无法实现退货产品的剩余价值最大化。

9. 财务管理

财务管理是逆向物流中难度最大、重要程度最高的环节。退货数据有时会从销售数据中扣减出去，销售人员会努力避免客户退货。退货也会影响应收账款。

10. 外包业务

如上文所述，逆向物流通常不是企业核心竞争力的体现。对企业而言，将逆向物流职能外包给第三方公司往往是更好的选择。

精益逆向物流技术案例研究

企业可以通过多种方式改善逆向物流，如以下企业应用实例所示。

案例 1：飞利浦新西兰分公司应用 RTL™ 系统提升消费者退货满意度

1. 业务挑战

飞利浦新西兰分公司每年仅处理退货的物流费用就高达数十万美元。此外，飞利浦新西兰分公司还需承担后续维修费用与产品报废造成的利润损失。

2. 解决方案

尽管飞利浦新西兰分公司支持的退货授权（GRA）政策相当完善，但未能贯彻到逆向物流的各个相关部门。该公司试图寻求更优的解决方案，以降低成本、提高退货效率。经过前期调研，飞利浦新西兰分公司使用了 RTL™（往返物流）软件供应商基于网络的创新型 GRA 软件解决方案。

3. 应用效果

RTL™ 系统帮助飞利浦新西兰分公司提升了客户满意度，降低了客服中心的运营成本和员工培训成本。此外，该公司既拥有了标准化的 GRA 系统流程，还将相关 IT 成本降到了最低。现在消费者能够直接完成线上退货和物流跟踪，飞利浦新西兰分公司客服中心已经不会收到退货相关的电话和电子邮件。据估计，这每年可以为公司节省 100,000 美元。

系统会提示零售店员所有相关信息，数据验证清晰严格，只有填入正确的数据才能继续下一步操作，因此 GRA 表格中数据的准确率现在接近 100%。

由于退货流程简单易行，退款速度迅速，飞利浦的消费者满意度大幅提升。

应用RTL™系统减少了处理退货问题的工作量，员工可以更专注于提升销量，员工满意度和积极性大幅提升。RTL™系统降低了公司总成本，提高了退货处理的效率。

RTL™系统为退货订单处理专员提供在线培训，实现了与公司ERP、会计系统的集成与数据交互。

案例 2：诺基亚部署全球服务战略

1. 业务挑战

许多设备制造商的维修服务范围主要集中在本国市场。位于芬兰的大型跨国通信和信息技术公司诺基亚就属于这样的情况。企业会联络当地维修供应商并签署合同，由后者提供软件解决方案，用于注册和管理逆向物流和产品维修周期。由维修供应商管理的系统提供的本地解决方案可简化订单输入操作，管理从零售商、终端用户到维修中心的货物运输。对于逆向物流，维修供应商则会提供产品维修和调换的解决方案，跟踪和追溯退换货流程，支持本地客户服务。

2. 解决方案

诺基亚决定放弃本地模式，改用全球模式。该公司决定投资开发全球软件解决方案，实现维修订单的全面管理与流程可视化。通过集中化处理和减少维修供应商数量，诺基亚希望能够降低维修成本。

Return Pool是一家全球IT解决方案提供商，在业务流程优化、敏捷开发、逆向物流和项目管理方面具有多年行业经验，因此诺基亚对其抛出了橄榄枝，双方合作完成系统开发。

3. 应用效果

在推进全球化的过程中，诺基亚实现了全球业务系统与逆向供应链处理系统的集成，全面管控逆向物流，能够根据成本或质量的情况重新分配维修订单。某些地区的物流中心支持整机退换，以满足承诺给客户的维修服务水平协议。

实施全球软件解决方案任重而道远，企业需要具有管理业务流程变化的能力和方法，考虑区域特殊情况的同时坚持全球业务的核心策略。过去 10 年，Return Pool 已成为诺基亚的重要合作伙伴，协助诺基亚在 30 多个国家、地区实施了全球解决方案。基于现有全球系统逻辑，Return Pool 根据诺基亚的业务需求进行必要的调整，以适应不断变化的全球竞争环境。Return Pool 为诺基亚提供了详细流程规划、现场培训和安装等服务支持。

案例 3：某家装服务零售商对退货中心体系重组，极大地提高了生产效率和响应速度

1. 业务挑战

某家装服务零售商提供室内装修、建筑产品及服务，在美国设有 2,000 多家门店。但是，该零售商逆向物流流程效率低下，没有统一的退换服务政策。

此外，该零售商有许多体积庞大、需要消费者自己动手安装的产品，其退换流程与普通产品相比更加复杂，可能会造成更大的浪费。

2. 解决方案

GENCO是一家大型第三方物流公司，能为零售企业解决人力、货物清算、运输体系、退换流程可视化与回收管理问题。

该公司需要投入大量资源来处理零售商的退货商品，为了不影响客户服务水平和销售量的提升，该公司通过安装GENCO专有的R-Log软件实现了流程标准化和自动化处理，业务人员可以更加聚焦于如何改善客户服务水平和提升销售业绩。

在R-Log系统的帮助下，零售商可以实时跟踪退货进度及货物情况。该系统还能够在零售商应付账款系统中呈现客户信用评级。客户服务部门处理退换货相关的工作量大幅减少，退货库存的跟踪与可见性得以提升。

3. 应用效果

本实例展示了精益供应链技术与GENCO系统结合的协同效果，实现完整退货流程的精益管理和优化，有助于营造和推进精益文化。为支持现有企业业务战略，GENCO为该零售商设计和开发了定制版逆向物流系统架构。最终确定由分布于国内的3个工厂组成区域网络，以更好地实现退换货管理。

该零售商运行集中式退货系统取得了显著成果，R-Log系统确保了退货速度、效率，实现了自动化处理。退货处理工作量的大幅减少节约了人力成本，业务人员得以腾出精力专注于更重要的增值活动，如改善客户体验等。3个工厂的精益化生产流程已实现了标准化，提升了生产效率，减少了资源浪费并简化了分拣和码垛工作。

GENCO系统及逆向物流技术使该零售商减少了退换损失，提高了回收率与营业收入。

本书讨论了 SCOR 模型涵盖的 5 个核心供应链流程的应用技术（计划、采购、生产、交付和退货）。2012 年，SCOR 模型新增了第六大流程——“赋能”，为前 5 个流程提供实践支持。本书侧重于强调技术在实现精益供应链管理的重要作用，因此只对 SCOR 模型的“赋能”模块略做解释。

参考文献

[1] Roger, Dale S., and Ronald S.Tibben-Lembke,*Going Backwards: Reverse Logistics Trends and Practices,* Reverse Logistics Executive Council, 1998.

[2] RTL, “RTL™ Adds Up to Many Happy Returns for Philips” (Case Study).

[3] Return Pool, “Nokia—Deployment of Global Service Strategy” (Case Study), 2012.

[4] GENCO, “Return Central—Reconstructed Network Yields Big Efficiencies, Faster Processes” (Case Study).

| 第七部分 |

赋　　能

本部分内容如下。

“度量、指标与分析方法”关注衡量流程有效性的方法与技术，即度量、指标和分析，企业运用供应链分析工具与技术可以提升供应链动作水平。

18

度量、指标与分析方法

到目前为止，我们已经讨论了 SCOR 模型前 5 个模块的技术应用情况（计划、采购、生产、交付和退货）。本章将继续讨论衡量流程有效性的方法与技术，即度量、指标和分析。根据贝恩公司对全球 300 家公司的调查显示："68%的业务经理认为公司现有供应链效益尚未实现最优化。沃尔玛、福特汽车、戴尔等企业都通过量化供应链绩效指标来设定目标，向全球一流供应链行列迈进。"

度量与分析过程

众所周知，供应链管理需要完成很多的权衡与取舍（如成本与服务水平），以保证长期的业务发展。

供应链绩效指标需要与企业的使命与策略保持一致，也会影响管理人员与员工的工作态度。制定和衡量绩效指标可以满足客户期望、改善供应链能力、提高资产管理能力、激励员工，最终提升利益相关者的投资回报率。关键绩效指标（KPI）是企业进行绩效考评的常用方法，可针对多个层级进行细化，以评估业务目标完成率。

明确企业 KPI 之后，需要确定具体的衡量方式。此过程称为基准测试，涉及将业务流程和绩效指标与行业内优秀的实践案例进行比较。

例如，异常报告和实时仪表板等技术和设备使数据的收集和分析更加容易。还存在大量数据可用于衡量业务流程的合理性和避免资源浪费。此外，数据的分析结果应得到有效利用。

度量指标与环节：SCOR 模型质量与管控

许多方法可用于衡量有效性（如 SCOR 模型、平衡计分卡和作业成本法）。每种方法都有详细的要求，需要确认衡量的指标与时间。

（1）时间——准时交货收货、订单周期、可变性与响应时间。

（2）质量——衡量客户满意度，流程处理和履行准确率，订单交付准时、完整和无损坏，付款信息准确。计划的制订（需求预测）和排程的准确性同样至关重要。

（3）成本——包括库存周转时间、从订单到现金的周期、总交付成本（商品、运输、搬运和物料处理成本）。

本书使用 SCOR 模型来讨论供应链中技术的应用。此模型可与精益化指标集成。SCOR 模型围绕计划、采购、生产、交付、退货和赋能 6 个模块管理企业。SCOR 指标按阶层式结构划分。

最高决策者通常使用一级指标衡量整体供应链绩效。二级指标是衡量高级业务的主要指标，可跨越多个 SCOR 模块。

所有 SCOR 指标都有 5 个关键战略绩效属性。虽然属性本身无法衡量，但可用于制定战略方向，与可靠性、响应度、灵活性、成本和资产管理以及资源浪费密切相关。表 18-1 呈现了部分指标示例，之后各节将详细讨论。

表 18-1　SCOR 模型部分指标

性能属性	样本度量	计算
供应链可靠性	订单履行质量	完美订单数 / 订单总数
供应链响应性	订单履行平均时间	已交货订单的实际周期时间 / 已交货订单总数
供应链灵活性	上游供应链灵活性	实现交付数量 20% 的意外增长所需时间
供应链成本	供应链管理成本	计划成本 + 原料成本 + 交付成本 + 退货成本
供应链资产管理	资金周转时间	库存供应天数 + 应收账款未清天数 - 应付账款未清天数

1. 可靠性

分析交付可靠性指标可以衡量订单交付中产品类型、交付地点和时间的准确率，识别资源浪费现象，查看订单状态、包装、数量和相关运输文件。衡量结果主要体现在以下 3 个方面。

（1）交付能力——是否按照客户下单时的要求完成了货物运送与交付？某些企业根据库存数量擅自修改交付时间和系统日期，以修改后的交付、承诺日期作为衡量交付能力的依据，这样做会导致指标度量准确度降低。

（2）订单履行率——客户订单的交付过程是否完整至关重要。此指标通常低于产品线完成率（该指标也应进行衡量）。

（3）订单履行准确率（按级别细分）—— 属于质量度量指标，用于测算运输错误率，如装运订单的品类或数量错误。

2. 响应性

响应性用于测量供应链和物流的产品交付速度，包括订单履行周期、运输时长、准时交货率、全周期时长或码头到码头时长（即关键物料从上生产线到被完全消耗的时间，可作为衡量精益程度的关键指标）。

3. 灵活性

灵活性是衡量供应链应对变化的敏捷性和响应时间的指标。受经济、环境和其他因素的影响，企业可能需要应对许多无法预料的变化，具备较强的灵活性可以为企业带来更大的竞争优势。

4. 成本

管理供应链和物流的成本至关重要，这能够减少大量浪费。度量指标包括销售成本、总供应链和物流成本（以美元为单位）、运输和分销成本、保修 / 退货以及其他成本。

5. 资产管理

资产管理着眼于公司如何有效管理资产（包括固定资产和运营费用）以满足需求。度量指标包括订单到现金周期、库存和资产周转率。

供应链分析方法

数据分析是当今的热点话题，通过处理原始数据可得出分析结果。数据分析技术应用于供应链时，通常称为供应链分析。图 18-1 所示为供应链中的报告与分析视图，许多行业的企业都使用供应链分析方法挖掘业务本质、优化业务决策、验证现有模型或理论。

尽管数据分析并非全新的概念，但是技术的进步使数据的收集、过滤和分析更加轻松、高效，成本也更低。

数据分析可分为 4 类。

（1）描述性分析——也称为商业智能系统，使用历史数据来描述业务流程。在供应链中，描述性分析有助于企业更好地了解历史需求、产品在整个供应链中的流动方式以及延迟装运的时间点。

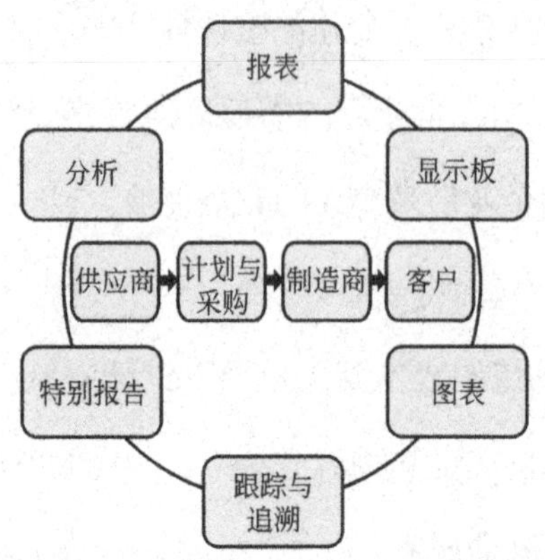

图 18-1　供应链中的报告与分析视图

（2）问题诊断分析——供应链出现问题之后需要分析根源。通常涉及对系统数据的分析，以使企业了解备件不足或错误出现的原因。

（3）预测分析——通过数据统计和分析来预测未来趋势和运作模式。对供应链而言可用于预测未来需求或产品价格。

（4）规范性分析——通过数据分析来选择理想的解决方案。规范性分析在供应链中常用于确定配送中心的数量和位置、设定库存水平或生产计划。

数据分析方法往往基于历史数据，因而无法衡量未来的情况。数据分析方法一般不用于客户服务和产品质量等战略性、非财务绩效目标，也无法衡量运营效率和有效性。

每个拥有供应链的企业都投入了大量的时间和资源，以确保供应链能够为企业增值。高级分析工具有助于企业更深入地分析供应链数据，以达到降低成本和提高效率的目的。

供应链的业务逻辑相当复杂而且对企业的成本结构与盈利能力影响重大，因此企业可利用分析工具分析供应链的业务逻辑以提升竞争优势。如果企业能够保持开放的态度，就可以更深入地研究相关数据，提升需求预测的准确率。

供应链决策支持与分析技术

传统的供应链管理系统虽然非常适合自动化操作，但不一定适合关键决策周期，随着制造公司发展更复杂和更具竞争力的业务，决策循环变得越来越频繁。这是 SCM/ERP 系统的主要结果，其反映了已经发生的事情，而不能反映将要发生的事情，因此需要更复杂的分析和决策技术。

当今的供应链分析实践软件可能包括以下 6 种类型的功能。

（1）监视、控制、警报、模拟和检测关键的供应链事件。

（2）将组织从被动位置转移到主动位置。

（3）利用人力资源，以较少的成本完成较多的事情。

（4）在例外情况下管理供应链流程。

（5）专注于优先级最高的任务和活动。

（6）在问题变得严重之前解决供应链问题。

增强分析能力有利于企业做出更好、更明智的决策。

在《工业周刊》的调查中，只有大约 12% 的制造商对其 SCM 和 ERP 系统对相关数据进行分析以进行及时决策和报告的能力感到满意。该调查表明，企业通过供应链分析可以更清楚地了解运营、市场营销和消费者活动，可以更好地预测挑战并主动应对，从而提高效率和盈利能力。

在纯技术方面，上述调查还表达了以下内容。

（1）要提高效率和绩效，就需要以数据为基础的预测性见解——供应链分析技术可以帮助企业提高预测准确性，了解需求模式，增加供应商绩效并减少产品库存和缺货。

（2）传统的SCM、ERP系统在当前的经济条件下还不够先进——大多数成功的公司意识到其不能简单地依赖各种交易系统的表面数据。将交易系统中的数据与下游消费数据以及上游供应数据集成，可以消除不准确性，并提供前瞻性的见解。使用供应链分析工具可以帮助企业发现趋势、预测事件并了解成本和收入的潜在驱动因素，从而使企业能够在瞬息万变的业务环境中保持创新和敏捷性。

（3）分析是下一代供应链的未来——供应链主管希望未来的系统能够帮助其做出更具战略意义的决策，包括如何控制成本、改善需求预测，以及提升客户服务。传统的供应链系统由于只能回答非常基本的问题且能力有限，因此未能成功解决这些问题。下一代供应链系统将需要更高级的分析功能，包括基于约束的优化、高级预测、假设分析、方案规划、业务模拟和建模。

当前，大数据和高级分析工具正在与网络优化、需求预测、集成业务计划、供应商协作和风险分析软件工具集成在一起。一些好的供应链分析软件解决方案提供商（如SAP、Oracle、JDA、Manhattan Associates、SAS、IBM和Logility）通常将其系统作为SCM和ERP系统的一个模块，在某些情况下还可作为独立的分析系统提供给企业。这些系统可以是需要下载安装的，也可以是基于云平台的。

精益与供应链分析技术的案例研究

下文将讨论企业运用供应链分析工具与技术提升供应链运作水平的实际案例。

案例 1：安娜纺织公司通过数据分析构建供应链商业智能中心，以提升制定决策的效率

1. 业务挑战

安娜纺织公司总部位于加利福尼亚州的科斯塔梅萨，是一家拥有 3,200 多名员工的家族企业，其门店遍布美国近 20 个州。该公司希望能够提升供应链上下游的运作效率。

2. 解决方案

安娜纺织公司决定采用 Transplace 开发的商业智能门户网站，实现业务数据报表的整理和展示，以清晰地了解货物运输情况。

该门户网站提供了 50 多种不同的指标和 KPI 来衡量运输效率，可用数据图分析趋势，柱状图可基于数据类型、数据元素和数据分析方法来显示运输情况。该网站还可将商业智能数据展现在系统指示板与电子表格中，并支持实时更新，以便供应链团队能够更轻松、更方便地获取相关信息，提升制定决策的效率。Transplace 提供的数据能够支持深度分析且时效性较强，为流程决策和策略评估提供了扎实的基础。

3. 应用效果

安娜纺织公司能够通过该网站监管货物运输、不断提升效率、实时

了解相关成本变化的情况，同时可准确评估问题的严重程度和影响范围，避免反应过度。该公司实现了业务运转效率的提升与成本信息的充分可视化，并能够提供针对性策略应对业务变化与发展的问题，从而优化决策结果，节约数据收集与分析所使用的时间成本与资源投入。

案例 2：钢铁制造商提高生产效率与营业利润率

1. 业务挑战

某亚洲大型钢铁制造商拥有 19,000 名员工，希望对 30 多年以来的业务模式进行改进，以提高生产效率和市场竞争力。

2. 解决方案

该制造商决定将两个流程创新（PI）模块嵌入 SAS 系统。首先，使用 SAS 软件提取、转移出 ERP 系统的所有数据，转化为统一格式之后搭建数据库，该数据库支持数据同类比较和数据质量检查。其次，在六西格玛（Six Sigma）项目跟踪系统中增加 SAS 软件的分析功能，以便收集关于 PI 项目的数据，识别关键质量问题并分析根本原因，尽早解决问题以改善整体制造流程。

3. 应用效果

该钢铁制造商的标准热轧盘条生产交货时间减少了 50%（从 30 天减少到 14 天），库存水平降低了 60%（从 100 万吨减少到 40 万吨）。通过分析和改进生产制造工艺，该公司将热轧盘条的废品率从 15%降低至 1.5%，在不到两年的时间里总共节省了 1,550 万美元。

案例 3：药品批发商 H.D.Smith 运用新型技术助力企业构建顶级供应链架构

1. 业务挑战

药品批发商 H.D.Smith 发现，用于需求预测和生产的数据分散在多个子公司和存储系统中。管理人员需要消耗巨大的精力才能完成数据整合，影响了业务决策制定的效率。针对市场需求变动较快的产品，该公司花费了大量时间试图收集相关数据，但在完成数据收集之后，市场情况已经发生了变化。当时该公司使用的数据分析工具是微软的 Access 和 Excel。

2. 解决方案

该药品批发商采用了 Fusion Ops 数据分析软件，希望能够实现供应链流程与数据的可视化，更准确地完成需求预测和生产计划，大幅提升客户服务水平。该批发商完成试点测试后于 2013 年秋季开始全面推行 Fusion Ops 软件，分别用于采购、财务、库存、销售、生产计划和客户服务模块。该软件还具有新型分析功能，可以模拟不同业务场景，以更好地分析和了解各类决策的利弊。管理人员每天都可以在系统中创建工作表来安排工作进度。

3. 应用效果

该批发商根据需求和其他特征对库存进行了详细的分类，专注于生产高价值、高需求和紧急品类，提升了库存管理效率，以更好地匹配市场需求和安排销售节点。

该批发商现有库存水平有所下降，服务水平大幅提升。目前其每个月的服务水平绩效都超过了98.5%的目标，而过去一年中仅有两个月达到了该目标。

众所周知，供应链的结构更趋向于网络状，而非链条状。客户、供应商与企业合作伙伴共同组成了复杂的供应链网络体系。第19章讨论的主题就是如何通过协同式管理方法统筹不断变化的全球供应链体系，提升流程与数据的可视化程度。

参考文献

[1] Bain & Company, "Survey of 300 Global Companies".

[2] W/SAS, "Improving Performance Through Predictive,Data-Driven Insights".

[3] W/SAS, "Improving Performance Through Predictive, Date-Driven Insights Supply-Chain Analytics: Beyond ERP & SCM," 2010.

[4] Noyes, Katherine, "Why Analytics Is Eating the Supply Chain", *Computerworld*, April 29, 2016.

[5] Partridge, Amy Roach, "Business Intelligence in the Supply Chain", *Inbound Logistics*, April 2013.

| 第八部分 |

未来发展方向

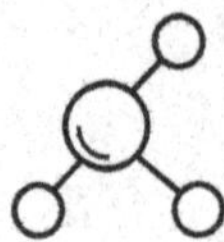

本部分包括以下 2 章。

“供应链协同系统”关注企业如何通过与客户和供应商（合作伙伴）的集成和协同实现真正的精益化全球供应链，提高生产效率，更好地把控盈亏底线。

“新兴技术及其对精益供应链发展的潜在影响”关注供应链软件与连接技术的发展趋势、供应链硬件技术的发展趋势，以及对未来供应链的展望。

19

供应链协同系统

实现供应链上下游合作伙伴和客户的整合与协同是精益供应链管理的重要环节，相当于打开了预测未来和回顾过去的窗户，仿佛能够穿越时空。

首先应当分析集成与协同之间的细微差别。供应链集成始于 20 世纪 70 年代，EDI 技术的实现帮助企业创建了 B2B 通信标准，20 世纪 90 年代又推出了基于通用数据库的 ERP 系统。

随后，互联网的引入和发展大幅提升了供应链的集成能力。然而，真正的供应链协同不只是实现业务部门和合作伙伴之间的信息集成，而是指企业通过努力提升数据共享程度，由跨企业的专业团队通过充分交流配合完成共同的业务决策和活动。

此外，实现供应链协同并非易事，原因有很多，如企业过度依赖单一技术、无法识别需要实现协同的业务对象与时间节点、合作伙伴之间由于之前存在竞争关系而互相不信任。

实际上，多年来许多尝试实现协同式合作的企业十有八九都以失败告终。原因同样有很多，如缺乏高层管理人员的承诺、未能提供足够的资源支持合作、项目过多且过于分散。另一个问题可能是实现协同式合作需要两个以上的企业互相配合，因此难度较大。然而，企业应该认识到协同发展的重要作用，因为这样可以帮助企业降低库存和成本，提升业务效率、消费服务水平和客户满意度。

对供应链集成与协同有了更清晰的了解之后，可以谈谈如何实现“时空穿越”。企业协同计划最早出现于20世纪80年代末，包括快速响应市场，有效的消费者反馈，供应商管理库存，现在还包括协同计划、需求预测和补货等（本章稍后介绍）。

通过销售点数据、零售商店与配送中心的库存数量、款项支付等信息，以及促销、折扣或广告（现有的或计划的）情况，企业能够更清楚地了解供应链下游的情况。应用上述系统有助于削弱牛鞭效应（即库存水平随着客户需求的变化剧烈波动），从而有助于提升供应链的稳定性、运作效率和资源利用率。通过实现结构化集成与协同，制造商和分销商能够分析过去、预测未来，及时发现潜在的问题并采取相应的预防措施。尽管初期投资相对庞大，但企业能够改善门店缺货状况、增加销售额、实现交叉销售，可谓事半功倍。

80/20 法则

实现企业集成与协同的计划初期所需的巨额投资让许多企业望而却步，忽略了其对业务发展大局的重要意义。帕累托法则，也称为80/20法则，是用来判断投资是否合理的重要原则之一。该法则认为商业活动中的销售额或利润通常是由少数的投入和努力所产生的。这一法则同样适用于企业客户管理：企业应当与核心客户实现集成与协同，从而获得销售额的提升。通过预先获取信息和分析业务数据，企业能够显著提升需求预测能力和顾客服务水平，降低库存成本并消除供应链的各种资源浪费现象。

本书的大部分内容探讨的是如何利用技术和系统实现企业内部的集

成和协同。本章将更多地关注企业如何通过与客户和供应商（合作伙伴）的集成和协同实现真正的精益化全球供应链。

精益供应链协同式管理

在当今的全球经济中，交货时间和产品生命周期缩短，市场需求迅速变化。因此企业必须实时了解供应链上下游的情况，保持供应链的灵活度和敏捷性。

通过业务协同，企业与供应链合作伙伴可达到以下目的。

（1）提升需求预测准确度，使预测结果更接近市场需求，有利于实现供需平衡。

（2）加强战略供应链合作关系，提升盈利能力。

（3）优化销售运营计划，促进企业实现销售目标。

（4）加快需求计划的制订和管理，优化直接物料采购和供应链订单履行效率。

（5）增强特殊情况的应对能力。

（6）通过自动监控和警报系统迅速处理重大供应链事件。

企业实现与客户和供应商的协作配合，有利于提升销售运营计划的制订效率，改善战略贸易伙伴关系，管理需求计划和直接物料采购，促进订单履行和实现财务目标，提高盈利能力，改善服务水平。

客户协同

客户协同指企业接收需求信号，根据实际需求自动补充客户的库存。

客户协同常用于消费品行业等存在下游分销商、零售商体系的行业。

通过实现集成和协同，制造商供应链体系可由推动式转变为拉动式，同时能够匹配预测需求和实际需求。

快速响应（Quick Response，QR）和有效消费者响应（Efficient Consumer Response，ECR）之类的协同式持续补货方式比只基于需求预测的方式具有更强的响应能力。协同式持续补货主要由客户实际需求驱动，能够及时预警缺货情况，以便制造商和零售商更快地响应。销售点（POS）的数据信息有助于供应链上下游及时了解一线的销售情况，并可以集成至协同式补货流程中。

美国自愿性跨行业商业标准协会于 1988 年发布了 CPFR 指导准则系统，由初期的 QR 与 ECR 等客户补货方式拓展而来。CPFR 的目的是通过促进供应链上下游各方的集成，提升流程可视化程度，加强合作与交流，从而降低供应链成本。在制订计划和满足客户需求方面，该系统结合了多方合作伙伴的智慧与经验。

图 19-1 展示了不同复杂程度业务的协同或供应商库存管理系统的

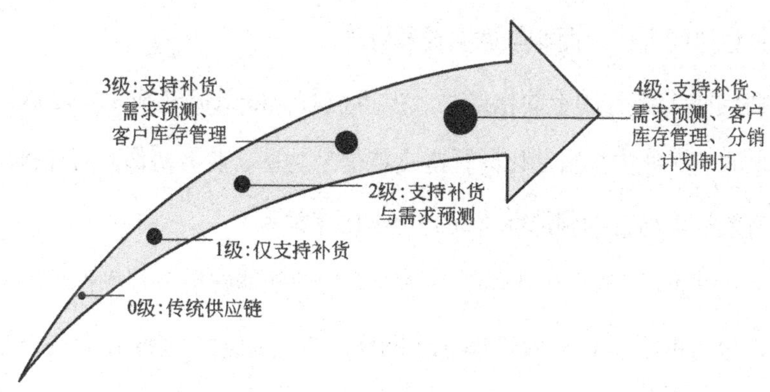

图 19-1　不同复杂程度业务的协同或供应商库存管理系统的配置

配置。1 级和 2 级已是各个行业比较常见的配置，包括 QR 和 ECR 等功能模块。3 级和 4 级复杂程度更高，包括 CPFR 等功能模块。

供应商协同

以下是供应商业务协同的 5 种方式。

（1）看板管理法——常见于精益或准时生产模式，使用卡片或其他视觉信号（如墙上的一条线）触发补货过程。通过使用协同技术，看板管理流程可实现电子化，客户通过系统传递补货信号，供应商确定需求并检查是否有异常情况。

（2）动态补货——供应商将客户的预测需求与自己的生产计划进行比较，以实现供需对应。这种方式允许供应商能够按照客户的需求或在出现供应短缺时及时调整生产计划。

（3）结账流程——自动支付相关流程可以让供应商充分了解采购订单、产品版本、供应商库存管理、看板管理和动态补货等方面的情况。

（4）外包制造商协同——管理外包制造关系或合约制造商时，企业必须关注协同合作，而非强调主导和管理。

协同式工作有助于简化产品开发等流程、降低制造成本、增强对客户需求的响应能力。自动化流程应支持信息共享、业务协作、监控操作，以便有效管理与合约制造商之间的合作伙伴关系。

（5）物流服务合作伙伴——协同式管理既能够提升合作伙伴的业务效率，也有助于企业有效管理分销网络。外包运输、仓库和第三方物流公司已成为许多公司供应链中必不可少的成员。业务协同涉及许多模块，包括合同签署、进度跟踪、费用核算、运费审核等。从更高的战略层面来看，协同式管理是希望通过共享和协作支持业务计划的制订和执行，达到提升客户服务水平、增强流程灵活度与敏捷性和实现成本控制等目的。技术能够帮助企业更方便地实现对供应链运作的监管和控制。互联网社交媒体的兴起为企业与物流合作伙伴提供了即时沟通平台，有助于提升分销网络运作效率和响应速度。第 20 章将对此做更详细的介绍。

精益供应链集成与协同技术

本书中讨论的许多系统，如 ERP 系统、需求预测系统和 DRP 系统等往往被用于实现企业内部的集成与协同，但这些系统其实也能帮助管理企业与外部合作伙伴的关系与业务合作。

例如，制造商可在 ECR 系统中集成 EDI、需求预测和 DRP 功能，导入零售门店数据、现有库存、货物运输和零售分销中心采购订单等数据，有助于确保零售门店库存充足，不影响消费者购买。

EDI 等技术通过处理事务性工作和实现流程自动化，来帮助企业与多个合作伙伴实现信息交互。需求预测和库存计划等需要投入更多的资源，因此相关的技术与方法要更具战略性和选择性（请记住本章前面提到的 80/20 法则）。

随着云计算技术的发展，业务协同式软件有助于连接各个业务模块。供应商正努力开发更综合的软件，以优化物流和采购流程、实现数据交互和促进合作伙伴协作。之后，全球制造商、分销商、供应商和零售商都可以实现信息的即时同步。

事实上，田纳西大学全球供应链研究所发现，企业正在积极投资企业间电子系统集成（B2Bi）项目，以削减成本、提高业务流程效率。调查发现：94%的企业表示其电子化集成能力有了很大的改善；68%的企业表示在应用基于云端的B2Bi托管服务之后，与客户对接业务变得更加简单和方便。

该研究还发现企业在精简流程方面还有很大的潜力。因为企业内部的IT部门要不断开发新的系统功能以满足基本业务需求。96%的企业表示已至少与一个贸易伙伴实现了业务系统集成。然而，平均每个企业用于这一方面的预算仅占其信息系统开发预算的5%。接受调查的企业中的69%表示未来3年用于业务集成的预算将增长到信息系统开发预算的20%以上，不断实现与客户业务对接流程的电子化。

该研究还给出了成功案例。例如，某办公用品零售商运用相关技术，经过长期努力，提高了与核心供应商的合作效率。由此，该零售商的库存填充率大幅提升至99%，生产交货时间缩短了近60%，预测准确度提高了30%，库存周转率提高了9%。

精益与协同技术的案例研究

与前文讨论的功能性软件相比，业务协同对系统集成的要求更高。以下将分析企业实际案例，说明创新性地实现与全球供应链合作伙伴的集成有助于企业提高生产效率，更好地把控盈亏底线。

案例 1：安捷伦技术公司实现跨企业供应链流程全面可视化

1. 业务挑战

安捷伦技术公司致力于为电子测试设备、生命科学和化学品分析等相关行业提供创新性测量系统。尽管市场需求量相对较低，但该公司的产品类型范围相当广泛，导致生产计划变数较大。该公司的产品通常需要按照客户要求进行专门配置，才能让客户满意。

生产外包是安捷伦技术公司的重要业务战略之一。这意味着该公司必须克服需求和市场波动的影响，同时协调由多个供应商与合约制造商组成的供应链网络。因此，安捷伦技术公司要求合约制造商能够实现需求、供应、计划提交和货物交付的整个流程可视化。总体而言，安捷伦技术公司需要确保信息准确、实现信息的即时同步，让公司内部业务部门与供应链的客户、供应商和合作伙伴充分了解制定业务决策所需要的信息。

2. 解决方案

按照安捷伦技术公司现有的流程，完成需求提交需要花费数周时间，具体取决于客户关系的复杂程度。当业务需求发生变化时，必须经历相同的流程才能将需求信息同步到供应链下游。然而，在完成信息同步之后，需求与市场情况已经出现了新的变化。

安捷伦技术公司需要完成的挑战是迅速同步业务信息，使供应链各方都能及时响应。因此，该公司在 2010 年底启动了供应链改良计划，创建垂直整合的生产计划制订流程，实现公司与制造商 MRP 系统的集成，在尽量减小数据差异的前提下创建统一的生产计划（集成物料清单）。

安捷伦技术公司选择采用 Kinaxis 公司开发的 RapidResponse 软件以整合各类信息系统，为创建和管理垂直供应链提供支持。

3. 应用效果

RapidResponse 创建了顶端需求推动的垂直集成计划，集成了物料清单和采购管理模块。安捷伦技术公司能够清晰地看到需求传递到合约制造商的流程（以及制造商反馈给该公司用于外包生产计划安排所需的信息）。

安捷伦技术公司各业务部门都能充分了解如何追踪和传递信息，仅通过一个系统就能实现供应链上下游各方的信息同步。该公司达到了以下目的。

（1）实现信息即时同步、零延迟，优化信息传递方式，缩短决策制定周期。

（2）信息完整度更高，能快速、深入地模拟实际业务场景，能更好地理解业务相关性，推动决策制定。

（3）为客户提供更及时、更准确的答复。

（4）增加拓展业务的机会，将风险最小化。

（5）保证各业务模块与公司战略目标的一致性。

如订单评估与交付方面，人工完成数据核对和整理时需要花费 3～14 天时间，而现在通过系统完成数据核对和整理仅需要 1 天或 2 天。该公司现在能够迅速对订单做出评估，在 1～2 天内将订单交付日期与生产计划反馈给客户。

案例 2：阿罗电子自动化公司运用一网公司的实时价值网络系统，实现原料补给自动化

1. 业务挑战

阿罗电子自动化公司市值 230 亿美元，致力于提供与电子元件和计算机产品相关的分销和增值服务。多年来，该公司一直利用其客户自动补货系统（CARES）来管理客户的库存备件。客户的每个生产厂的计算机上都安装并运行了 CARES 系统。然而，既有的 CARES 系统无法满足阿罗电子自动化公司的业务需求，客户需要将 CARES 系统与看板管理方法或最小 / 最大补货策略（库存降至最低水平以下时，进行最大限度地补货）相结合。在这种情况下，要求客户在自己的计算机上装载该系统也没有太大意义。另外，阿罗电子自动化公司还需要提供额外的软件支持服务。

起初，该公司考虑重新开发内部业务系统，通过互联网充分实现与客户的集成，向需求驱动式业务模式转化。但最终还是决定选择第三方软件公司，以更低的成本和更快的速度完成系统开发工作。

2. 解决方案

阿罗电子自动化公司选择采用一网公司开发的实时价值网络系统。一网公司拥有成千上万的业务合作伙伴，支持客户在既有系统的基础上创建定制化功能模块，而且这些功能模块能够与绝大部分系统（如 SAP、Oracle 开发的系统）实现集成，推动企业与其他合作伙伴的业务协同。

阿罗电子自动化公司选择该软件服务供应商的核心出发点是希望能够构建具有管理补货和其他供应链模块的系统。一网公司创立了多个电

子产品，用于实现企业事务处理流程自动化和贸易伙伴协同。

3. 应用效果

阿罗电子自动化公司仅在 3 个月的时间内就全面推行了该系统。目前，供应链合作各方都能够通过互联网随时访问库存水平和业务需求等数据。接收到的订单信息会自动传递给阿罗电子自动化公司既有的业务系统。

该系统还支持其他新功能，如协调多个工厂和生产车间的工作计划等。

阿罗电子自动化公司的供应链流程可视化程度也得到了大幅提升，能够及时预测可能存在的问题。以前经常会出现客户需要零件时才发现因为存在某种问题导致客户无法获得零件的情况。通过应用该系统，阿罗电子自动化公司可以通过网络查看客户何时出售了包含阿罗电子组件的终端产品，了解零部件的移动流程、生产制造进度和物流运输进度。

阿罗电子自动化公司现有的业务体系包含数百家合作伙伴、60 多家原始设备制造商（OEM），以及 OEM 的服务供应商。供应商数量越多，系统的价值就越高。

本书介绍的各种技术都可用于提升企业全球供应链网络的效率和敏捷度，同时这些技术仍然在迅速发展和革新之中。第 20 章讨论的主题是在互联网、全渠道营销（包括电子商务）和社交媒体的不断发展下，移动软件、云计算和语音识别等新兴技术如何与不断变化的业务流程紧密结合。

参考文献

[1] Kinaxis Customer Spotlight, "Agilent Technologies: Comprehensive Supply Chain Visibility Across a Multi-Enterprise Supply Chain", 2014.

[2] One Network Enterprises, "Arrow Electronics Automates Replenishment Program with One Network's Real Time Value Network" (Case Study), 2011.

[3] Myerson, Paul, "Supply Chain Integration + Collaboration = Time Travel?" *Inbound Logistics*, December 2014.

20

新兴技术及其对精益供应链发展的潜在影响

近年来，用于信息交流、收集、分析和处理的工具和方法比比皆是，与此同时，消费者对产品和服务的预期也在不断提高，对定制化、即时响应与质量等方面的要求也更加严格。

如今，许多用于计划和交付产品和服务的技术仍处于研发阶段，尚未充分发挥其潜力。例如，信用卡嵌入式芯片（称为“智能IC卡”或“EMV”卡）能够提升零售门店结账的速度和准确率，确保信息安全。尽管业界在2015年底就对此给予了广泛关注，但大部分零售商的实际应用时间仍然有所推迟。这是因为用信用卡结账时有10～20秒的处理时间，零售商担心这可能会影响顾客的结账体验。

以沃尔玛为例，该零售商原计划于2003年要求所有供应商全面应用RFID技术和设备，但最终还是只推广到前300名供应商。尽管过渡周期比预期要长，但沃尔玛的主动介入已帮助RFID技术实现进一步的应用和发展。沃尔玛、梅西百货以及其他零售商均已将该技术应用到门店，用于管理商品库存、提升数据准确性、改善仓库和配送中心的补货流程。

有些技术可能会失败，有些则需要较长的时间才能得以普及和应用。然而，技术影响着供应链的现在与未来这一说法是毋庸置疑的。

供应链整体发展趋势

能够从全局的角度看待供应链现在的情况与未来发展趋势至关重要，

这有助于企业选择对业务帮助较大的软件和硬件技术。以下是未来趋势预测的十大要点。

（1）业务网络体系——企业协同式合作对供应链有重要意义。越来越多的企业与其供应商和客户形成了紧密的业务网络，各方都能够及时获取最新业务数据和信息。当各方拥有共同的使命和业务战略时，就能够齐心协力，共同提升行业竞争力。这使业务网络变得敏捷、响应迅速、灵活且高效……而这些都是精益化的表现。

（2）避免"孤军奋战"的心态——企业应聚焦于提升业务效率、增强流程透明度和风险承受能力，避免"孤军奋战"的心态，与合作伙伴充分协作，从而减少订单交付延迟的情况，并且在面对市场和需求变化时能够迅速采取应对措施。

（3）责任制和可追溯性——对于全球供应链，企业应搭建安全性强、可靠性高的信息技术平台，实现流程透明化，增强追溯能力。

（4）环保可持续——消费者的环境保护意识越来越强，企业必须制定相关策略，改善正向与逆向物流在环保和可持续发展方面的情况。

（5）供应链运转效率提升——企业可通过与业务合作伙伴的协作来实现。业务合作伙伴可尝试开发战略性、定制化、易部署的软件系统，以帮助企业提升供应链运转效率。

（6）供应链数字化——供应链分析系统可帮助企业更加有效地创建和管理关键绩效指标，通过数据监管、共享和分析来获取有用信息，提出创新型业务策略。

（7）大数据——企业通过不断收集货物装运与运输数据并进行分析，能够及时发现问题，改善业务流程，提高运转效率。大数据分析对协同式业务网络更为重要，它可帮助企业降低业务成本、优化生产管理、增强风险管控能力。

（8）干扰因素——天气、金融、能源等因素可能成为企业需要应对的风险，并可能持续影响全球供应链的正常运转。企业需要具备主动评估外界影响因素与风险的能力，制定风险管理策略，以确保企业长期稳定发展。

（9）高级供应链管理——企业高管、投资商和董事会成员目前更深刻地认识到供应链的价值与相关风险。企业需要实现供需平衡与业务增长、提升盈利能力、增强社会责任意识、改善客户服务水平，而供应链在这一过程中将继续扮演着重要的角色。

（10）社交媒体——除 ERP 系统与贸易合作伙伴的门户网站以外，社交媒体的出现已经改变了个人与企业联系的方式。通过“一对多”的方式，社交媒体平台能够将实时信息传递给互联网中成百上千位联系人。

供应链软件与连接技术的发展趋势

随着供应链的全球化，软件系统对企业的业务影响越来越大。原来许多依赖人工供应链管理模式的企业（特别是中小型企业），现在已逐渐意识到对供应链管理类软件进行投资，其回报十分可观，还有助于改善业务流程。

供应链软件的迅速发展加强了企业与外部合作伙伴的系统集成，实现了数据集中式处理和控制、移动计算和云服务等功能，使企业之间的关系更加紧密，运行更加灵活高效。

以下是供应链软件的主流发展趋势。

（1）ERP 系统的应用范围不断扩大，提高了上游供应商和下游客户业务对接流程的可视化程度。目前，企业正在推进 ERP 系统与 MES、作业调度与作业状态跟踪等流程实现集成。随着传感器的广泛应用和数据源的不断丰富，ERP 系统甚至能够直接与生产设备进行信息交互，提升数据准确率和时效性，减少成本，优化需求预测流程。

（2）生产车间指挥和控制中心能够帮助企业汇总供应链信息，实现业务协作，快速响应和处理本地生产和全球供应链中出现的问题。

（3）移动设备（手机、平板电脑和笔记本电脑）的不断普及使纸质文件的需求大幅减少。卡车司机可以在平板电脑上签字和提交交货时间，这些信息将自动回传到 ERP 系统当中。传感器和自动化数据传输功能可随时跟踪各个品类货物的运输状态，实时反馈设备故障和缺陷问题，以及提供其他类型的通知。企业可以在任何地方通过互联网访问数据库和分析系统。

（4）基于云计算的硬件和软件已能够充分实现信息共享，提高了供应链的运转效率。即便是业务规模较小的制造商、分销商和零售商也可以相对低廉的成本应用功能较为全面的供应链软件。软件即服务平台允许小型制造商“按需付费”，在满足企业的定制化需求的同时企业无须投入大量的时间和金钱来开发和维护本地系统。即便对资金充裕的大型企业而言，软件即服务软件也有利于降低系统维护和升级的成本。

此外，企业需要对人才培养加大投资，以拥有自己的系统运维、数据分析和策略分析方面的专业人员，以提升和保持业务竞争优势。

供应链软件供应商将许多从实践案例中总结出来的经验和模式整合

在其系统流程中，这也有助于企业实现精益化供应链管理。

（1）需求驱动式供应链——需求是企业安排资金、产能和资源的重要影响因素，也是推动供应链运作的核心驱动力。许多优秀的企业对客户进行了详细的分类，深入研究各个细分市场的业务需求和价值主张，针对性地管理客户需求和实现业务目标。SCM 软件能够帮助计划人员根据不同的产品分类创建和管理需求预测及业务策略，模拟消费者购买模式并进行假设分析，使供应链与市场和企业的战略目标保持一致。

（2）供应链信息动态同步——基于需求种类管理供应链是如今普遍使用的策略。根据不同的供应链策略和产品组合，软件能够模拟业务场景、分析数据和制订计划。软件还能够监控产品需求种类的变化，同时支持 SCM 策略的动态更新，根据成本、时间、质量和灵活性的侧重点随时调整策略（第 1 章中有所讨论），同时始终受到基本精益哲学的支持。

（3）全球化——全球化是一把双刃剑。为了增强企业应对全球化挑战的能力，更多地从全球化进程中获益，新型 SCM 系统需要应用 GPS 定位系统、RFID 技术与其他集成跟踪和识别系统进行实时更新。供应链合作伙伴必须实时了解产品动态，协作完成生产计划、执行策略和风险应对等工作。现在，汇总了从实践案例中总结的经验的供应链系统已具备一定的能力，但仍需要继续进行优化和改进。

（4）风险管控——企业需要通过流程标准化和数据处理技术来增强风险管控能力。许多供应链软件供应商都强化了其系统的识别、管理和降低业务风险的能力，通过支持仿真模型、事件实时更新以及触发应急方案等功能帮助企业进行风险管控。例如，集装箱在运输过程中遗失，运输系统中会显示相关通知，相关业务团队会迅速处理，重新确定优先级或重新分配订单。

（5）协同关系——如本书所讨论的，供应链系统为推动客户、供应商和其他合作伙伴实现内外部集成与协同提供了新的渠道，以实现跨层级、跨部门和跨企业交流合作。销售运营计划等软件能够帮助企业协调供应链内外部信息输入，通过供应链管理系统集成客户关系管理和供应商关系管理的应用程序。供应链管理系统已不只是关注如何提升运营效率，更多的是提升战略管理能力和适应能力，实现需求驱动。因此，软件供应商目前允许用户灵活应用系统功能，嵌入更多的功能，充分利用云计算、移动设备和社交媒体平台。

近年来，货运业出现了“优步化”的发展趋势。众所周知，Uber 是一款智能手机应用程序，它是驾驶员与乘客交流和联系的平台。美国的货物运输多数是使用卡车，因此非常适合类似 Uber 的业务模式，但问题是货运市场的碎片化程度较高。最重要的是，许多企业（特别是中小型企业）都惯于聘请运输供应商，但运输供应商要收取高达 20% 的佣金来安排承运人。因此，相关企业迫切需要类似 Uber 的应用程序，以便能够直接与货运司机联系，磋商运输业务，以降低成本和减少自身工作量。

这类移动软件有助于企业节约费用，提高整体供应链流程的可视化程度，特别是能够优化运输安排，减少空车往返的浪费现象。目前可用的或正在开发过程中的相关软件如下。

（1）Transmission——该平台允许货运需求方（运货商、中间商和货运代理）选择货运公司，支持双方交流信息，以减少货物装载、跟踪和运输的时间，致力于建立私人合作伙伴网络。

（2）Cargomati——该应用程序专门服务于当地需要货物运输的客户

和有空车的货运公司。

（3）Keychain Logistics——该应用程序能够帮助商用卡车司机找到有需求的运货商和中间商。运货商可以不通过中间商直接预订货运公司，目前入驻该平台的美国货运公司已达到上万家。

尽管某些应用程序会有较多的用户，也会不断更新迭代，但企业在实现运输流程自动化、提升货运效率、增强用户友好性方面还是大有可为。

供应链硬件技术的发展趋势

尽管企业往往关注的是软件应用程序，但是信息的收集、存储、处理和传递以及软件都需要以硬件设备为载体。目前与供应链上下游的生产、分销、零售和远程服务相关的趋势和技术如下。

（1）全方位连接——如今有多种无线连接技术（如蓝牙、无线局域网和蜂窝宽带网络等）可用于搭建支持语音和数据通信的局域无线网络。

开发出能够支持上述所有无线连接技术的硬件设备能够实现效率最大化。尽管智能电话已十分普及，且能够支持语音通话和数据访问，但在货物运输、现场生产和其他移动供应链方面仍不太适用。手机的屏幕和系统界面并没有针对企业进行专项优化，而且不够坚固。工业领域更常用的是手持计算机，它坚固耐用、可靠性强，缺点是功能没有智能手机丰富。

（2）高级无线技术（语音和 GPS 定位）——蜂窝手持计算机产品认证已经完成，它不仅坚固耐用，而且支持语音通信，实现了数据收集、数据通信和智能手机功能的结合。

集成数据和语音功能能够大大降低行政人员的工作量。以地毯清洁产品经销商斯丹利·斯迪姆为例，该公司通过应用具有广域无线连接功能、GPS 定位功能和磁条处理器的移动计算机设备实时处理信用卡付款，实现了流程自动化。由此，该公司每个分支机构所需的专职调度人员就减少了一位，同时大幅节约了处理文书工作所需的时间。

（3）语音识别——语音识别有助于提高生产效率，已普遍应用于仓库管理。尽管在准确率方面语音识别软件不如条形码扫描，但效率却更高。

（4）数字成像——运输和物流配送公司使用移动计算机上的数码相机获取交货凭证、盖章发票和其他交货文件。

例如，使命食品公司取消了手动开具发票的流程，普及手持计算机与移动打印设备，在交货时随时为客户创建和打印发票。发票记录可通过蜂窝无线网络实时回传到总部业务系统。该公司也无须扫描数千张纸质发票，而是通过无线连接实现了业务流程的整合。

（5）移动打印机——移动打印机和计算机可帮助销售、服务和送货人员随时创建电子文件，减少了文书处理工作。移动打印机还可以减少仓库管理人员的工作量，无须反复收集和整理标签、票据、清单等文件。

（6）2D 和其他条形码识别技术——自动聚焦成像技术有助于推广二维码［又称快速响应（QR）码］的应用，以帮助企业改善库存管理、提升追溯能力、优化设备维护流程等。QR 码是呈正方形或矩形的二维码，包含许多独立点位。二维码能够保存大量信息，打印或刻印的尺寸较小时也能够具备较高的识别度。目前市面上的新型二维码阅读器能够在 50 英尺（1 英尺≈ 0.305 米）以外就读取到条形码和二维码。

（7）RFID 技术——随着设备管理和供应链运营的需求不断增加，

RFID 技术已变得更加实用。车载和其他移动式 RFID 读取器能够通用，无须单独购买、安装和维护。

美国社会保障局在其仓库中安装了 RFID 系统，用于库存追踪和提高下游发货效率。之后，其生产率提高了 39%，每年节省的费用达 100 万美元。

沃尔玛等公司应用的合规性标签和其他 RFID 供应链项目备受业界关注。然而研究表明，企业更倾向于优先安装设备管理系统。

（8）实时定位系统（RTLS）——RTLS 支持通过无线局域网进行设备管理和追踪。应用实例之一是利用车载收音机中的芯片跟踪铲车位置。

（9）高级机器人技术——具有增强感应功能和算法的新一代高级机器人对外界环境变化更加敏锐，能够更好地执行指令。例如，仓库中的产品具有不同的尺寸和形状，每次搬运时可能不会以相同的方式堆放或始终固定在相同的位置。新型视觉传感技术能够帮助机器人适应外界环境变化，顺利完成混合箱的码垛和卸垛。

使用物料搬运机器人可节约人力资源，提升重复性任务的准确率和完成效率，从而降低物料搬运成本。

（10）自动驾驶汽车——这类汽车能够根据外界环境进行调节，与自导车辆（AGV）相比，其机动性和灵活性更强。AGV 只能按照既定路线行驶，无法绕过障碍物。

目前，无人驾驶汽车也正在研发当中。无人驾驶铲车或许很快会问世。

（11）可替代能源——配送中心的照明占用了绝大部分电力成本。大型配送中心正在寻找可替代能源以降低成本。例如，位于新泽西州奥利弗山顶的 Toys R Us 配送中心安装了大规模的太阳能电池板，能够满足占地 130 万平方英尺的配送中心所需电力的 72%。该配送中心仓库内铲车与自动存取系统的能源利用率一直在提高，这在很大程度上归功于新型动力再生系统以及能源使用监控和管理方法。越来越多高效、环保的氢燃料电池和锂离子电池开始在铲车上得以运用，这些电池与传统的铅酸电池相比更为可行。锂离子电池的能源利用率比铅酸电池的能源利用率更高，但用于铲车时由于质量较小可能会导致稳定性不足的问题。

（12）交付——尽管许多人听说过（甚至见过）用于娱乐的无人机设备，或者了解亚马逊推行的无人机配送计划，但最新的无人机实际上是基于陆地的。例如，名为 Starship 的创业公司开发的陆上无人机已在英国完成了飞行测试，很快将在美国进行测试。名为 Marathon 的创业公司开发的无人机由澳大利亚的 Domino 公司进行了比萨配送测试。无论使用传统方式还是无人机，亚马逊等公司大多支持消费者在 App 上下单。亚马逊采用了一种名为 Dash 的用语音激活的条形码扫描仪。尽管许多技术看起来遥不可及，但可以想象，零售业将在不久的将来出现天翻地覆的变化。

上述技术变革还将显著影响企业供应链的精益化管理。据预测，使用无人机的配送成本将是传统配送成本的 1/10。最重要的是，企业均已认识到销售点数据与协作计划的结合对提升供应链运作效率的重要作用。如果制造商和分销商不仅能够通过协同系统了解客户仓库中的库存水平，而且还可能了解消费者家中的产品存货情况，将会对提升需求预测准确度有多大的帮助呢？这有助于企业从源头上捕捉实际需求，进一步提升预测能力。

根据三菱重工 2016 年的年度行业报告，83% 的受访者认为以下 8 种技术（主要是硬件或相关技术）中至少有一种会成为未来10年内企业竞争优势的来源。

（1）预测分析技术。

（2）机器人与自动化设备。

（3）传感器和自动识别系统。

（4）可穿戴设备和移动技术。

（5）无人驾驶车辆和无人机。

（6）库存和网络优化工具。

（7）云计算和云储存。

（8）3D打印。

调查显示：机器人与自动化设备、库存和网络优化工具、传感器和自动识别系统以及预测分析技术将成为未来10年内具有较大竞争力或破坏力的技术。

该研究还发现，无人驾驶车辆、无人机与3D打印在未来10年中的预测采用率最高，而云计算、云存储、传感器和自动识别系统也将很快得到应用。

未来供应链技术的投入方向

尽管上述技术变革日新月异，但企业的资源始终有限。因此，企业需要清晰地了解当前的财务支出情况以及未来的财务预算。

2016年，无双研究小组（PRG）调查发现，企业对机架、起重器、包装机、吊车、电动机和皮带等实体设备的预期投资呈递减趋势。随着企业需要不断强化移动和无线功能、订单履行功能、系统处理能力以及RFID功能，信息技术有望成为投资的重中之重。

企业将在硬件与软件系统方面保持平衡，以性价比最高的方式提升业务处理效率。

超过1/3的受访企业表示希望能够实现少量多次的订单处理，而26%的企业期望能够满足多渠道订单履行的需求。这表明企业更倾向于通过IT系统管理和利用门店库存以提升消费者服务水平。在软件技术支出方面，同一项调查发现60%的受访者当前正在使用WMS。计划购买新型WMS软件的客户中有半数以上希望能够改善库存管理，实现即时控制和人工管理功能，有54%的客户打算升级现有系统。已应用供应链管理软件的企业表示当前业务最需要的功能包括需求计划制订、库存可见化、采购与业务协同预测，以及生产计划和补货。

未来展望

全球期货研究所关于供应链和全球商业未来发展的研究报告得出的结论认为，人类正向着更加多元和复杂、竞争更加激烈、变化速度更快的时代迈进。该报告做出了以下预测。

（1）行业创新层出不穷。技术不断发展，持续推动企业市场份额增长、盈利能力和竞争优势提升。信息技术对企业的生存发展更加重要。

（2）供应链具备更强的主动性、可预测和前瞻性。业务协同的电子化程度将成为判断供应链效率和价值的重要标准。

（3）随着工具、应用程序和网络变得更加快捷和智能，以网络为中心的端到端解决方案将成为明天的EDI。

（4）致力于增强供应链的灵活性、可扩展性和适应性的企业将得偿所愿，实时信息交互和处理的能力将成为关键的差异化因素，并最终成为所有供应链的标准化要求。

该研究指出未来供应链在认知模式上可能存在七大转变。

（1）实时预测预报——企业将能够利用实时数据预测和估算未来客户需求，识别市场需求并迅速推出相应的产品和服务。

（2）商业智能——企业可利用内部和外部收集的竞品信息、客户和行业信息，快速识别市场变化，抓住有利时机。

（3）按需服务——供应链相关的资源投入将不再局限于成本或效率的角度，还将关注快速、智能的软件和系统升级，以创建灵活、透明且彼此协作的知识网络体系。

（4）渗透式网络——智能硬件将被集成到移动设备当中。这些设备无处不在、高度智能化且能够与供应链中的产品实现集成，提升业务效率和响应速度，有助于信息分析和汇总。

（5）电子市场——随着人工智能的兴起，电子市场将逐渐成形，价格、服务速度和产品性能透明度将成为影响消费的重要因素。随着交互式网络电视和无线商务在世界范围内的广泛使用，电子市场将创造新的市场机会。

（6）软件智能程度更高——软件将实现流程自动化，错误更少，速度更快，从而提升处理效率和成本效益。基于规则的人工智能系统将具备更加丰富的功能。

（7）下一代协同式IT基础架构——未来企业将进行更深入的协同

与配合，与客户、供应商、合作伙伴甚至竞争对手完成交易、通信、费用结算、流程梳理、流程确认和决策支持。系统的敏捷性和协同能力能够决定企业合作是否可以取得成功。信息传递渠道将与客户绑定，数据库将通过实时数据流链接到台式计算机或无线网络。

根据全球期货研究所的研究，未来协同式供应链的核心推动力如下。

（1）需求预测模型和自动化物流管理所需的人工智能决策支持。

（2）下一代互联网创新产品，宽带，对等网络技术，纳米技术，网格计算（为实现共同目标从多个位置收集计算机资源），促进通用数据格式和交换协议的语义网，支持与无线设备、卫星和交互式电视实现语音和数据集成的网络会议和语音电话技术，以上能够改善物流协作能力。

（3）按需创建供应链功能组件，业务不需要时可以隐藏这些组件。

（4）银行和电信基础设施与企业和物流系统之间形成无形互联网络。

（5）准时生产与需求预测分析和物流系统相关联。

（6）实时数据挖掘可优化供应链，提升系统运行效率和成本效益。

（7）支持客户供应链托管、共享以充分利用既有业务系统。

（8）系统内置的供应链优化组件能够实现数字化定制，自动监督和完成客户、物流及供应商配置。

（9）在需求模拟时使用现金承诺来判断消费者对产品的兴趣。

总之，该研究认为仅面向客户需求的供应链时代已经结束。真正的行业领导者需要深刻理解并参与供应链的认知模式转变过程。

尽管关于供应链及其未来技术的相关预测可能会随着时间的流逝而变化，其中有些也许无法实现。但毫无疑问的是，当今时代瞬息万变、日新月异，能够利用新兴技术来增强供应链的敏捷性、灵活度和精益度的企业将是未来真正的赢家。

参考文献

[1] PNC Bank, “4 Trends in Supply Chain Software and Systems”.

[2] Abrosimova, Kate, “How You Can Develop Uber for Trucking”, December 14, 2014.

[3] Bond, Josh, “2016 Warehouse/DC Equipment Survey: Investing in Information Infrastructure”, *Modern Materials Handling Magazine*, April 1, 2016.

[4] Canton, James, “The Future of Collaborative Supply Chains and Global Business”, 2011.

[5] Columbus, Louis, “Eight Technologies Revolutionizing Supply Chains”, *Forbes*, April 10, 2016.

[6] Felgendreher, Boris, “The 11 Supply Chain Trends Businesses Cannot Ignore”, February 2014.

[7] Heistand,Steve, “Five Trends in Supply Chain Management (SCM) Software”.

[8] Myerson, Paul, “Planes,Trains,Automobiles[el]and Drones?” *Industry Week*, April 6, 2016.